Dylla/Krätzner • Lebensgemeinschaft Wald

W0308350

Biologische Arbeitsbücher 9

Klaus Dylla / Günter Krätzner

Lebensgemeinschaft Wald

5., überarbeitete und aktualisierte Auflage

Quelle & Meyer Verlag Wiesbaden

Prof. Dr. Klaus Dylla
Taunusstraße 6a
D-36100 Petersberg

Günter Krätzner
Goerdeler Straße 153
D-36100 Petersberg

Die Deutsche Bibliothek - CIP-Einheitsaufnahme

Dylla, Klaus:
Lebensgemeinschaft Wald / Klaus Dylla ; Günter Krätzner. - 5., überarb. und aktualisierte Aufl. - Wiesbaden : Quelle und Meyer, 1998
(Biologische Arbeitsbücher ; 9)
4. Aufl. u.d.T.: Dylla, Klaus: Das ökologische Gleichgewicht in der Lebensgemeinschaft Wald
ISBN 3-494-01267-9

Die 4. Auflage erschien unter dem Titel "Das ökologische Gleichgewicht in der Lebensgemeinschaft Wald"

5., überarbeitete und aktualisierte Auflage 1998
© 1998 by Quelle & Meyer Verlag GmbH & Co., Wiesbaden

Das Werk einschließlich aller seiner Teile ist urheberrechtlich geschützt. Jede Verwertung außerhalb der engen Grenzen des Urheberrechtsgesetzes ist ohne Zustimmung des Verlages unzulässig und strafbar. Dies gilt insbesondere für Vervielfältigungen auf fotomechanischem Wege (Fotokopie, Mikrokopie), Übersetzungen, Mikroverfilmungen und die Einspeicherung und Verarbeitung in elektronischen Systemen.

Einbandgestaltung: Klaus Neumann, Wiesbaden
Druck und Verarbeitung: Präzis-Druck, Karlsruhe
Printed in Germany/Imprimé en Allemagne
ISBN 3-494-01267-9

Inhaltsverzeichnis

Zum Aufbau dieses Buches

Wie das nachfolgende Schema zeigt, besteht dieses Buch aus vier Teilen mit unterschiedlichen Funktionen:

Teil I	**Teil II**	**Teil III**
Der Hunger der Weißen wird die Erde verschlingen	**Lebensgemeinschaft Wald Kapitel 1-13**	**Unsere Welt, ein vernetztes System**

Teil IV
Antworten und Lösungen zu den Fragen und Aufgaben aus Teil I-III

Die Teile I bis III behandeln Aspekte des biologischen Gleichgewichts auf der Erde und stellen dem Leser Fragen und Aufgaben, die in Teil IV beantwortet bzw. gelöst werden. Wenn Sie versuchen, diese Fragen und Aufgaben zunächst selbständig zu bearbeiten, so wird Ihr Lernerfolg erheblich größer sein! Außerdem üben Sie dann ständig, was später bei Kursarbeiten oder in der Abiturklausur von Ihnen verlangt wird. Sie tun sich also einen schlechten Dienst, wenn Sie sich die Arbeit „abkürzen". Lernpsychologisch ist nämlich nachgewiesen, daß man Sachverhalte, mit denen man gearbeitet hat, besser behält. Je früher Sie nachschlagen, desto weniger profitieren Sie von diesem Buch.

In Teil I wird Ihnen der Zustand der Welt zu der Zeit vorgestellt, als die Menschen noch auf der Stufe der Sammler und Jäger standen und Glieder des Großen Gleichgewichts waren. Der zweite Teil besteht aus zwölf Kapiteln und bildet den Hauptteil des Buches. Der Wald wurde als Beispiel gewählt, weil

- diese Lebensgemeinschaft in Mitteleuropa ohne den Einfluß des Menschen über weite Strecken vorherrschen würde und
- die Lebewesen, die diese Lebensgemeinschaft bilden, dem Laien noch am ehesten bekannt sind.

Teil III schließlich behandelt die Fragen, die sich für die Zukunft der Menschen stellen, wenn sich das Gleichgewicht nicht mehr allein einpendeln kann, sondern wir Menschen es steuern müssen. Die damit verbundene Aufgabe wird gewaltig sein!

Das Buch ist so aufgebaut, daß Sie zum ständigen Mitdenken angeregt werden – mit bloßem Lernen von Fakten ist es in Zukunft nicht mehr getan!

Der Hunger der Weißen wird die Erde verschlingen

„Der große Häuptling in Washington sendet Nachricht, daß er unser Land zu kaufen wünscht. Wir werden sein Angebot bedenken, denn wir wissen – wenn wir nicht verkaufen – kommt vielleicht der weiße Mann mit Gewehren und nimmt sich unser Land. Wie kann man den Himmel kaufen oder verkaufen – oder die Wärme der Erde? Diese Vorstellung ist uns fremd. Wenn wir die Frische der Luft und das Glitzern des Wassers nicht besitzen – wie könnt Ihr sie von uns kaufen?

Jeder Teil dieser Erde ist meinem Volk heilig, jede glitzernde Tannennadel, jeder sandige Strand, jeder Nebel in den dunklen Wäldern, jede Lichtung, jedes summende Insekt ist heilig, in den Gedanken und Erfahrungen meines Volkes. Der Saft, der in den Bäumen steigt, trägt die Erinnerung des roten Mannes.

Mein Volk ist wie eine ablaufende Flut – aber ohne Wiederkehr.

Unsere Toten vergessen diese wunderbare Erde nie, denn sie ist des roten Mannes Mutter. Wir sind Teil der Erde, und sie ist ein Teil von uns. Die duftenden Blumen sind unserer Schwestern, die Rehe, das Pferd, der große Adler – sind unsere Brüder. Die felsigen Höhen, die saftigen Wiesen, die Körperwärme des Ponys – und des Menschen – sie alle gehören zur gleichen Familie.

Wenn also der große Häuptling in Washington uns Nachricht sendet, daß er unser Land zu kaufen gedenkt – so verlangt er viel von uns.

Gott liebt Euer Volk und hat seine roten Kinder verlassen. Er schickt Maschinen, um dem weißen Mann bei seiner Arbeit zu helfen, und baut große Dörfer für ihn. Er macht Euer Volk stärker, Tag für Tag. Bald werdet Ihr das Land überfluten wie Flüsse, die die Schluchten hinabstürzen nach einem unerwarteten Regen.

Wir wissen, daß der weiße Mann unsere Art nicht versteht. Die Erde ist sein Bruder nicht.

Ich weiß nicht – unsere Art ist anders als die Eure. Der Anblick Eurer Städte schmerzt die Augen des roten Mannes. Vielleicht, weil der rote Mann ein Wilder ist und nicht versteht. Es gibt keine Stille in den Städten der Weißen. Keinen Ort, um das Entfalten der Blätter im Frühling zu hören oder das Summen der Insekten. Aber vielleicht nur deshalb, weil ich ein Wilder bin und nicht verstehe. Das Geklappere scheint unsere Ohren nur zu beleidigen. Was gibt es schon im Leben, wenn man nicht den einsamen Schrei des Ziegenmelkervogels hören kann oder das Gestreite der Frösche am Teich bei Nacht? Ich bin ein roter Mann und verstehe das nicht. Der Indianer mag das sanfte Geräusch des Windes, der über eine Teichfläche streicht – und den Geruch des Windes, gereinigt vom Mittagsregen oder schwer vom Duft der Kiefern. Die Luft ist kostbar für den roten Mann – denn alle Dinge teilen denselben Atem – das Tier, der Baum, der Mensch.

Ich bin ein Wilder und verstehe es nicht anders. Ich habe tausend verrottete Büffel gesehen, vom weißen Mann zurückgelassen – erschossen aus einem vorüberfahrenden Zug. Ich bin ein Wilder und kann das nicht verstehen, wie das qualmende Eisenpferd wichtiger sein soll als der Büffel, den wir nur töten, um am Leben zu bleiben. Was ist der Mensch ohne die Tiere? Wären alle Tiere fort, so stürbe der Mensch an großer Einsamkeit des Geistes. Was immer den Tieren geschieht – geschieht bald auch den Menschen. Alle Dinge sind miteinander verbunden.

Wenn die Büffel alle geschlachtet sind – die wilden Pferde gezähmt – die heimlichen Winkel des Waldes, schwer vom Geruch vieler Menschen – und der Anblick reifer Hügel geschändet von redenden Drähten – wo ist das Dikkicht – fort, wo der Adler – fort, und was bedeutet es, Lebewohl zu sagen dem schnellen Pony und der Jagd...

Wenn der letzte rote Mann von dieser Erde gewichen ist und sein Gedächtnis nur noch der Schatten einer Wolke über der Prärie, wird immer noch der Geist meiner Väter in diesen Ufern und diesen Wäldern lebendig sein. Denn sie liebten diese Erde, wie das Neugeborene den Herzschlag seiner Mutter.

Der weiße Mann aber behandelt seine Mutter, die Erde, und seinen Bruder, den Himmel, wie Dinge zum Kaufen und Plündern, zum Verkaufen wie Schafe oder glänzende Perlen. Sein Hunger wird die Erde verschlingen und nichts zurücklassen als eine Wüste."

(Rede des Häuptlings der Duwamisch-Indianer vor dem Präsidenten der Vereinigten Staaten von Amerika im Jahre 1855; gekürzt.)

Abb. 1: Tiere der Lebensgemeinschaft der Prärie: (oben links) Bisonherde, wehrt den Angriff von Wölfen (Mitte rechts) ab; (oben rechts) sichernder Gabelbock; (Mitte links) Prärieklapperschlange mit erbeuteter Maus; (unten rechts) Kaninchenkeule vor dem Bau von Präriehunden (unten Mitte), Nagern, in deren Bauten sowohl Eule, wie auch Klapperschlange in „Wohngemeinschaft" leben.

Teil I: Der Hunger der Weißen wird die Erde verschlingen

Unter dieser Überschrift sind vorausgehend Auszüge aus einer Rede zusammengestellt, die im Jahre 1855 ein Häuptling der Duwamisch-Indianer vor dem Präsidenten der USA hielt. Aus ihr geht die Einstellung der Indianer zur Natur hervor, aber auch die Art und Weise des Umgangs der Weißen mit eben dieser Natur, zumindest so, wie sie sich aus der Sicht der Indianer darstellte!

Aufgabe I.1:

1. *Lesen Sie die Rede nochmals genau durch und notieren Sie die zentralen Aussagen über die Einstellung der Indianer und der Weißen zur Natur. Stellen Sie passende Sätze einander gegenüber bzw. ergänzen Sie entsprechende Sätze, wenn diese fehlen.*
2. *Welche Unterschiede bestehen zwischen diesen Einstellungen, inwieweit ist der Vorwurf der Indianer berechtigt?*
3. *Worauf sind diese Unterschiede zurückzuführen? Was ist Ihrer Meinung nach Ursache, was Wirkung?*

Wenn wir uns mit den Indianern beschäftigen, so müssen wir uns zweierlei vor Augen halten: zum einen gehört die mit romantischem Zauber umsponnene Welt der Indianer der Vergangenheit an – ihre Kulturen sind entweder ausgerottet oder doch weitgehend durch die europäische Kultur überformt –, zum anderen gab es bei ihnen nicht nur eine Kultur, sondern vielfältige, die auf unterschiedlichen wirtschaftlichen Verhältnissen beruhten. So lebten die Irokesen im östlichen Nordamerika von der Landwirtschaft, dem Anbau von Mais, Bohnen, Sonnenblumen und Kürbissen; die Puebloindianer des Südwestens, wie z. B. die Hopi, waren ebenfalls Bauern; die Erntevölker Kaliforniens betrieben Vorratwirtschaft durch das Einsammeln von Eicheln, Kastanien, Nüssen und Wurzeln; an der Nordwestküste wurde in erster Linie Fischfang betrieben, und in der subarktischen Region jagte man Reh, Elch und Hirsch.

So knüpft sich denn die Indianerromantik hauptsächlich an die in der Nordprärie lebenden Stämme der Blackfeet, der Crow, der Cheyenne, der Comanchen und der Kiowas, die fast ausschließlich vom Bison lebten. (Genau genommen erfolgte die Spezialisierung auf die Bisonjagd erst gegen Ende des 17. Jahrhunderts, nachdem diese Stämme das Pferd als Reittier von den Weißen übernommen hatten; die Kultur der Prärieindianer dauerte also kaum mehr als 200 Jahre! Zuvor waren manche der Stämme – wie die Sioux – Akkerbauern, andere – wie die Comanchen – Sammler und Jäger gewesen, wobei letztere ein eher armseliges Dasein gefristet hatten.)

Der Bison durchzog das Land in riesigen Herden und ernährte sich vom Büffelgras, das ausgedehnte Flächen bedeckte. Er lieferte den Stämmen alles, was sie zum Leben brauchten: Fleisch als Nahrung, Felle für Kleidung und Zelte, Leder für Schilde und Taschen, Wolle für Bänder, Sehnen als Nähgarn und Hirn zum Gerben. Die Kultur dieser Stämme war also weitgehend vom Bison bestimmt, obwohl natürlich alle Tiere des Landes gejagt wurden von den Wölfen und Füchsen bis hin zu Vögeln von Finkengröße. Daneben wurden aber auch Fische gefangen, und Frauen und Kinder sammelten Beeren, Wildgemüse, wilde Kartoffeln und Rüben. Keine Nahrungsquelle wurde verschmäht! So suchten z. B. die Frauen die Stellen, an denen Mäuse ihre Vorratslager angelegt hatten, um Bohnen und andere für Menschen nutzbare Samen zu entnehmen. Andererseits stellte zumindest der Weiße Wolf, die größte Art, in Zeiten des Nahrungsmangels eine Gefahr dar: die Raubtiere erreichten die Größe eines Neufundländer Hundes und bildeten im Winter Rudel von 50–60 Tieren, die sich vorwiegend in der Nähe ihrer Hauptbeute, des Bisons, aufhielten, aber auch unbewaffnete Menschen überfielen.

Als sogenannte Wildbeuter taten die Menschen nichts, um die Lebewesen, von denen sie abhingen, zu erhalten oder zu vermehren. Trat nach lang anhal-

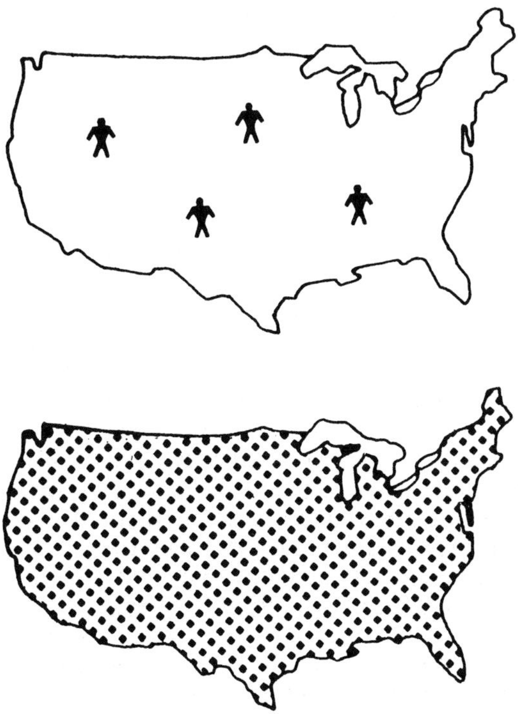

Abb. 2: Bevor die Weißen kamen, lebten 1 Million Menschen auf der Fläche der heutigen USA an der Grenze ihrer Existenzmöglichkeiten von der Jagd. Heute leben dort 220 Millionen und erzeugen landwirtschaftlichen Überschuß. (Eine Figur bzw. ein Punkt steht für 250 000 Menschen).

tender Trockenheit, im Winter Mangel ein, so griffen die Gruppen auch zu radikalen Mitteln wie Kinder- oder Altentötung, Abtreibung und Aussetzen von Kranken und Gebrechlichen! Besonders in Notzeiten wurden aber auch Raubzüge unternommen, in deren Verlauf viele Menschen umkamen. Denkt man noch daran, daß die Heilkunst noch sehr unvollkommen war, daß jede Geburt Todesgefahr bedeutete und die Säuglingssterblichkeit sehr groß war, so wird verständlich, daß die Siedlungsdichte nur sehr gering sein konnte, wie Abb. 2 belegt.

Und dennoch lebten diese Indianer in Harmonie mit der Umwelt, wie aus der Rede des Häuptlings hervorgeht! Diese Harmonie beruhte nicht zuletzt auf ihrer animistischen Religion, nach der die Erde Mutter, die Mitgeschöpfe Bruder und Schwester waren, weil alles auf dieser Erde in gleicher Weise beseelt ist, weil die Menschen keinen Vorrang besitzen, sondern Teile der Natur sind, aus der sie nicht heraustreten. Hungersnot, Krankheit und Tod gehören zu dieser Natur, sie werden akzeptiert! Die Fruchtbarkeit ist selbstverständliche Tugend der Frauen, die dem Tod die Waage hält.

Wie alle übrigen Lebewesen sind diese Menschen Teil des ökologischen Gleichgewichts, ihre Waffen und Geräte sind gleichsam Hilfsorgane, mit denen sie sich im „Lebenskampf" behaupten, aber niemals andere Lebewesen ausrotten konnten. Die Prärie war ihr Lebensraum, wie sie der Lebensraum von Wolf, Bison und Büffelgras war. Sie taten nichts, um die natürliche Lebensgemeinschaft zu ihren Gunsten zu verändern.

Aufgabe I.2:
Im Schrifttum der Völkerkunde wird die Wirtschaftsform des Wildbeutertums als „parasitär" bezeichnet. (Parasiten sind Schmarotzer, die auf Kosten anderer Lebewesen existieren, wie z. B. der Bandwurm.)

1. *Welche Vorstellung ist mit der Bezeichnung „parasitäres Wildbeutertum" verbunden?*
2. *Was würden Indianer auf diese Bezeichnung antworten?*

Eine Lebensgemeinschaft besteht aus Pflanzen und Tieren, die eine bestimmte Landschaft besiedeln. Diese Lebewesen stehen in Beziehungen zueinander, die man durch Pfeile darstellen kann. So ist zum Beispiel das Büffelgras die Nahrung des Bisons, der Pfeil drückt dies aus:

$$\text{Büffelgras} \xrightarrow{\text{N}} \text{Bison}$$

Weißer Wolf und Prärieindianer stellen beide dem Bison nach, sie leben in Nahrungskonkurrenz; was der Wolf gefressen hat, ist den Indianern entzogen und umgekehrt!

$$\text{Weißer Wolf} \xrightarrow{\text{K}} \text{Prärieindianer}$$

Aus derartigen Pfeilen kann man ein Diagramm herstellen, das die Beziehungen in der Lebensgemeinschaft der Prärie aufzeigt.

Aufgabe I.3:

1. *Erstellen Sie aus dem Text und der Legende zu Abb. 1 das Pfeildiagramm. Ordnen Sie die Pflanzen unten, die Pflanzenfresser in der Mitte und die Fleischfresser oben an. Die Pfeile sollten von unten nach oben (bzw. horizontal) verlaufen.*
2. *Was bedeuten die Pfeile, die von unten nach oben verlaufen?*
3. *Was wäre Ihrer Meinung nach unter die Ebene der Pflanzen zu schreiben? Erläutern und begründen Sie Ihre Meinung!*
4. *Warum wachsen auf den riesigen Flächen der Prärie Gräser und nicht Bäume? Warum war dieses Land nicht von Wald bestanden? Die Antwort gibt Ihnen Abb. 3 auf der folgenden Seite, die eine Karte von Nordamerika zeigt.*

Für die Weißen, die als Bauern ins Land kamen, war das von Menschen nicht bestellte Land der Prärie freies Land, das niemandem nutzte, das man sich nehmen konnte. Aus ihrer Sicht waren die Indianer ganz einfach zu bequem, zu faul, um sich den Mühen der Feldbestellung zu unterziehen!

Sie brachten ihre arbeitsteilige Wirtschaft mit, den Städtebau, das Gesundheitswesen, die Spezialisierung auf bestimmte Berufe. Einer dieser Berufe war der des Ranchers bzw. des Farmers, sie betrieben hier Weidewirtschaft oder Ackerbau, indem sie, wie in Texas, riesige Rinderherden hielten oder – im nördlichen Teil der Prärie – auf weiten Strecken das Land umbrachen. In ihrer Vorstellung waren die Indianer ganz einfach „Schmarotzer", die ihre Umwelt ausbeuteten, ohne dafür etwas zu tun! Für sie war die Welt gleichsam gespalten in die Welt der Menschen, die sich „im Schweiße ihres Angesichts" durch ihre Arbeit ernährten, und in die Welt der eher feindlichen Natur, die es zu zähmen galt. Hierzu waren Kenntnisse, Fähigkeiten, und Fertigkeiten – mit einem Wort Techniken – erforderlich, die über Generationen vom Vater auf den Sohn weitergegeben wurden. Wie schon zuvor erläutert, leben alle Wildbeuter als Glieder einer Lebensgemeinschaft, die ihrerseits Teil der Biosphäre ist. In ihr gelten allein die Gesetzmäßigkeiten der Natur, sie müssen von den Menschen auf der Kulturstufe des Wildbeuters hingenommen werden.

Aufgabe I.4:

Nennen Sie andere große Lebensgemeinschaften, die durch einen bestimmten Pflanzenwuchs und durch bestimmte Tiere gekennzeichnet werden.

Wodurch wird der besondere Charakter dieser Pflanzen- und Tierwelt verursacht?

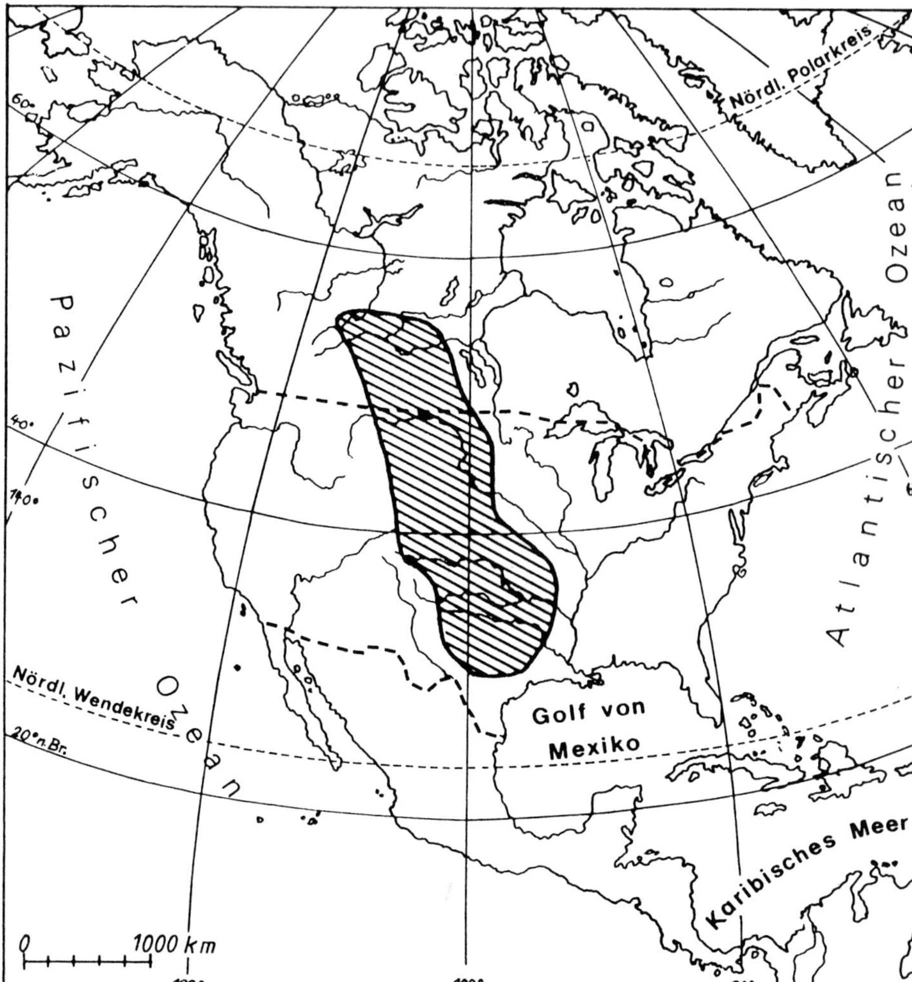

Abb. 3: Verbreitung der Bisonjäger in Nordamerika.

Die Weißen dagegen verwandelten die vorgefundene Natur durch ihre Arbeit – besonders den Ackerbau (lat. *cultura*), mit Hilfe ihrer Kulturtechniken in eine Welt der Kultur; die Biosphäre wurde zur Technosphäre, zur Kultosphäre, die den Bedürfnissen der Menschen gemäß organisiert ist. In Europa, in ihren Herkunftsländern, war dieser Vorgang längst abgeschlossen, die Indianer erschienen ihnen als rückständig, als „Wilde", die über keine Kultur verfügten! Sie brachten aus der Heimat ihre Nutztiere (Pferd, Rind) und Kulturpflanzen

(Weizen) mit, Lebewesen, die im Laufe der Jahrtausende durch Zucht und Auslese aus Wildtieren bzw. -pflanzen hervorgegangen waren, den Menschen höhere Erträge und damit größere existentielle Sicherheit brachten, aber auch Pflege benötigten, um überhaupt gegen die Konkurrenz der Wildtiere und Wildpflanzen bestehen zu können. Der Hirte muß seine Herde hüten, der Bauer steht in ständigem Kampf, gegen die „Unkräuter", die Wildpflanzen, die von Natur aus an dieser Stelle wachsen würden! Die Bisonherden waren für die Hirten (Cowboys) nur lästige Nahrungskonkurrenten ihrer Rinder, für die Bauern dagegen verhängnisvolle Verderber der Saaten, die beseitigt werden mußten. In der Technosphäre leben zwar auch Pflanzen und Tiere, aber sie werden in „Schädlinge" und „Nützlinge" eingeteilt, je nach der Wirkung, die sie für den Menschen und seine Geschöpfe haben. So verdrängt die Weidewirtschaft die natürlich vorkommenden Pflanzenfresser, läßt aber die natürlich vorkommenden Gräser, die Produzenten, unverändert. Der Ackerbau wandelt das Antlitz der Erde total, indem er an die Stelle der natürlichen Produzenten die Kulturpflanzen setzt, die der Mensch „im Schweiße seines Angesichts" gegen „Unkraut" und „Schädlinge" verteidigen muß!

Auch die indianischen Wildbeuter hatten eine hochentwickelte Kultur, eine eigene Religion, eigene Werkzeuge und Geräte, eigene Dichtung und Gesänge. Gerade die indianische Natureinstellung ist für uns heute in mancher Hinsicht vorbildhaft, wie Sie in Teil III noch erfahren werden.

Teil II: Lebensgemeinschaft Wald

1 Der Wald – eine Lebensgemeinschaft; zur Klärung grundlegender Begriffe

Am Beispiel der Lebensgemeinschaft Wald läßt sich das biologische Gleichgewicht umfassend darstellen.

Aufgabe 1.1:

1. *Geben Sie kurze schriftliche Definitionen folgender Begriffe:*
   a) Urwald, b) Wald, c) Forst.
2. *Gibt es in Mitteleuropa noch Urwälder?*
3. *Warum bezeichnen wir den Wald im Gegensatz zu anderen Landschaftsformen als naturnah?*

Der Wald – in vielen Gedichten als Inbegriff der Natur schlechthin besungen – ist zu einem Stück Kulturlandschaft geworden, das der Mensch in dem Maße seinem Willen gemäß geprägt und geformt hat, in dem er den Urwald in einen Forst verwandelte. Auch die Urwälder, die wir hier und dort in unserem Land antreffen, haben eine kulturelle Funktion: Sie dienen dem Menschen als eine Art Museum, das der Belehrung, dem Studium oder der Erholung dient. Zudem sind sie ein Ausdruck des Konservierungsbestrebens des zivilisierten Menschen, seiner Sehnsucht nach ursprünglichen Verhältnissen, die er hier – wie auf anderen Gebieten auch – in Schonbezirken zu erhalten trachtet.

Wie weit sich aber der mitteleuropäische Wald gegenüber dem Naturzustand gewandelt hat, zeigt uns die Abbildung 4: Um 1300 herrschten Laubbäume vor, um 1900 hatte sich der Anteil der Nadelwälder unter dem Einfluß der Forstwirtschaft stark erhöht. Wenn wir heute den Wald als einen naturnahen Lebensraum bezeichnen, dann müssen wir uns hierbei von vornherein ins Bewußtsein rufen, daß wir in einer von uns Menschen geformten Welt leben. Das öffnet uns die Augen über die Eigenart unserer Zivilisationswelt, in der jede Landschaftsform artifiziellen Charakter besitzt, d.h. vom Menschen überformt ist.

Und doch ist auch unser Wald noch die „organische Ganzheit einer Lebensgemeinschaft von Pflanzen und Tieren". Der Mensch hat zwar vor 50 oder 100 Jahren die Bäume gepflanzt und sie gepflegt. In ihrem Gefolge aber haben sich Pflanzen und Tiere angesiedelt, auf die der Mensch nur einen begrenzten Einfluß hat.

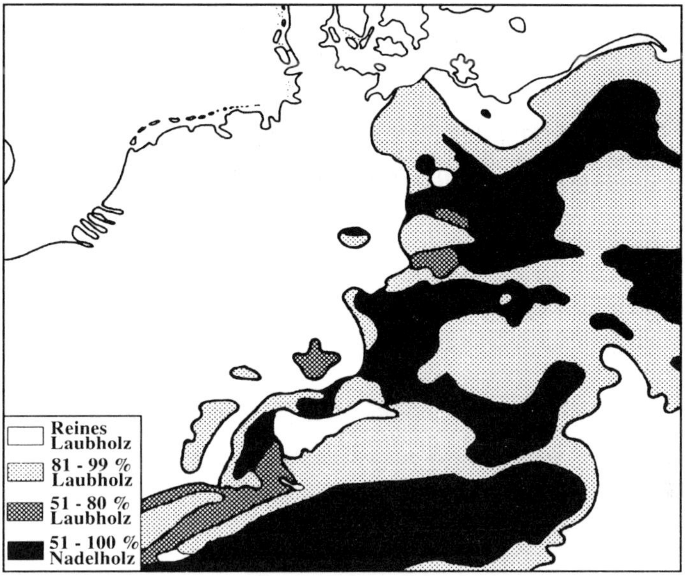

Abb. 4a: Prozentuale Zusammensetzung des Waldes um 1300 n. Chr.

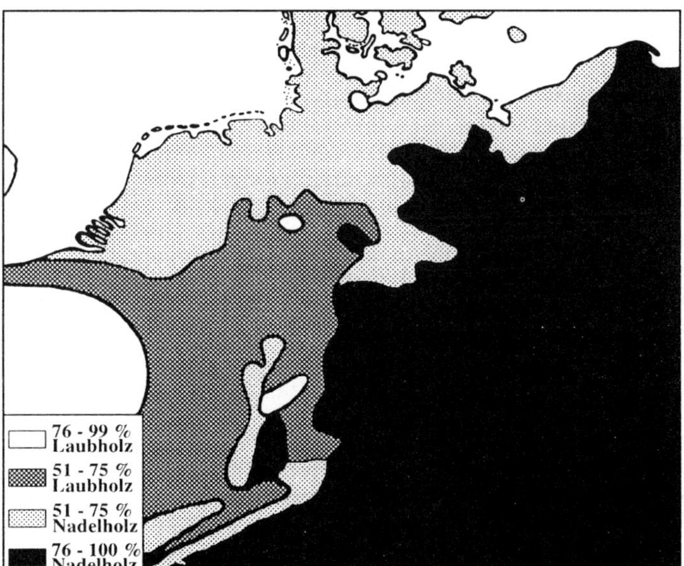

Abb. 4b: Prozentuale Zusammensetzung des Waldes um 1900.

Gleich zu Beginn unserer Betrachtungen sollten wir unsere Aufmerksamkeit auf die Folgewelt der Waldbäume richten, was uns am besten auf einem Spaziergang gelingt, auf dem wir z.B. die Bedeutung der Moose im Fichten- und im Buchenwald vergleichen. Wir suchen nach Pilzen an Baumstümpfen, achten auf Insekten und Vögel, die in ihrer Existenz auf den Wald angewiesen sind. Ein solcher Spaziergang zeigt uns, daß jeder Wald seinen eigenen Charakter hat, der nicht nur durch die Bäume, sondern auch durch die Sträucher und Kräuter bestimmt wird, die in ihm – und häufig *nur* in ihm – leben. Der Wald ist eine Lebensgemeinschaft von vielen Pflanzen und Tieren, die aufeinander angewiesen sind.

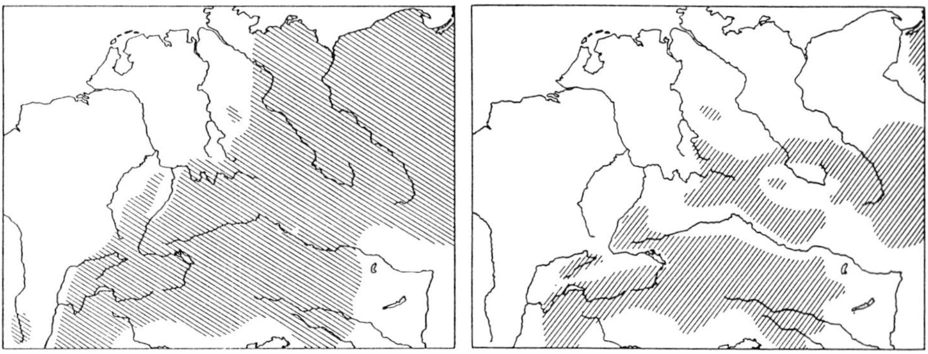

Abb. 5: Links die natürliche Verbreitung der Waldkiefer *(Pinus sylvestris)*, rechts die natürliche Verbreitung der Fichte *(Picea abies)*.

Auf die Zusammensetzung der Lebensgemeinschaft Wald haben Faktoren der unbelebten Umwelt, nämlich Klima- und Bodenbedingungen, großen Einfluß. Diese Tatsache können wir aus den Verbreitungskarten der Abbildungen 5 und 6 ableiten. Sie zeigen, daß Mitteleuropa für die beiden Laubbäume, die Rotbuche und die Eiche, den Verbreitungskern darstellt, während der gleiche Raum für die Kiefer und besonders auch für die Fichte südwestliches Randgebiet ist. Hier bildete unter natürlichen Verhältnissen die Waldkiefer nur in Endmoränengebieten oder auf kargem Sandstein, die Fichte nur in Gebirgslagen zusammenhängende Waldungen. Auch bezüglich der Verbreitung von Eiche und Buche fällt ein Unterschied auf (Abb. 6).

Während zumindest die Stieleiche *(Quercus rubor)* in ganz Europa vom Atlantik bis in das Wolgagebiet und von Südschweden bis nach Sizilien beheimatet ist, besteht für die Rotbuche im Osten eine Verbreitungsgrenze, die durch Ostpreußen und Polen verläuft, die nördlichen Vorkommen beider Arten stimmen dagegen überein. Die Auswertung dieser Ergebnisse zeigt, daß die Verbreitung der vier genannten Arten von dem Klima (die Rotbuche ist z.B. auf das Atlantische Klima beschränkt) und dem Boden (z.B. die Kiefer auf magerem Boden) abhängt.

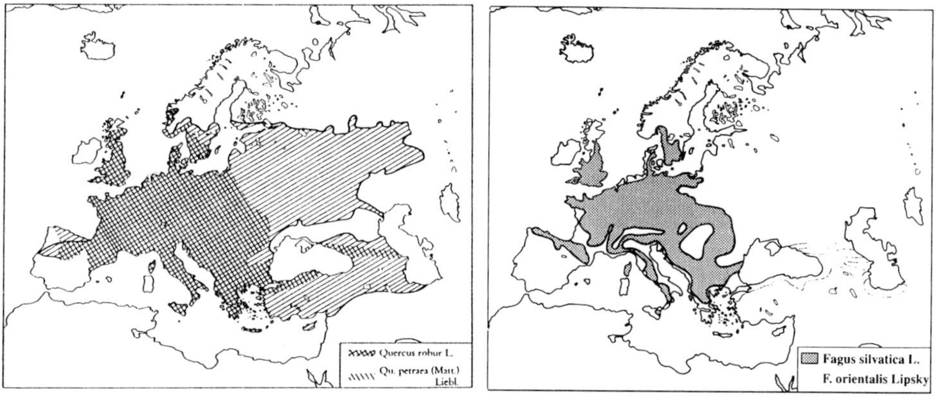

Abb. 6: Die natürliche Verbreitung der Eichenarten (links) und der Rotbuche (rechts).

Unsere Karten bieten allerdings nur ein sehr abstraktes Bild der natürlichen Bestände, die durch größte Mannigfaltigkeit gekennzeichnet waren. Diese können wir uns mit Hilfe der Schilderung einer Wanderung vor Augen führen, die uns in frühgeschichtlicher Zeit (etwa 500 v. Chr.) von der Zugspitze bis in die Alb führt:

„Nach der Lärchen-, Zirbel- u. Latschenregion des Hochgebirges nimmt uns die streng anmutende Fichtenwaldgesellschaft auf, mit Zirben, Lärchen, Ahorn und Vogelbeere als Begleitholzarten. Wir durchschreiten dann die anmutige und schön durchmischte Waldgesellschaft des Tannen-Buchenwaldes mit etwas Fichte und Ahorn, der uns im Alpenvorland so weit begleitet, wie die von den Gletschern geschaffene Hügelwelt (Moräne) die Frostgefahr noch etwas abschwächt. Nördlich dieser Moränenwälle erfreut uns das lichte Grün der immer stärker vertretenen Eiche im Buchenwald, wir befinden uns im Buchen-Eichenwald mit seinen Begleitholzarten Esche, Ahorn, Linde, Ulme und einzelnen Kiefern. Das Donaugebiet und seine südliche Vorlandschaft überrascht uns durch seine lichten Eichenwälder mit Weißbuchenunterstand und Beimischungen von Esche, Linde, Ulme und Ahorn, auf trockenen Partien auch Kiefer und Birke. Wir sind im Eichen-Hainbuchenwald. Plötzlich befinden wir uns auf dem Weißen Jura der schwäbisch-bayerischen Alb. Die Buche ist das tonangebende Glied der dortigen Waldgemeinschaft, des Kalkbuchenwaldes; er weist an Beimengungen Ahorn, Linde, Ulme, Esche und Elsbeere auf. Am Nordabfall des Jura bildet er sich zum Hangbuchenwald aus, uralte Eiben fesseln unseren Blick. Nach Durchwanderung einiger Schluchtwälder mit schlanken Eschen, Ahorn, Linden und Ulmen nimmt uns auf dem anstoßenden Braunen Jura in seinem Eisensandsteinteil der markante Buchen-Traubeneichenwald, in seinem unteren Teil der Buchen-Steineichenwald und dann wieder, wie auch auf dem folgenden Schwarzen Jura der uns bekannte Eichen-Hainbuchenwald, auf. Im anschließenden Keuper ist nur der Wechsel beständig. Die Naturwaldgesellschaften wechseln so rasch wie die geologischen Schichten. Auf den ärmsten Sandböden des Keuper finden wir die Kiefer in einem Eichen-Birkenwald stark vertreten". (Aus Rupf „Waldwirtschaft", S. 15-17, Bayerischer Landwirtschaftsverlag, München 1951.)

Aufgabe 1.2:

1. *Stellen Sie die aufgeführten Waldtypen zusammen. Welche Baumarten sind „bestandbildend", welche sind „Begleitholzarten"?*
2. *Wovon hängt das Auftreten der angeführten Waldtypen bzw. Baumarten ab? Analysieren Sie jeden genannten Fall, versuchen Sie Ihre Ergebnisse in einer Tabelle zusammenzufassen.*

An dieser Stelle sollten wir die beiden Begriffe „Klima" und „Boden" etwas genauer analysieren. Beide umfassen viele Einzelsachverhalte und sind daher abstrakt und inhaltsarm. So meinen wir mit dem „Klima" den durchschnittlichen Zustand der Atmosphäre in einem bestimmten Gebiet und den für das Gebiet charakteristischen Ablauf der Witterung. Das Klima hängt von der geographischen Breite ab, durch die der *Strahlungshaushalt,* das Verhältnis von Ein- und Ausstrahlung, festgelegt wird. Dieses *Großklima* kann aber durch die besonderen Verhältnisse eines Standortes – wie die Höhenlage und die Hangexposition – so weitgehend modifiziert werden, daß sein *Kleinklima* von dem durchschnittlichen Großklima des Gebietes sehr verschieden sein kann. So bieten bei uns oft Südhänge den Pflanzen Bedingungen, die diese sonst nur in wesentlich südlicheren Breiten antreffen; umgekehrt können tiefe und schroffe Schluchten ein Klima haben, das an arktische Verhältnisse erinnert.

Diese Unterschiede im Kleinklima lassen sich auf engstem Raum sehr gut an Bahndämmen studieren, die in Ost-West-Richtung verlaufen. An solchen Dämmen sind an günstigen Tagen die klimatischen Verhältnisse so verschieden, daß wir sie als Modellfall untersuchen können.

Aufgabe 1.3:

Suchen Sie sich für Ihre Beobachtungen einen in Ost-West-Richtung verlaufenden Bahndamm aus.

1. *Vergleichen Sie die Artenzahlen der Pflanzen am Nord- und Südhang.*
2. *Messen Sie an einem sonnigen Tag um die Mittagszeit an beiden Hangseiten die Temperaturen 30 cm über dem Boden und 3 cm unter der Bodenoberfläche.*
3. *Bestimmen Sie an einem sonnigen Tag um die Mittagszeit mit einem Belichtungsmesser die Beleuchtungsstärke am Boden des Nord- und des Südhanges.*

Auch der „Boden" – als obere Verwitterungsschicht der Erde – ist nicht einheitlich, sondern in seiner chemischen Zusammensetzung und physikalischen Beschaffenheit sehr verschieden. Das zeigen uns – wenn möglich auf einer

Exkursion – Anschnitte in Steinbrüchen. Je nachdem, ob das Felsmaterial aus Kalkstein, Sandstein oder Basalt besteht, haben sich Böden mit unterschiedlichen Eigenschaften ausgebildet. Eine Bodenprobe läßt sich mit einfachen Mitteln auf ihre chemischen und physikalischen Eigenschaften untersuchen.

Aufgabe 1.4:

1. *Bestimmen Sie die Wasserdurchlässigkeit verschiedener Böden, die Sie aus einem Garten, vom Fuße der Wand eines Steinbruches mit Kalk-, Basalt- oder anderem Gestein gesammelt haben. (Apparatur aus Versuch 10.2 S. 97.)* *Bestimmen Sie mit der gleichen Apparatur das Volumen der Luftporen der Bodenprobe.*
2. *Füllen Sie einen Meßzylinder 2,5 cm hoch mit grob gesiebter Erde, und füllen Sie dann den Zylinder 8 cm hoch mit ammoniakhaltigem Wasser auf. Anschließend wird der Zylinder verschlossen und schnell durchgeschüttelt. Die Bodenbestandteile setzen sich unterschiedlich schnell am Boden ab.* *Protokollieren Sie: Was setzt sich bereits nach 3 Sekunden ab? Was hat sich nach 8 Sekunden abgesetzt? Was setzt sich sehr langsam ab? Was schwimmt oder bleibt als Trübung im Schwebezustand?*

„Klima" und „Boden" sind Begriffe, die zwar dem Menschen in seinem Streben nach Übersicht recht dienlich sind, mit denen wir aber nicht mit der nötigen Genauigkeit die besonderen Faktoren erfassen können, von denen das Leben der Pflanze abhängt.

Diese besonderen *abiotischen Ökofaktoren* bilden ein System, in dem ein Glied das andere beeinflußt. Wenn wir mit mikroklimatischen Messungen und einigen Bodenuntersuchungen die ersten Erfahrungen gesammelt haben, ist es angebracht, ein System von Faktoren, die den Wald beeinflussen, zu entwickeln. Dabei wären die auch in Tabelle 1 auf der folgenden Seite dargestellten Tatsachen zu beachten:

Der Jahreslauf wirkt sich in erster Linie auf den Wärmefaktor aus, in den die durchschnittliche Sommer- bzw. Wintertemperatur, die Temperaturmaxima und -minima, aber auch die Früh- und Spätfröste eingehen, die weitgehend vom Großklima abhängen. Sie werden ferner auch *orographisch*, d.h. durch die Höhen- bzw. Hanglage, modifiziert. So sind z.B. Mulden, in denen sich Kaltluft staut (s. Abb. 7) durch Strahlungsfröste noch spät im Jahr gefährdet.

Auch das Wärmeabsorptionsvermögen des Bodens ist hier zu berücksichtigen, das für das Wurzelwachstum sowie die Keim- und Triebbereitschaft von Samen und Geophyten maßgebend ist.

Mit der Temperatur gekoppelt ist im allgemeinen der *Lichtfaktor*, der in unseren Breiten weniger durch das Großklima als in erster Linie orographisch bestimmt ist, also durch die Lage des Standortes z.B. an einem steilen Süd- oder Nordhang.

Tab. 1: Abiotische Ökofaktoren

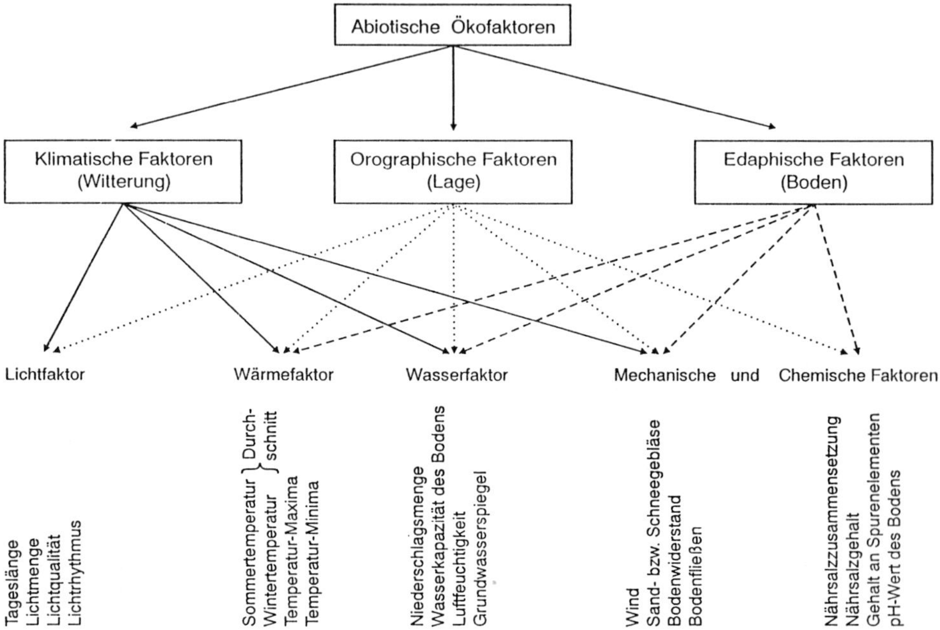

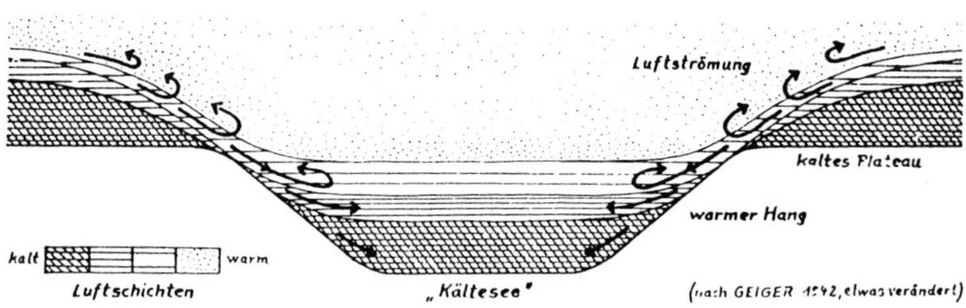

Abb. 7: Luftschichtung und -strömung in einer Mulde.

Der *Wasserfaktor* schließlich hängt klimatisch von der durchschnittlichen Niederschlagsmenge, orographisch vom Neigungswinkel eines Hanges und edaphisch von der Wasserkapazität des Bodens, d.h.u.a. von der Korngröße seiner Teilchen ab.

Die *chemischen Faktoren* wie der Mineralsalzgehalt, die Versorgung mit Spurenelementen und der pH-Wert des Bodens sind zwar weitgehend durch den Bodentyp bedingt, sie werden aber auch orographisch modifiziert, etwa indem in Schluchten der Nährsalzgehalt des Bodens durch Auswaschung der Hänge steigt.

Als *mechanische Faktoren* schließlich wären der Wind, der Bodendruck (das Bodenfließen) an Hängen sowie die Tiefgründigkeit des Bodens zu nennen, d.h. der Widerstand, den der Untergrund den Wurzeln bietet.

2 Die Umweltansprüche der Waldbäume

Mit dem im ersten Kapitel dargestellten Material wurden einige Grundlagen für die Entwicklung des Gleichgewichtsbegriffes beschrieben. Nun kommt es darauf an, die Inhalte dieses Begriffes zu entwickeln. Wir können einerseits in den artspezifischen Eigenschaften der Waldbäume die Ursachen dafür erkennen, daß sich unter verschiedenen Standortbedingungen ganz bestimmte Baumarten durchsetzen. Dabei muß einerseits bedacht werden, daß sich die Individuen einer Baumart in ihren Eigenschaften nicht völlig gleichen und daß sich auf der Grundlage dieser Unterschiede Populationen ausbilden, die den besonderen Bedingungen ihres Standortes angepaßt sind. In diesem Zusammenhang müssen zwei verschiedene Fragen gestellt werden: einerseits danach, welche Ansprüche eine Baumart an die Umwelt, also an Licht, Klima, Boden usw. stellt. Andererseits muß untersucht werden, welche Anpassungstendenzen man bei verschiedenen Populationen einer Art an bestimmte Umweltgegebenheiten feststellen kann.

Aufgabe 2.1:
Stellen Sie aus den Angaben der Abbildungen 8-10 für die angeführten Baumarten Ansprüche, die diese an den Nährsalzgehalt des Bodens, die Lichtmenge und die Tiefgründigkeit des Bodens haben, tabellarisch zusammen.

Aufgabe 2.2:
Ein Linden- und ein Weidenzweig werden trocken so auf einen Tisch gelegt, daß weder sie noch ihre Umgebung vom direkten Sonnenlicht getroffen werden. Anfangs- und Endgewicht der Zweige (nach 24 Stunden) werden ermittelt. Anschließend legt man gut getrocknetes blaues Kobaltpapier auf die Unterseite der Blätter und bringt diese, jedes für sich, zwischen zwei Glasplatten, die man mit einem leichten Gewicht beschwert. Vergleichen Sie das Anfangs- und Endgewicht der Zweige und die Veränderung der Farbe des Kobaltpapieres.

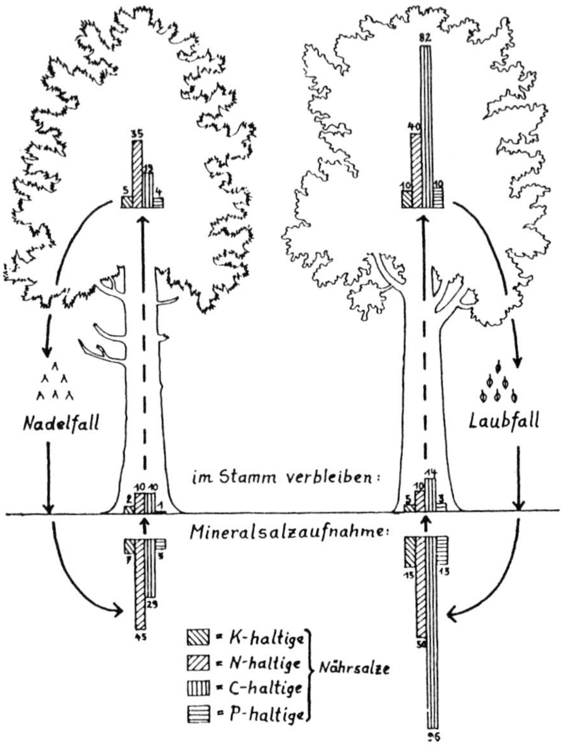

Abb. 8: Kreislauf der Nährsalze bei Kiefer und Buche. (Die Zahlen geben Menge in kg pro ha und Jahr an, die aufgenommen, im Stamm deponiert bzw. durch die Streu den oberen Bodenschichten zugeführt werden.)

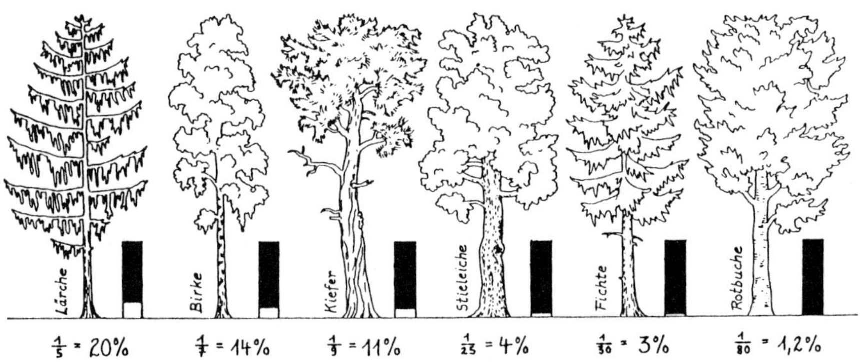

Abb. 9: Graphische Darstellung der Lichtmenge, bei der der Kompensationspunkt verschiedener Baumarten liegt. (Im Kompensationspunkt entspricht die durch Photosynthese gewonnene Menge energiereicher Stoffe der in der gleichen Zeit veratmeten Menge.)

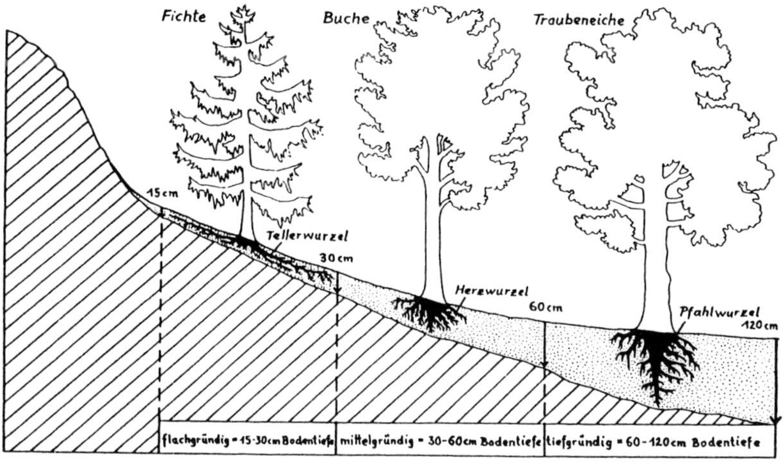

Abb. 10: Zusammenhang zwischen „Gründigkeit“ des Bodens und der Ausbildung des Wurzeltyps.

2.1 Die ökologische Potenz der verschiedenen Baumarten

Unter der Potenz einer Baumart versteht man ihre Fähigkeit, sich mit den Umweltgegebenheiten auseinanderzusetzen. Jede Baumart hat in dieser Hinsicht ihre Besonderheiten. Eine ganze Reihe dieser Besonderheiten läßt sich aus den in der Tabelle 2 enthaltenen Angaben erschließen.

Wie man sieht, enthält die Tabelle nur relative Werte. Angesichts der Tatsache, daß alle genannten Arten ökologische Rassen ausbilden, die sich gerade in diesen Anforderungen unterscheiden, erscheint es wenig sinnvoll, absolute Angaben zu machen. Auch Autoren forstkundlicher Werke stufen aus diesem Grunde die verschiedenen Spezies in die in der Tabelle angeführten Klassen ein.

Die Deutung der Tabelle sollte eines der Kernstücke unserer Betrachtung sein, weil wir hier im Sinne einer einfachen Vielfaktorenanalyse den Begriff der Selektion ableiten und klären können.

Bei unserer frühgeschichtlichen Wanderung fiel lauf, daß die *Rotbuche* in der mitteleuropäischen Landschaft dominierte. Fragen wir nach der Ursache dieses Vorherrschens, so lehrt uns ein Blick auf unsere Tabelle, daß die Buche an fast alle Faktoren mittlere Ansprüche stellt – mit Ausnahme des Lichtes. Diese geringen Anforderungen an das Licht bieten ihr einen großen Selektionsvorteil: Die Buchenblätter nämlich vermögen noch bei 1/85 der Intensität des Lichtes außerhalb des Bestandes zu assimilieren, während bei der Kiefer oder Birke bereits bei 1/9 der Außenintensität der Punkt erreicht wird, bei dem die durch

Tab. 2: Umweltansprüche der Waldbäume.

Ansprüche	*1. Licht*	*2. Wärme*	*3. Spätfrost-empfindl.*	*4. Luft-feuchte*	*5. Boden-feuchte*	*6. Mineral-salzgeh.*	*7. Tief-gründigkeit*
GROSS	Kiefer Lärche Birke Esche Eichen	Ulme Eichen	Esche Eichen Rotbuche Tanne	Fichte Tanne Esche Ahorn Ulme	Stieleiche Fichte Esche	Ulme Ahorn Esche	Stieleiche
MITTEL	Ahorn Linde Ulme	Tanne Rotbuche	Fichte Ahorn Ulme Linde	Stieleiche Hainbuche Rotbuche	Rotbuche Hainbuche Ulme Ahorn Tanne Lärche	Stieleiche Rotbuche Tanne	Trauben-eiche Rotbuche Hainbuche Kiefer Tanne
MÄSSIG				Trauben-eiche	Trauben-eiche	Trauben-eiche Hainbuche Fichte	
GERING	Rotbuche Fichte Tanne Hainbuche	Fichte Kiefer Lärche Ahorn Birke	Hainbuche Birke Kiefer Lärche	Kiefer Lärche Birke	Kiefer Birke	Kiefer Lärche Birke	Fichte Birke

die Photosynthese produzierten Assimilate vollständig wieder veratmet werden. Wenn sich die Stoffproduktion durch Assimilation und der Stoffverbrauch durch Atmung gegenseitig aufheben, lebt die Pflanze am *Kompensationspunkt*. Im Gegensatz zu den „Lichthölzern“ sterben daher bei der Buche beschattete Zweige und Äste nicht ab, sie bilden eine geschlossene Krone und ein dichtes Laubdach. Durch diese Eigenschaft ist die Buche den meisten anderen überlegen, wenn ihre übrigen Ansprüche erfüllt werden.

Geringe Lichtansprüche stellt auch die *Fichte*, die aber andererseits hohe Anforderungen an die Boden- und Luftfeuchtigkeit hat. Als „Schattholz“ konnte sie jedoch durch den Menschen weit verbreitet werden. In Dürrejahren leidet dieser Baum besonders stark und ist daher auch durch Massenvermehrung von Insekten sehr gefährdet. Sein flachstreichendes Wurzelwerk vermag überdies im Flachland keinen Halt im Untergrundgestein zu finden; starke Winde entwurzeln die Fichte sehr leicht. Aus diesen Gründen wird die Fichte unter natürlichen Bedingungen im Flachland Mitteleuropas von der Rotbuche verdrängt, die ihrerseits dort unterlegen ist, wo sie mit ihrer Herzwurzel (s. Abb. 9) nicht genügend tief in den Boden vorzudringen vermag oder wo ihre Temperaturansprüche nicht erfüllt werden. So kommt es, daß in höheren Gebirgslagen die Rotbuche durch die Fichte abgelöst wird.

Die *Weißtanne* taucht zwar in allen Spalten gemeinsam mit der Rotbuche auf, sie ist aber auch gegen höhere Temperaturen empfindlich, während die Rotbuche nur ausgesprochene Hitze nicht verträgt. Die begrenzenden Faktoren dürften jedoch ihr ausgesprochenes Bedürfnis nach feuchter Luft und ihre Spätfrostempfindlichkeit sein. Alle Versuche, sie außerhalb ihres natürlichen Verbreitungsgebietes zu pflanzen, scheiterten bisher an diesen Ansprüchen.

Das vierte Schattholz schließlich, die *Hainbuche*, bleibt der Rotbuche in der Höhe unterlegen (6-25 m gegen 24-40 m); ihr ist demzufolge immer nur das zweite Stockwerk des Waldes zugewiesen, wo sie dann allerdings weit verbreitet ist.

Ulme, Ahorn und *Esche*, die Edelhölzer des Forstmannes, stellen an alle Faktoren hohe bis mittlere Ansprüche; sie kommen daher in reinen Beständen nur an begünstigten Standorten vor, wie in Schluchtwäldern, in denen der Boden mit Mineralien angereichert ist; sie bilden fast immer nur das Beiholz.

Alle Lichtholzarten schließlich sind der Konkurrenz der Rotbuche (und der übrigen Schatthölzer) nur dort gewachsen, wo sie infolge ihrer besonders geringen Ansprüche an Boden und Klima noch gedeihen können, während die Schattholzarten schon kümmern. *Kiefer* und *Birke* weichen so auf die minderen Böden aus bzw. herrschen dort vor, wo das Klima für die Rotbuche zu rauh ist. Komplizierter liegen die Verhältnisse bezüglich der ökologischen Konkurrenz zwischen der Rotbuche und den beiden Eichenarten. In Mitteleuropa herrscht die *Traubeneiche (Quercus petraea)* auf mäßig guten Böden vor, die für die Rotbuche noch zu arm und flachgründig sind, oder aber in Gebieten, die eine Niederschlagsmenge von weniger als 550 mm im Jahresmittel aufweisen (z.B. im Saale- oder im Mainzer Becken). Dabei ist jedoch nicht nur die Regenmenge der einzelnen Monate wichtig, sondern auch die Zahl der Regentage. Bei einer Durchschnittstemperatur von 18-20°C benötigt die Rotbuche im Sommer mindestens 7, bei 22-23°C 8 Regentage im Monat.

Im Gegensatz zur Traubeneiche gewinnt die *Stieleiche (Quercus rubor)* in den Gegenden die Oberhand über die Rotbuche, in denen der Grundwasserspiegel hoch liegt (z.B. in den Auwäldern der Donau und des Rheins).

Während im zentralen Mitteleuropa, also noch unter dem Einfluß des atlantischen Klimas, die Rotbuche dominiert, tritt sie weiter östlich zurück und verschwindet in Ostpreußen schließlich ganz; die Stieleiche tritt an ihre Stelle.

Für diesen Stellungswechsel der beiden Arten hat die Forstwissenschaft eine Reihe von Gründen ermitteln können, die jede der drei Phasen betreffen, die man im Leben eines Baumes unterscheiden kann. Da ist zunächst die Zeit der Winterstarre, in der der Baum in physiologischer Ruhe verharrt. In dieser Phase sind alle Arten gegen Frost recht unempfindlich. Eiche und Rotbuche werden jedoch durch extrem niedrige Temperaturen geschädigt. Bei der Eiche erfrieren dann die Äste, bei der Buche aber platzt unter dem Wechsel von Nachtfrost und mittäglicher Erwärmung durch die Sonne die dünne Rinde (eine Borke fehlt ihr bekanntlich zumeist). In die entstandenen Spalten dringen im Frühjahr Fäulnispilze ein und erzeugen den Rindenbrand, der dem Baum ernsthaften Schaden zufügt, während erfrorene Äste ersetzt werden können.

In der folgenden *Phase der Aktivierung* der Assimilate und des Stofftransportes in die Knospen bis hin zur Entfaltung der jungen Blätter und Blüten sind beide Arten äußerst empfindlich gegen Spätfröste. Auch hier wieder ist die Eiche im Vorteil. Zunächst vermag sie alle Winterschäden durch einen kräftigen Johannistrieb im Juni besser auszugleichen als die Buche, die dieses Vermögen in nur geringem Umfang besitzt. Wirksamer noch ist das größere Anpassungsvermögen der Eiche an die klimatischen Verhältnisse. So treibt sie im Südwesten 14 Tage vor der Rotbuche aus, während sie in der Mitte Deutschlands ihre Blätter zwei Wochen nach dieser entfaltet. Auf diese Weise entgeht die Eiche manchem Spätfrost, der die Rotbuche trifft.

Während der *Belaubungszeit* schließlich wird die Rotbuche durch die höhere Sommertemperatur und die relativ seltenen Regenfälle des Kontinentalklimas in ihrer assimilatorischen Leistung stark gemindert, die Stieleiche zumindest durch die Hitze aber gefördert. Ihre größere Anpassungsfähigkeit beruht im wesentlichen darauf, daß sie nicht im gleichen Maße an eine innere Periodizität gebunden ist wie die Rotbuche, die sich z.B. im Treibhaus nicht vortreiben läßt. Die Anforderungen beider Arten gehen aus der Tabelle 3 hervor; sie dürften die Hauptgründe für den Stellungswechsel der beiden Spezies sein.

Tab. 3: Mindestanforderungen der Rotbuche *(Fagus sylvatica)* und der Stieleiche *(Quercus robur)*.

	Mindest-temperatur	Rotbuche	Stieleiche
Phase der Aktivierung	+ 1 °C	4 Mon. i. Jahr	$2^1/_2$ Mon. i. Jahr
Belaubungszeit	+ 10 °C	4 Mon. i. Jahr	$3^1/_2$ Mon. i. Jahr
Mögliche Dauer des Winters		4 Mon. i. Jahr	$6^1/_2$ Mon. i. Jahr

Aufgabe 2.3:

1. *Ein Boden mittlerer Güte, der als Acker genutzt wird, soll brach liegen bleiben. Welcher Waldtyp wird sich hier ohne Eingriff des Menschen unter mitteleuropäischen Klimabedingungen entwickeln?*
2. *Die Lüneburger Heide erhält ihren Charakter durch eine intensive Beweidung durch Schafe. Der Boden ist meist sandig und trocken. Welcher Waldtyp könnte sich hier entwickeln, wenn die Beweidung aufgegeben würde?*

3. *Welcher Waldtyp könnte entstehen, wenn eine Almwiese in 1500 m Höhe aufgegeben würde?*

Aufgabe 2.4:

Die Abbildungen 11 und 12 zeigen, in welcher Weise die Verbreitung der Waldkiefer von Feuchtigkeit und Säuregrad des Bodens beeinflußt wird. Als ökologisches Verhalten der Kiefer wird dabei ihr Verhalten im Wettbewerb mit anderen Baumarten verstanden.

1. *Warum kommt die Waldkiefer in Mitteleuropa nur unter extremen abiotischen Bedingungen vor?*
2. *Erläutern Sie den jeweiligen Inhalt der in den graphischen Darstellungen verwendeten Begriffe Ökologisches Optimum und Physiologisches Optimum.*
3. *Geben Sie Landschaftsformen an, in denen man in Mitteleuropa natürliche Kiefernvorkommen finden könnte.*

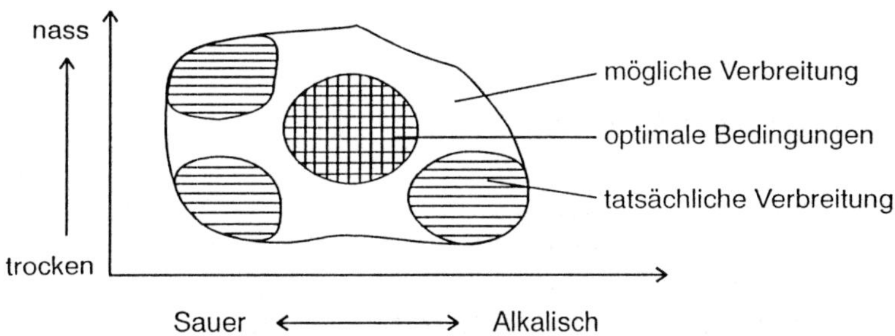

Abb. 11: Vorkommen der Kiefer in Abhängigkeit von Feuchtigkeit und Säuregrad des Bodens.

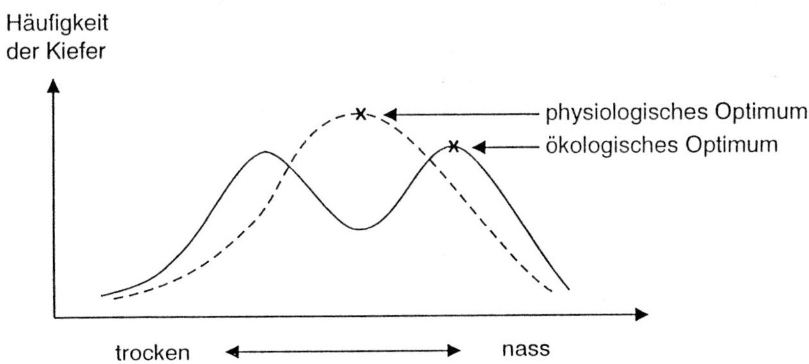

Abb. 12: Wachstumsleistungen der Kiefer unter optimalen Bedingungen und unter Bedingungen ihrer natürlichen Standorte.

2.2 Anpassungstendenzen bei Populationen einer Art

Bisher haben wir so getan, als würden die Individuen einer Baumart alle gleich reagieren auf die Gegebenheiten der Umwelt, nun sollen Beispiele dafür gesucht werden, daß Angehörige einer Baumart untereinander verschieden sind. Beispielsweise kann man in vielen Parkanlagen neben normalen grünblättrigen Rotbuchen oder Ahornbäumen auch solche mit roten oder gelben Blättern finden. (Alle Blutbuchen Süddeutschlands stammen übrigens von einer Mutante ab, die um 1190 in Zürich auftrat!) Seltener sind Exemplare der Rotbuche mit geschlitzten Blättern. Blüten bzw. Zapfen der Fichten können rot oder grün sein. Schließlich gibt es noch erbliche Änderungen der Wuchsform wie z.B. die „Trauerform" bei Weide oder Rotbuche und den Pyramidenwuchs von Pappeln und Eichen. Alle diese Formen weisen uns auf die Variabilität innerhalb der Arten hin. Über das Ausmaß der Variabilität bei der Waldkiefer geben die Ergebnisse der in Tabelle 4 dargestellten Experimente Auskunft.

Tab. 4 : Der Einfluß von Erbanlagen und Umwelt auf die Wuchsleistung 17jähriger Kiefern.

a) Durchschnittliche Höhen der Nachkommen von drei Mutterbäumen gleicher Herkunft*, auf gleichem Standort angebaut:

Baum A 288 cm	Baum B 335 cm	Baum C 385 cm

b) Durchschnittliche Höhen der Nachkommen von drei Mutterbäumen verschiedener Herkunft**, auf gleichem Standort (Bodenwöhr) angebaut:

Baum D (aus Forbach, Schwarzw.) 300 cm	Baum E (aus Grünheide, Ostpreußen) 402 cm	Baum F (aus Seligenstadt, Mainebene) 491 cm

c) Durchschnittliche Höhen von Bäumen gleicher Herkunft* (Wandreb, Opf. Grenzgebiet), auf drei verschiedenen Standorten angebaut:

Baum G (in Fischbachau) Allgäu 246 cm	Baum H (in Bodenwöhr) westlich des Pfälzer Waldes 447 cm	Baum I (in Schussenried) b. Biberach/Riss 717 cm

* „Gleiche Herkunft" bedeutet, daß diese Mutterbäume auf dem gleichen Versuchsfeld angebaut worden waren.

** „Verschiedene Herkunft" besagt, daß die Mutterbäume auf verschiedenen Versuchsstandorten herangewachsen waren.

Aufgabe 2.5:
Stellen Sie die in der Tabelle 4 enthaltenen Daten auf Millimeterpapier graphisch dar.

In jedem der untersuchten Fälle wurden Sämlinge bekannter Herkunft aus Versuchsflächen angebaut, deren Klima- und Bodenverhältnisse genau definiert waren und ständig kontrolliert wurden. Nach 17 Jahren wurden die Höhen der Bäume der einzelnen Versuchsgruppen gemessen und die Durchschnittswerte ermittelt. Tabelle 4a zeigt die Resultate, die man bei der Nachkommenschaft von drei Mutterbäumen erhielt, die alle einer Population angehörten. Obwohl die Jungbäume am gleichen Standort aufgewachsen waren, zeigte sich die durchschschnittliche Höhe der Tochterpflanzen der einzelnen Gruppen als signifikant verschieden. (Die Nachkommenschaft des Baumes C übertraf die des Baumes A um ein Drittel an Höhe.) Größer noch waren die Unterschiede, als man die Nachkommenschaft von Einzelbäumen, die verschiedenen Populationen angehörten, unter gleichen Bedingungen aufzog. In diesem Falle übertraf die Tochtergeneration des (F)-Baumes die des schlechtesten (D) um mehr als die Hälfte (Tabelle 4b). Setzt man voraus, daß in beiden Fällen die Jungbäume wirklich unter gleichen Bedingungen aufwuchsen – im Freiland läßt sich dies nicht leicht realisieren –, so zeigen die Größenunterschiede der Tochterpflanzen, daß die Mutterbäume bezüglich des Merkmals „Wuchsvermögen" genotypisch verschieden waren. Die Unterschiede in der Wuchsleistung können allerdings verschiedene Ursachen haben, sie hängen unter anderem von der Blattdichte und der Assimilationsintensität ab, die beide innerhalb einer Art bei unterschiedlichen Individuen sehr verschieden sein können.

Die deutlichsten Größenunterschiede zeigten sich, als man die Nachkommen von Bäumen gleicher Herkunft an verschiedenen Wuchsorten anpflanzte; hier traten zu den zuvor erwähnten genetischen Unterschieden im Wuchsvermögen hemmende bzw. fördernde Umwelteinflüsse der verschiedenen Standorte, die dazu führten, daß die wüchsigste Nachkommenschaft (I) die geringste (G) um fast das Dreifache übertraf (Tabelle 4c).

Bei solchen Versuchen zeigte es sich übrigens häufig, daß die Jungbäumchen am neuen Standort nicht zu gedeihen vermochten. So schieden auf der Hochgebirgsversuchsfläche Fischbachau Kiefern von mehreren Talstandorten völlig aus, weil sie als Jungbäumchen vom Schnee erdrückt wurden. Umgekehrt aber starben auch Kiefern aus Berchdesgaden, die in Fischbachau am besten gediehen, in tieferen Lagen schon im ersten Lebensjahr.

An diesen Beispielen können wir deutlich sehen, wie sich Pflanzen einer Population physiologisch so an die Bedingungen ihres Standortes angepaßt haben, daß sie optimal nur unter diesen Verhältnissen zu gedeihen vermögen.

Augenfälliger noch sind die Anpassungen in den Fällen, in denen ökologische Rassen morphologische Unterschiede ausgebildet haben. Die Flachlandkiefern z.B., deren sparrige, weitausladende Kronen von dicken Ästen gebildet werden, sind von Bildern und aus Schilderungen allgemein bekannt. Im Gegensatz hierzu bleiben bei Kiefern aus schneereichen Gebieten die Äste dünn und relativ kurz, wodurch eine schlanke, spitz zulaufende Krone entsteht (Abb. 13). Diese schmalkronige Mutante tritt in verschiedenen Gebieten auf (Nordost-

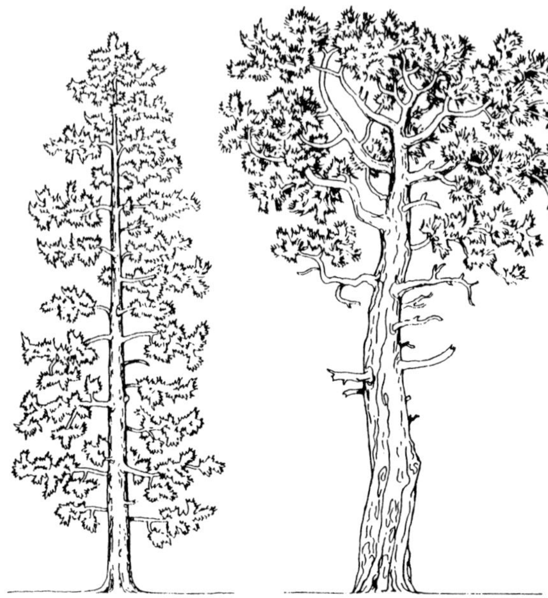

Abb.13: Die beiden Mutanten der Waldkiefer *(Pinus sylvestris)*, links aus Nordeuropa, dem Kaukasus oder den Alpen, rechts aus der Heide.

europa, Kaukasus, Alpen), die so weit voneinander entfernt liegen, daß dieses Merkmal in den genannten Arealen unabhängig voneinander entstanden sein muß.

Hier wird offensichtlich, daß gleiche Umweltverhältnisse auch gleiche Anpassungstypen herauslesen. Die Vermutung, daß der besondere Schneereichtum dieser Gebiete der Selektionsfaktor gewesen sei, konnte im Experiment bestätigt werden. Als man nämlich breitkronige Flachlandkiefern in Hochgebirgslagen anpflanzte, wurden diese Bäume – nachdem sie die zuvor erwähnten Anfangsschwierigkeiten überwunden hatten – durch Schneebruch so erheblich geschädigt, daß sie bald zugrunde gingen.

Noch an einem weiteren Beispiel zeigt sich, daß zwischen den Bäumen einer Art Unterschiede bestehen, die zu einem Selektionsvorteil oder -nachteil werden können. Registriert man den Beginn und die Dauer der Triebzeit von markierten Fichten oder Kiefern eines bestimmten Standortes, so kann man bezüglich beider Merkmale häufig 4 Typen unterscheiden, deren Eigenschaften in der Tabelle 5 dargestellt werden.

Tab. 5: Beginn, Ende und Dauer der Triebbildung von Fichten (1944, Revier Grafrath bei München).

	Beginn	Ende	Dauer
1. frühtreibend, frühabschließend	15. 5.	26. 6.	36 Tage
2. spättreibend, spätabschließend	15. 6.	8. 8.	64 Tage
3. frühtreibend, spätabschließend	15. 5.	25. 7.	71 Tage
4. spättreibend, frühabschließend	5.6.	5.7.	30 Tage

Forstwissenschaftler konnten nachweisen, daß diese Merkmale z.B. in spätfrostgefährdeten Lagen einen Selektionswert haben können, indem sich hier nur die Spättreiber ungehemmt entwickeln und fortpflanzen. Auf diese Weise entstanden frostharte Lokalrassen, in denen dieses Merkmal weitervererbt wird. Diese Rassen haben insofern noch einen zusätzlichen Vorteil, als an ihnen manche tierischen Schädlinge – wie die Nonne – sich nicht gut entwickeln können (s. Kap. 6, Ökosystem der Nonne).

3 Rückwirkungen der Waldbäume auf das System der Ökofaktoren

Im vorigen Kapitel wurde gezeigt, daß die Bäume wie alle Pflanzen in ihrem Gedeihen vom System der Ökofaktoren abhängen. Infolge ihrer Größe modifizieren sie aber ihrerseits die physikalischen und chemischen Gegebenheiten ihrer Umwelt in weit stärkerem Maße, als dies Kräuter, Gräser und Sträucher vermögen. Das Kronendach verändert alle Bedingungen – jeder hat dies schon erlebt. Wir gehen im folgenden von den Ökofaktoren als physikalischen und chemischen Gegebenheiten aus und werden verfolgen, wie jeder Faktor seinerseits durch die einzelnen Baumarten abgewandelt wird.

3.1 Der Lichtfaktor

Licht ist der mit dem Auge wahrnehmbare Teil der Sonnenstrahlung, der etwa die Wellenlänge von 4000-8000 Å umfaßt.

Die einzelnen Wellenbereiche sind in ganz verschiedenen Anteilen im Spektrum vertreten, das Intensitätsmaximum liegt bei rund 6000 Å. Im Wald wird

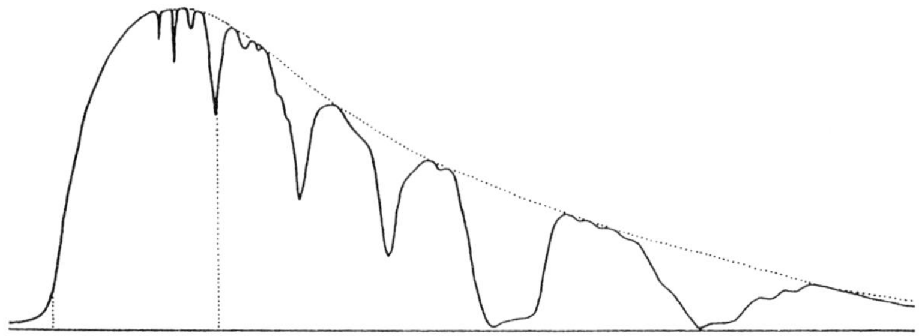

Abb. 14: Intensität der Sonnenstrahlen verschiedener Wellenlängen in $^1/_{100}$ Ångströmeinheiten (1Å = 10^{-8} cm).

ein beachtlicher Teil dieser Strahlung selektiv von den Blättern absorbiert (Abb. 14), es entsteht so der Grünschatten, in dem gerade jene Bereiche stark geschwächt sind, die photosynthetisch eine besondere Bedeutung haben. Allerdings passen sich diese Bäume durch die Ausbildung von Licht- und Schattenblättern morphologisch und physiologisch (Abb. 15) den veränderten Lichtverhältnissen an.

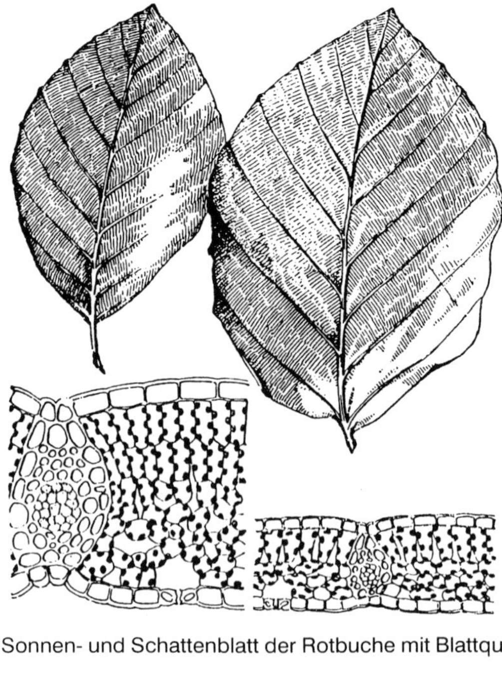

Abb. 15: Sonnen- und Schattenblatt der Rotbuche mit Blattquerschnitten.

Aufgabe 3.1:

1. *Sammeln Sie einige dem Licht ausgesetzte und im Schatten der Baumkrone wachsende Blätter der Rotbuche. Stanzen Sie mit einem großen Korkbohrer aus einem Licht- und einem Schattenblatt je zwei Scheiben heraus. Eine der Scheiben jedes Blattes soll sofort, die andere nach gründlichem Trocknen gewogen werden. Bestimmen Sie für Sonnen- und Schattenblätter die Masse pro Flächeneinheit im frischen und getrocknetem Zustand.*
2. *Stellen Sie feine Blattquerschnitte von Sonnen- und Schattenblättern her (eventuell käufliche Dauerpräparate verwenden), und beschreiben Sie die Bauunterschiede dieser Blätter auf Grund mikroskopischer Beobachtung.*

Das Lichtklima eines Waldes wird in erster Linie davon bestimmt, ob die bestandsbildende Baumart immergrün ist oder ihr Laub abwirft. Im ersten Falle wird die Bestandshelligkeit ausgeglichen sein, im zweiten Falle besteht ein ausgeprägter Wechsel zwischen einer Licht- und einer Schattenphase, wie man aus Tabelle 6 entnehmen kann.

Tab. 6: Mittlere relative Helligkeit am Boden in verschiedenen Waldbeständen im unbelaubten und belaubten Zustand sowie kurz nach dem Austreiben. (Angaben in% des Außenlichtes.)

Holzart	*unbelaubt*	*junges Laub*	*ausgereiftes Laub*
Mischwald (Buche 73%, Esche 22%)	51%	23%	5%
Buche	22%	–	2%
Eiche	54%	35%	8%
Fichte	8%	7%	4%

Dieser Unterschied ist für die Entwicklung und die Stoffproduktion der Bodenflora – und damit auch für die Verjüngung der Bestände – von größter Bedeutung. Wie Tabelle 7 deutlich macht, ist für die Jahresdurchschnittshelligkeit am Boden jedoch in erster Linie wichtig, ob der Bestand von einem Lichtholz (L) einem Schattholz (S) oder einem Halblichtholz (HL) gebildet wird. (Tabelle 6 und 7 beziehen sich auf verschiedene Wälder in verschiedenen Wachstumsstadien.)

Folgende Regeln lassen sich ableiten:

1. Auch im unbelaubten Zustand wird das Licht überraschend stark geschwächt; bei der Rotbuche bis auf 22% des Außenlichtes!
2. Die Lichtabsorption der jungen Blätter setzt die Bestandshelligkeit auf etwa die Hälfte der zuvor gemessenen Werte herab.
3. Ist das Laub ausgereift, so werden die niedrigsten Werte gemessen (10 bis 20% von Spalte 2 der Tabelle 6), die dann stationär bleiben.
4. In Nadelholzbeständen ändert sich die relative Helligkeit im Laufe des Jahres nicht oder nur um wenige Prozent.

Tab. 7: Jahresdurchschnittshelligkeit am Boden in verschiedenen Beständen.

Baumart	Mittlere Jahreshelligkeit am Boden in % d. Außenlichtes	Lichtminimum am Boden in % d. Außenlichtes	Lichtanspruch
Birke	37	11	L
Lärche	31	20	L
Kiefer	27	10	L
Esche	24	17	HL
Eiche	8	4	HL
Fichte	6	2,8	S
Buche	5	1,6	S

Innerhalb eines Bestandes ist die relative Lichtabnahme im Kronenraum verständlicherweise am größten, im Stammraum ist sie relativ gering. Sie ist an sonnigen Tagen stärker als an trüben, in lichten Wäldern erheblicher als in schattigen, in der Lichtphase markanter als in der Schattenphase.

Aufgabe 3.2:
Messen Sie mit Hilfe eines Luxmeters, notfalls auch mit dem Belichtungsmesser eines Photapparates, die Helligkeit am Boden verschiedener Baumbestände. Vergleichen Sie diese Werte mit denen, die am Boden im freien Gelände unter gleichen Wetterbedingungen gemessen werden können.

Am Boden des Rotbuchenwaldes ist das Licht so gedämpft, daß die Bodenflora trotz ihrer Anpassung nicht leben könnte, wären nicht die unregelmäßigen Lichtflecken, die über den Boden und die Pflanzen huschen.

Tab. 8: Relative Lichtwerte (in% der Außenintensität) mit und ohne Lichtflecken (– = keine Lichtflecken vorhanden).

Uhrzeit	*Buchenwald*		*Fichtenwald*	
	ohne Lichtflecken	mit Lichtflecken	ohne Lichtflecken	mit Lichtflecken
10.30	0,9%	4,5-9%	0,2%	0,4-0,6%
12.00	0,7%	19-25%	0,16%	0,3-0,4%
13.00	0,8%	10%	0,15%	0,2%
14.00	0,6%	18-22%	0,17%	–
15.00	0,7%	5,5%	0,14%	–

Diese Lichtflecken entstehen, wenn Sonnenlicht durch Lücken zwischen den Blättern fällt. Die Lücken entstehen durch die Blattbewegungen im Luftzug.

Man kann also in den Lichtflecken am Waldboden Lochkamerabilder der Sonne sehen. Die Tabelle 8 zeigt, daß zumindest im Buchenwald dadurch beachtliche Lichtwerte erzielt werden.

Die Messungen wurden parallel in benachbarten Wäldern durchgeführt; jede einzelne Messung entspricht einer Einzelablesung des Lichtwertes.

3.2 Der Temperaturfaktor

Der Anteil des sichtbaren Lichtes an der extraterrestrischen Strahlung (d.h. vor Eintritt in die Erdatmosphäre) beträgt 56%, weitere 8% macht das ultraviolette Licht aus, 36% entfallen auf die infrarote Wärmestrahlung. Von dieser Gesamtstrahlung (= 100%) gelangen allerdings nur 30% zum Boden, der 3% reflektiert und 27% absorbiert. Bei der Absorption verwandelt sich Strahlungsenergie in molekulare Bewegungsenergie. Als weiterer Energiequelle kommt für die bodennahen Luftschichten außerdem noch dem mit den Zustandsänderungen des Wassers verbunden Wärmetransport eine beachtliche Bedeutung zu.

Beim Auftauen des Eises und beim Verdunsten des Wassers wird Energie verbraucht. Die Beweglichkeit der Wasserteilchen erhöht sich bei diesen Vorgängen, und die Luft kühlt sich dabei ab, weil ihr diese Energie entzogen wird. Umgekehrt wird beim Kondensieren des Wassers bzw. bei seinem Gefrieren Energie abgegeben. Die Luft erwärmt sich, weil sie Wärmeenergie aus der Verlangsamung der Wassermoleküle bezieht.

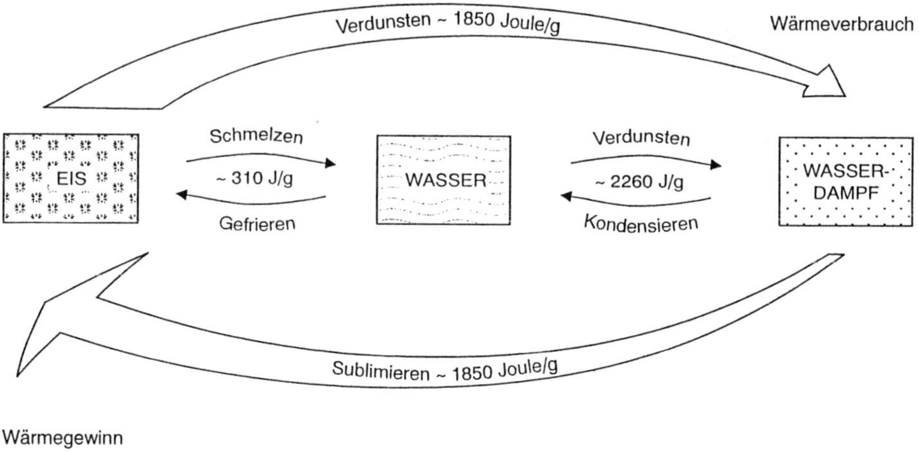

Abb.16: Darstellung der energetischen Verhältnisse bei den Zustandsänderungen des Wassers.

Während die Ausstrahlung tagsüber kaum von Bedeutung ist, beherrscht sie des Nachts den Wärmehaushalt des Erdbodens und der unteren Luftschichten. Da sie von der Bodenoberfläche ausgeht, muß sich hier die niedrigste Temperatur einstellen; nach oben und unten nimmt die Temperatur zu, weil der Wärmeverlust durch den Nachschub aus tieferen Bodenschichten teilweise ausgeglichen wird.

Im Wald – wie auf jeder von Pflanzen bedeckten Erdoberfläche – wird die oberste Schicht der Vegetation zur tätigen Oberfläche, an der sich die geschilderten Strahlungsphänomene abspielen, d.h. Blätter, Zweige und Äste nehmen die zugestrahlte Energie auf und geben sie nachts wieder ab. Von der Strahlung, die den Bereich der Vegetation erreicht, werden 70% in den Kronen absorbiert, 15% reflektiert, und nur 15% gelangen in den Stammraum und auf den Boden. Aus diesem Grund ist es im Wald auch bei der größten Sommerhitze noch angenehm kühl.

Selbstverständlich hängen die Strahlungsverhältnisse in einem Bestand weitgehend vom Kronenschluß, dem Belaubungszustand und vor allem von der bestandsbildenden Art ab, wie Abb. 17 für Fichte, Kiefer und Rotbuche verdeutlicht.

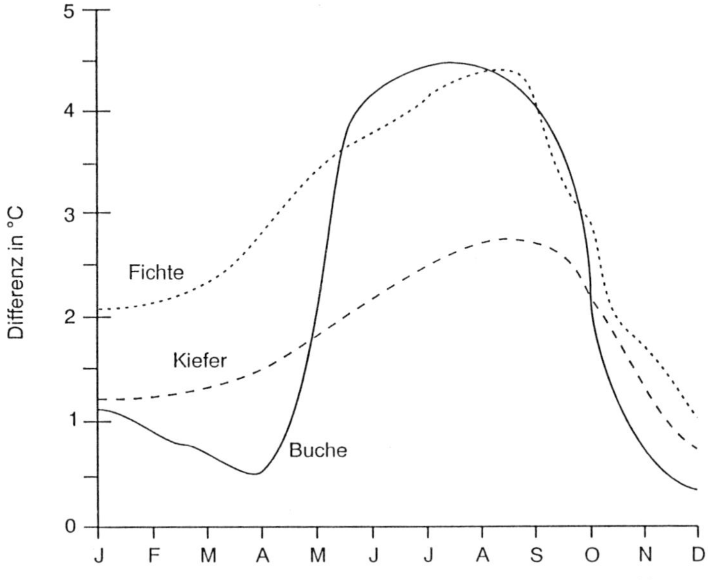

Abb. 17: Abhängigkeit der Temperatur im Inneren des Bestandes von der bestandbildenden Art gegenüber den Temperaturverhältnissen im Freiland.

Aufgabe 3.3:
Messen Sie an einem sonnigen Tag an Stellen, die vor der direkten Sonne geschützt sind, die Temperaturen ca. 5 cm über dem Erdboden. Vergleichen Sie das Meßergebnis mit Werten, die sie bei entsprechenden Messungen im Wald und an sonnigen Stellen im Freiland erhalten.

Von den genannten Faktoren hängt der Temperaturgang im Wald ab. Je dichter der Bestand, desto geringer sind die täglichen Temperaturschwankungen in Bodennähe. Nur in sehr lichten Beständen bildet sich tags ein zweites Temperaturmaximum, nachts ein weniger ausgeprägtes Temperaturminimum am Boden aus. Jedenfalls liegen die Bodentemperaturen in Wäldern an Sommertagen erheblich unter den gleichzeitig im Freiland zu messenden Werten, im Winter hingegen darüber.

Die Temperaturverhältnisse im Walde werden in besonderem Maße durch Wärmeverbrauch und Wärmegewinn modifiziert. Beide Vorgänge sind durch die Zustandsänderung des Wassers bedingt, denn die Wasserabgabe durch die Waldpflanzen ist besonders hoch.

3.3 Der Wasserfaktor

In den Stämmen der Bäume steigt ein ständiger Wasserstrom nach oben. GRUPE (Naturkundl. Wanderbuch, Frankfurt, 1963) vergleicht daher den Wald mit einem Gewässer. Die großen Verdunstungsflächen der Bäume führen zu hoher Wasserabgabe und zu einer Sättigung der Luft mit Wasserdampf.

Den Wasserdampfgehalt der Luft gibt man in zwei Werten, der absoluten und der relativen Luftfeuchtigkeit an. Die absolute Luftfeuchtigkeit bezeichnet man mit a, sie gibt die Masse des Wasserdampfes, die tatsächlich in einem Kubikmeter Luft enthalten ist, in der Einheit g/m^3 an. Die absolute Luftfeuchtigkeit kann bis zur Sättigung anwachsen. Dann ist die maximale Wasserdampfmenge A erreicht, die bei einer bestimmten Temperatur von der Luft aufgenommen werden kann.

Tab. 9: Zusammenhang zwischen Temperatur und und maximaler Feuchte.

t	−20	−15	−10	−5	0	+5	+10	+15	+20	+25	+30	°C
A	1,1	1,6	2,4	3,5	4,9	6,8	9,4	12,9	17,3	23,1	30,4	g/m^3

Setzt man die tatsächlich vorhandene absolute Feuchte zu der maximal möglichen ins Verhältnis $\frac{a}{A}$ und multipliziert mit 100, so erhält man die relative Luftfeuchtigkeit (f), die in Prozent angegeben wird:

$$f = \frac{a \cdot 100}{A}$$

Ändert sich die Temperatur, so nimmt A andere Werte an. Es ändert sich dann auch die relative Luftfeuchte, obwohl die absolute konstant geblieben ist. (Zum besseren Verständnis der hier dargestellten Zusammenhänge empfiehlt es sich, die unten stehenden Aufgaben durchzurechnen, s. Aufgabe 3.4).

Aufgabe 3.4:

1. *Erwärmt sich die mit Wasserdampf gesättigte Luft von +15°C (A = 12,9 g/m³) auf 25°C, so bleibt der absolute Wasserdampfgehalt unverändert. Da jedoch nun 23,1 g/m³ aufgenommen werden können, ist die Luft nicht mehr feuchtigkeitsgesättigt. Wie groß ist die relative Luftfeuchte?*
2. *Kühlt man feuchtigkeitsgesättigte Luft von +5°C auf 0°C ab, so muß Wasserdampf in Tröpfchenform ausgeschieden werden. Wieviel Gramm Wasser werden dabei aus einem Kubikmeter Luft ausgeschieden?*
3. *Luft von 30°C enthält 9,4 g/m³ Wasserdampf. Bei welcher Temperatur ist die relative Luftfeuchte = 100%?*

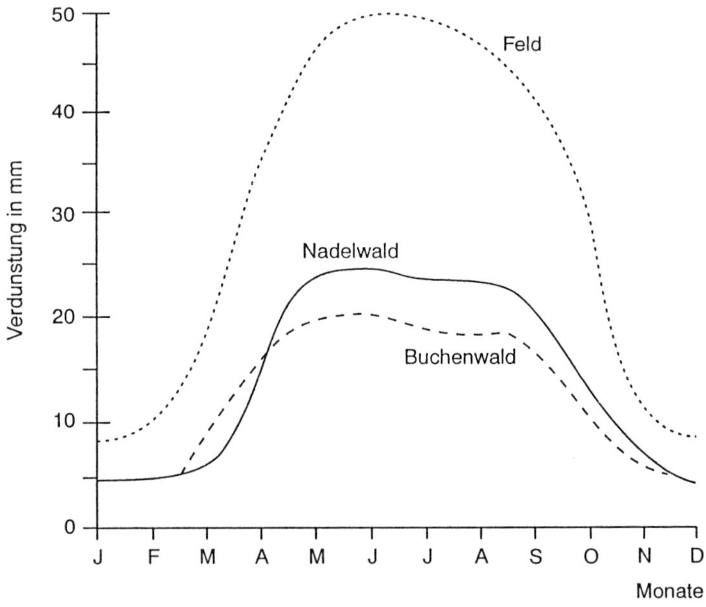

Abb.18: Mittlere Verdunstung von der Bodenoberfläche im freien Feld bzw. im Kiefern- oder Buchenwald im Laufe eines Jahres.

Da nun der Temperaturverlauf im Wald gedämpfter ist als im Freiland und die Pflanzen überdies große Mengen Wasser abgeben, ist die relative Luftfeuchtigkeit im Walde annähernd 100%, die Verdunstung am Waldboden daher sehr gering. Das Erdreich bleibt aus diesem Grunde feucht, auch dort, wo es keine wasserspeichernden Pflanzen, wie z.B. Moose, bedecken.

Die Abbildung 18 zeigt die mittlere Verdunstung von der Bodenoberfläche im freien Feld und im Wald. Wie man sieht, ist sie im Walde um etwa die Hälfte niedriger, im Kiefernwald – mit Ausnahme des Frühjahres – stärker als im Buchenwald. Auf die Niederschlagsmenge hat der Wald – zahlreichen Untersuchungen zufolge – kaum einen entscheidenden Einfluß. Seine Bedeutung liegt vielmehr darin, daß die Kronen der Bäume das Wasser nur langsam an den Boden abgeben, der es dann über längere Zeit zu speichern vermag. Bei dichtem Kronenschluß gelangen Niederschläge zunächst nur auf die Blätter, Zweige und Äste. Kleinere Regenmengen werden ganz im Kronenraum zurückge-

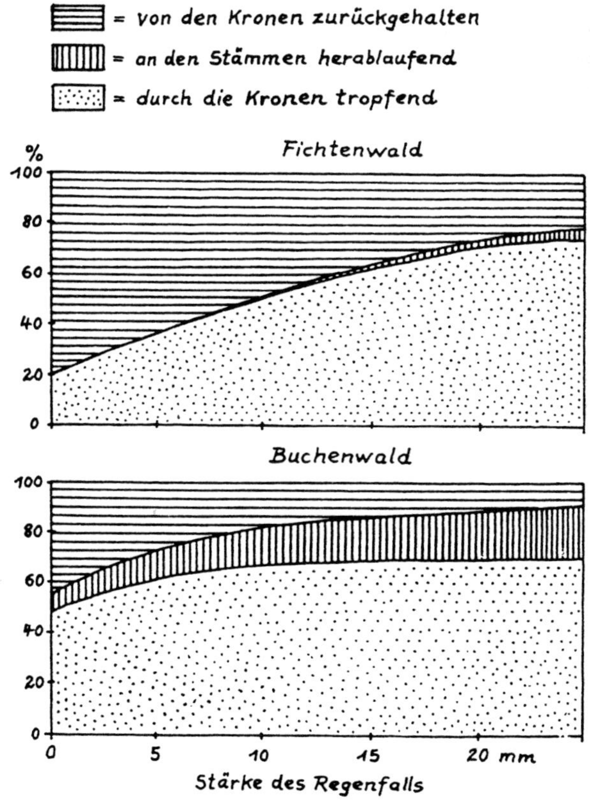

Abb. 19: Prozentuale Anteile des Regens, die in der Krone der Fichte bzw. Buche zurückgehalten werden, am Stamm herablaufen bzw. durch die Krone tropfen.

halten, erst größere Mengen fließen an Ästen und Stämmen ab, und nur wenn die Kronen völlig benetzt sind, tropft weiteres Wasser zum Boden herab. Auch hier wieder sind die Verhältnisse je nach Bestandsform und -art sehr verschieden, wie Abb. 19 für einen Fichten- und einen Buchenbestand zeigt. Am glatten Buchenstamm rinnt wesentlich mehr Wasser herab als an der rauhen Borke der Fichte.

Aufgabe 3.5:
Im Rahmen dieser Aufgabe sollen einfache Experimente zum Wasserfaktor ausgeführt werden:
Messen und vergleichen Sie die Niederschlagsmenge und die Verdunstungsgeschwindigkeit in einem Wald und im Freiland.
Eine Apparatur können Sie nach Abb. 20 zusammensetzen: Sie besteht aus einem Plastiktrichter möglichst großen (bekannten) Durchmessers, einem Stopfen und einer Sammelflasche. Das binnen 24 Stunden aufgefangene Wasser wird in einen Meßzylinder gegossen, die Wassermenge abgelesen und die Niederschlagsmenge auf 1 m^2 berechnet.
Stellen Sie an den gleichen Stellen flache Plastikschalen (Fotoschalen) mit 100 ml destilliertem Wasser auf. Wie lange dauert es, bis das Wasser verdunstet ist? (Wenn möglich, die relative Luftfeuchte mit einem Hygrometer feststellen!)

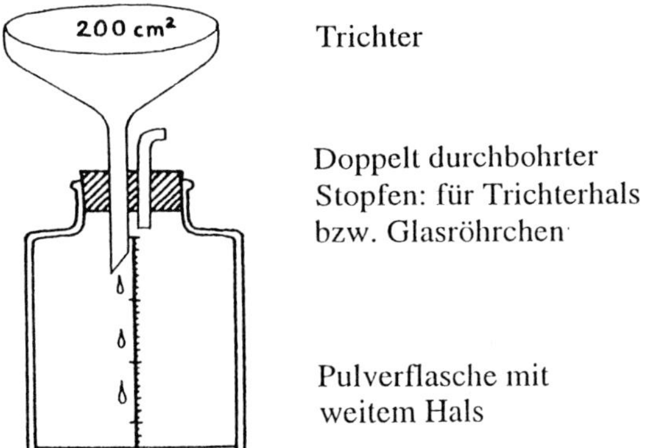

Abb. 20: Regensammelapparat.

Die außerordentlich günstige Einwirkung von Waldbeständen auf das Wasser im Boden zeigt Tabelle 10.

Tab. 10: Einwirkung des Waldes auf die Beziehung Wasser – Boden.

Gelände	*mit Wald bewachsen*	*Wald geschlagen*
1. Wasserkapazität des Bodens	groß	gering
2. Oberirdischer Abfluß	gering	sehr stark
3. Hochwassergefahr	gering	groß
4. Erosionswirkung	gering	stark
5. Sickergeschwindigkeit des Senkwassers	langsam (Wurzeln!)	rasch
6. Auswaschung der Nährsalze	gering	beachtlich
7. Speisung der Quellen	regelmäßig	stoßweise

Zu den genannten regulierenden Wirkungen der Waldbestände auf den Wasserhaushalt tritt noch eine indirekte auf, über den vierten Faktor – den Wind.

3.4 Der Ökofaktor Wind

Die großräumigen Luftbewegungen bewirken in Europa überwiegend westliche Winde, die meist milde, feuchte Luftmassen heranführen. Bei Ostwindlagen haben wir im Sommer heiße, im Winter kalte, trockene Luft zu erwarten.

Vor allem bei windschwachen Wetterlagen treten zusätzliche Luftströmungen auf, die durch die Oberflächenformen (Land – Wasser, Berg – Tal) sowie durch den Pflanzenbewuchs (Wald – Acker) bedingt sind. So erwärmt sich über dem Land die Luft schneller als über einer Wasserfläche; die warme Luft steigt über dem Land auf und saugt kühlere Luft vom Wasser an (anlandige Winde). Am Abend bleibt das Wasser, wegen seiner höheren spezifischen Wärme, länger warm als die Luft, und nun strömt die Luft vom Land in Richtung auf die wärmere Luftmasse über dem Wasser (ablandige Winde).

Innerhalb eines Waldes hängt die Windgeschwindigkeit (gemessen in m/sek) von Art, Alter, Schlußgrad und Aufbau des Bestandes ab. Wie Tabelle 11 zeigt, geht die abbremsende Wirkung von den Kronen aus, die Luftbewegung im Stammraum hängt von der Dichte der „Mantelzone" des Waldrandes ab. In Wäldern mit offener Mantelzone ist die durchschnittliche Windbewegung groß, die Verdunstung – und damit die Austrocknung des Bodens – wird sehr gefördert.

Auf die Gefahren, die dem Wald durch Stürme drohen, sei hingewiesen: Bäume können geknickt oder geworfen werden. In höheren Lagen läßt der ständige Wind ein normales Wachstum nicht zu, es entstehen die bekannten bizarren Formen. Bei Exkursionen sollte man auf die Düsenwirkung von Schneisen achten, in denen die Windgeschwindigkeit zunimmt, besonders dann, wenn sie sich trichterförmig verengen. (Die Strömung fließt um so rascher, je enger der Querschnitt wird. Dabei ist zu beachten, daß der Winddruck mit dem Quadrat der Windgeschwindigkeit wächst.) Hinter jedem Wald besteht eine Windschutzzone, die etwa der zehnfachen Bestandshöhe entspricht.

Tab. 11: Auswirkungen der Belaubung auf die Luftbewegung im Wald.

Höhe über dem Boden	*Lage des Windmessers*	*% der windstillen bzw. windschwachen Std.* a) *vor Belaubung*	b) *nach Belaubung*
27 m	2 m über den Kronen	0 %	10 %
24 m	in den Kronen	8 %	33 %
20 m	unterer Kronenrand	35 %	86 %
4 m	über dem Boden	67 %	98 %

3.5 Der Faktor Boden

Der Boden ist ein sehr komplexes Gebilde, das man im Zusammenhang mit den in ihm lebenden Mikroorganismen und den Zersetzungserscheinungen, die in ihm ablaufen, sehen muß. Deshalb soll der Boden später in Zusammenhang mit den Reduzenten genauer untersucht werden.

An dieser Stelle sei nur darauf hingewiesen, daß die Zersetzungsgeschwindigkeit der Bodenstreu weitgehend von der artspezifischen, chemischen Zusammensetzung des Laubes abhängt. Die wichtigste Kennziffer für die chemische Komponente ist das Kohlenstoff-Stickstoffverhältnis des Laubes (C:N-Verhältnis). Je kleiner diese Zahl ist, desto reicher ist das Laub an Stickstoff, desto schneller zersetzt es sich (Tab. 12).

Tab. 12: C:N-Verhältnis einiger Spreuarten.

Ulme	24	Linde	38	Eiche	42	Fichte	49	Kiefer	91
Esche	28	Buche	38	Birke	44	Espe	49	Lärche	113

Aufgabe 3.6:
Breiten Sie abgewogene Mengen von Laub verschiedener Baumarten auf abgelegenen Plätzen des Schulgeländes in gleicher Schichtdicke auf dem kahlen Boden aus. Beobachten Sie die fortschreitende Zersetzung des Laubes in Abständen von 2 Monaten. Protokollieren Sie Ihre Beobachtungen.

4 Der Stockwerkbau des Waldes

Aufgabe 4.1:
In der Forstwirtschaft spricht man davon, daß der Wald in „Stockwerken" aufgebaut ist. Was ist damit gemeint? Entwerfen Sie eine grobe Skizze des Stockwerkbaus, und überprüfen Sie Ihre Vermutungen mit Hilfe der Angaben in Teil IV.

Häufig bilden Rotbuchen und Traubeneichen, Eschen und Espen, Ahorne und Ulmen sowie eingestreute Kiefern und Fichten das erste Stockwerk der hohen Waldbäume (bis 40 m). Ihre Blätter sind dem Einfluß der Elemente, dem Wind, dem Regen, dem Sonnenbrand voll ausgesetzt und trotzen ihnen auf mancherlei Weise: Derb sind sie und von kräftigen Adern gespannt. Ihre glänzende Oberfläche reflektiert das Licht und setzt so die Durchleuchtung herab. Die starke Epidermis vermindert die Verdunstung, und die verstärkten Blattränder verringern die Gefahr, daß der Wind sie einreißt. Der Unterschied zwischen diesen Sonnenblättern und den zarten Schattenblättern aus dem Inneren der Krone ist – zumal bei der Rotbuche – sehr deutlich. Der Wind bedeutet für die Bäume dieses Stockwerks aber nicht nur Gefahr, er übernimmt bei der Mehrzahl der Arten die Bestäubung und verbreitet überdies die Samen. Wie wir in Tabelle 13 sehen, sind die vier bestandbildenden Arten windblütig, während man bei den Beihölzern alle Übergänge von reinen Windblütlern (Esche) zu Insektenblütlern (z.B. Linde) beobachten kann.

Tab. 13: Übergang von windblütigen zu insektenblütigen Bäumen.

Bestäubungstyp	*Baumarten*	*Blüten*	*Pollen*	*Nektardrüsen*
Windblütler	Rotbuche, Eichen, Pappeln, Birke, Esche, Kiefer, Fichte, Tanne	getrenntgeschlechtlich Blüten in Kätzchen	sehr große Mengen, trocken	fehlen
Übergangsformen	Bergulme (Flatterulme)	zwittrig, ohne Lockblätter	große Mengen (Pollenspender)	fehlen
Insektenblütler	Ahorn- und Lindenarten	zwittrig, gelbliche Lockblätter, Duft	geringe Mengen, Zahl der Staubblätter teilweise reduziert, Pollen klebrig, da dicke Ölschicht	vorhanden

Mit Ausnahme der Rotbuche und Eiche sind alle Baumarten des obersten Stockwerks bei der Ausbreitung ihrer Samen auf den Wind angewiesen, wobei die verschiedenartigsten Bildungen als Flugorgane dienen können (vgl. Tab. 14).

Tab. 14: Anpassungen der Samen und Früchte an die Windverbreitung.

Art	*Flugtyp*	*verbreitet wird*	*„Flugorgan“*	*Form*	*zurückgelegte Entfernung*
Pappel	Schirm-flieger	Samen	Haarschopf des Samens		mehrere Kilometer
Kiefer	Schrauben-flieger	Samen	Flugblatt des Samens	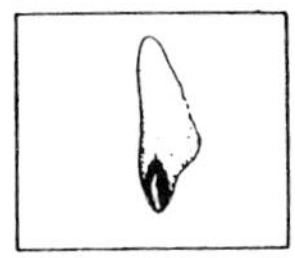	2 km
Ulme	Scheiben-flieger	einsamige Frucht	Tragfläche = Bildung der Fruchtknoten-wand	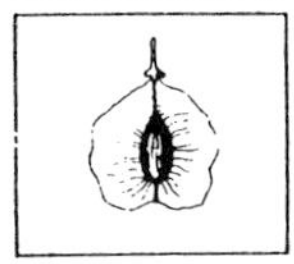	2 km
Ahorn	Schrauben-flieger	einsamige Frucht	Tragfläche = Bildung der Fruchtknoten-wand	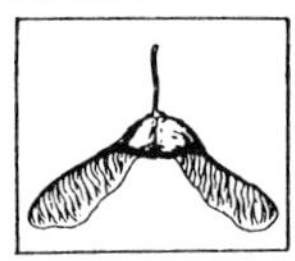	1 km
Hain-buche	Schrauben-flieger	einsamige Frucht	Deckblatt	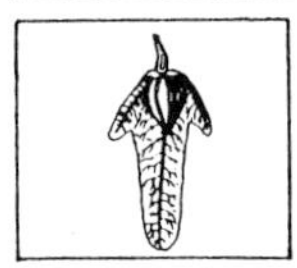	50 m
Linde	Schrauben-flieger	Frucht-stand	Hochblatt		20 m
Rot-buche	Gleitflieger	Samen	Flügel an den Kanten nahe der Spitze (nicht alle)		5 m

Mit den Kronen dieses Stockwerks verzahnt – und wahrscheinlich nur in manchen alten Beständen davon überhaupt zu unterscheiden – entfalten sich die Wipfel der Bäume des zweiten Stockwerks (bis 25 m hoch). Es wird gebildet von der Hainbuche und einer Reihe von Arten, die entweder gar nicht mehr oder doch nur in Strauchform in unseren Wäldern anzutreffen sind, dem Vogelbeerbaum *(Sorbus aucuparia)*, der Elsbeere *(Sorbus torminalis)*, der Vogelkirsche *(Prunus avium)*, der Holzbirne *(Pyrus pyraster)* und dem Holzapfel *(Malus sylvestris)*. Wie diese Aufstellung zeigt, herrschen hier Arten vor, deren Früchte von Tieren ausgebreitet werden, nachdem schon die Blüten von Insekten, meist Bienen und Fliegen, bestäubt wurden. Dies dürfte wohl kaum ein Zufall sein, sondern eine Anpassung an die herabgesetzte Windtätigkeit.

Das *Stockwerk der Sträucher* steht in dem Schatten der Baumkronen, seine Bewohner blühen zumeist vor dem Laubausschlag der Bäume; einige, wie der Hartriegel, sind Ausnahmen, da sie als Schattenpflanzen mit geringen Lichtintensitäten auskommen. Daneben kommen Spezialisten vor, die sich in besonderer Weise den Verhältnissen im Wald angepaßt haben: Efeu *(Hedera helix)* und Wald-Geißblatt *(Lonicera periclymenum)* nutzen als *Lianen* die Stämme, um ans Licht zu gelangen, und die Mistel hat sich als *Halbparasit* – in verschiedenen biologischen Rassen auf bestimmte Wirte spezialisiert – in den Kronen selbst angesiedelt. Als echte *Epiphyten* finden wir in unseren Wäldern nur Moose, Flechten und Algen. Gelegentlich trifft man auch einen Farn, ein Kraut oder auch einen jungen Baum oder Strauch, der sich in einer humusreichen Astnische angesiedelt hat.

Der Wind spielt auch bei den Sträuchern nur eine untergeordnete Rolle. Lediglich der Haselstrauch *(Corylus avellana)* bietet seine Kätzchen im zeitigen Frühjahr dem Wind, und die rotbraunen, abstehend behaarten Nüßchen der Waldrebe *(Clematis vitalba)* werden ebenfalls durch den Wind verbreitet. Bei sehr vielen Sträuchern besorgen die Fliegen die Bestäubung, eine Ausnahme bildet das Wald – Geißblatt mit seinen Schwärmerblüten. Die Früchte der meisten Sträucher werden von Vögeln verzehrt und durch sie ausgebreitet. Reifen sie früh im Jahr, dann leuchten sie rot aus dem sommergrünen Laub; rot wird von Vögeln bekanntlich besonders gut gesehen. Die herbstlichen Früchte sind dagegen meist blauschwarz gefärbt. Das Fruchtfleisch dient der Ernährung der Tiere, die Samen selbst sind durch eine widerstandsfähige Schale geschützt und werden mit den Exkrementen im keimfähigen Zustand wieder ausgeschieden.

Besonders wenig Licht fällt in das *Stockwerk der Kräuter* am Boden des Waldes. Die Pflanzen, die hier gedeihen, sind verschiedene Wege gegangen, um trotz des Lichtmangels zu bestehen.

Die *Frühblüher* Anemone, Goldstern *(Gagea)*, Lerchensporn *(Corydalis)*, Bärenlauch *(Allium ursinum)* u.a. vollenden ihre Entwicklung in der Lichtphase des Waldes, in der ihnen 20-50% der Außenintensität, also reichliche Lichtmengen, zur Verfügung stehen. Die Laubdecke wirkt zudem wie ein Treibhaus, da sie durch die Frühlingssonne aufgeheizt wird. 25-30°C sind die Regel, und auch 40°C wurden schon in der Laubschicht gemessen. Die Pflanzen dieser Gruppe können zu dieser günstigen Jahreszeit zur Blüte gelangen, weil sie als Geophyten Speicherorgane besitzen, die ein frühzeitiges Austreiben möglich machen (Wurzelstock: Anemone; Zwiebeln: Bärenlauch; Knolle: Lerchensporn).

Als weitere Anpassungen dieser Gruppe wären die Thermonastie sowie die Ausbildung von Hemmstoffen (Blastocolinen) zu nennen: Bei Frühlingsblühern führt bekanntlich der tägliche Temperaturwechsel zum Öffnen bzw. Schließen der Blüten, indem bei höheren Temperaturen die Zellen der Oberseite der Blütenblätter optimal wachsen, während die Zellen der Blattunterseite ihr Wachstumsoptimum bei einer tieferen Temperatur haben. Jede Öffnungs- und Schließbewegung führt zu einer deutlichen Längenzunahme der Blumenkronenblätter.

In den Samen mancher Frühblüher sind Hemmstoffe enthalten, die eine Keimung verhindern. So werden die Samen des Lerchensporns und des Winterlings *(Pyrola)* bereits im Frühling reif, erlangen ihre Keimfähigkeit aber erst zu Beginn des Winters, weil die Hemmstoffe erst während der Nachreife langsam abgebaut werden müssen.

Einen anderen Weg der Anpassung gingen die *sommergrünen Pflanzen* des Waldes. Entweder sind ihre Blätter breit, zart und durchscheinend wie beim Springkraut *(Impatiens)* und dem Salomonsiegel *(Polygonatum odoratum)*, oder die dunkelgrüne Farbe des Laubes zeigt einen besonderen Chlorophyllreichtum an, wie dies bei der Goldnessel *(Lamium galeobdolon)* zu beobachten ist. Sie alle besitzen Einrichtungen, die die Wasserabgabe erleichtern – Hydathoden und eine dünne Cuticula – und sie drosseln beim Übergang in die Schattenphase die Atmung, um auf diese Weise auch bei minimaler Lichteinstrahlung doch noch einen Überschuß an Assimilaten zu gewinnen. Aus diesem Grunde liegt auch der Kompensationspunkt bei diesen Pflanzen besonders niedrig. 0,3% des Außenlichtes reichen dem Kriechenden Günsel *(Ajuga reptans)*, 0,8% benötigen der Waldsauerklee *(Oxalis acetosella)*, die Rote Lichtnelke *(Melandrium rubrum)* und die Hainsternmiere *(Stellaria nemorum)*. Der Gemeine Tüpfelfarn *(Polypodium vulgare)* und der Dornige Wurmfarn *(Dryopteris carthusiana)* erreichen ihren Kompensationspunkt bei 1% des Außenlichtes.

Da Pflanzen zum Blühen und Fruchten einen gewissen Überschuß an organischer Substanz produzieren müssen, nutzen sie die zeitweise stärkere Beleuchtung durch Sonnenflecke am Waldboden und den erhöhten CO_2-Gehalt der Luft in der untersten Waldregion aus.

Ist die Produktion zu gering, dann bleiben die Individuen bestimmter Pflanzenarten steril. So ergeht es vielen Gräsern und Kräutern, deren Samen aus anderen Lebensräumen auf den Waldboden befördert wurden. Solche Pflanzen scheinen für die Art verloren zu sein, und doch bilden gerade sie eine Vorhut, unter der früher oder später Einzelpflanzen auftreten können, die infolge einer günstigen physiologischen Mutation auch hier zur Blüte gelangen sowie Samen bilden können und damit der Art einen neuen Lebensraum erschließen.

Neben den Frühblühern und den sommergrünen Pflanzen sind noch Vertreter weiterer ökologischer Gruppen am Waldboden vertreten. So stoßen wir im tiefen Schatten auf Blütenpflanzen, deren Blätter lederartig verdickt sind, wie Efeu, Immergrün *(Vinca minor)* und Haselwurz *(Asarum europaeum)*. Besonders dick ausgebildet ist bei ihnen die Oberhaut; sie werden daher nur gering durchleuchtet. Da ihre unempfindlichen Blätter auch im Herbst und Winter erhalten bleiben, ja zusätzlich Chlorophyll bilden, können sie auch in dieser Zeit jede günstige Witterung zur Assimilation ausnutzen, um Vorräte für den Sommer zu schaffen.

An gleicher Stelle, im Tiefschatten, ist auch das Reich von Saprophyten und Parasiten, die beide in ihrer Ernährung auf Pflanzen angewiesen sind. P*arasiten* befallen als Schmarotzer andere Wirtsorganismen und entziehen ihnen Nährstoffe und Wasser, wodurch sie diese schädigen oder sogar töten. Klappertopf *(Rhinathus)*, Augentrost *(Euphrasia)* und Wachtelweizen *(Melampyrum)* sind – wie die Mistel – Halbparasiten, die zwar organische Substanz selbst herzustellen vermögen, aber mit ihren Wurzeln Nachbarpflanzen befallen, um diesen das Wasser zu entziehen. Alle Sommerwurzarten *(Orobanche)* und die Schuppenwurz *(Lathraea)* sowie die Kleeseide *(Cuscuta)* sind dagegen Vollparasiten, d.h. sie entnehmen dem Wirt alle Nährstoffe. Ihre Blätter sind reduziert, und ihre gelblich-bräunliche Farbe deutet darauf hin, daß sie nur wenig Chlorophyll enthalten. Mit ihren Wurzeln befallen sie die Wurzeln oder auch Sprosse der Wirtspflanzen, bohren diese an und finden den Anschluß an deren Siebröhren bzw. deren Holz. Den Parasiten äußerlich sehr ähnlich sind einige Samenpflanzen, die unter Vermittlung von Pilzen zur saprophytischen Lebensweise übergegangen sind. Auch bei ihnen können Blätter und Chlorophyllgehalt reduziert sein. In ihrem Wurzelgewebe aber wächst ein Pilz, dessen Hyphen aus dem Humus des Waldbodens stickstoffhaltige Verbindungen aufnehmen. Ein Teil des in den Wirtszellen lebenden Myzels wird dann zersetzt, so daß sich die Wirtspflanze durch den Pilz ernährt (Mycotrophie). Die Lebensgemeinschaft zwischen Pilz und Wurzel wird als Mycorrhiza bezeichnet. Ein besonders bekanntes Beispiel für Mycotrophie unter den Kräutern des Waldes ist die Vogelwurz *(Neottia nidus avis)*.

Alle die genannten Pflanzen der Krautschicht zeigen mit ihrem Blühen und Fruchten, daß ihnen die Lebensbedingungen im Waldschatten genügen. Daß diese sogar ihr Optimum darstellen, erweist sich, wenn der Wald gerodet wird; dann verschwinden sie fast alle. Die Besiedlung des Lebensraumes Wald ist allerdings den Pflanzen nur dadurch möglich, daß sie sich auch bezüglich der Bestäubung, Samenverbreitung und vegetativen Vermehrung an die besonderen Verhältnisse angepaßt haben. Ein- und zweijährige Gewächse fehlen hier fast ganz; Stauden herrschen vor, die aus Dauerorganen, wie Wurzelstökken, Zwiebeln oder Knollen Jahr für Jahr wiederkehren.

Wenn auch die meisten Sommerblüher im Wald durch Fliegen und Mücken bestäubt werden, also unspezialisierte Blüten aufweisen, so gibt es doch in der Waldflora genügend Vertreter, die sich ganz und gar auf eine Insektenart eingestellt haben. So wird das Purpurknabenkraut *(Orchis purpurea)* nur von Hummeln, der Hohle Lerchensporn *(Corydalis cava)* von der langrüsseligen Biene *Anthophora pilipes* und der Aronstab *(Arum maculatum)* von winzigen Zweiflüglern bestäubt.

Mannigfaltig sind auch die Verfahren, durch die im Wald die Samen verbreitet werden. Zahlreich sind die „Ameisensamen", deren zucker- und eiweißhaltigen Anhänge *(Elaiosomen)* die Ameisen veranlassen, sie in ihre Bauten einzutragen. Sind die Anhänge abgenagt, so werden die nun nutzlosen Gebilde aus dem Bau befördert und auf diese Weise verbreitet. 80 Kräuter des Eichenwaldes sind Ameisenpflanzen, und ein einziges Ameisenvolk kann in einem Sommer mehr als 30 000 Samen befördern.

Besonders viele der heimischen Orchideen sind Glieder der Waldflora. Dies mag unter anderem darauf zurückzuführen sein, daß ihre Samen nur aus wenigen Zellen bestehen und daher winzig klein sind. Dieser winzige Kern ist zudem noch von einer Hülle umgeben und so leicht, daß er als „Blasenflieger" auch von den schwachen Luftströmungen davongetragen werden kann, die am Waldboden auftreten. Bekanntlich besitzen diese leichten Samen der Orchideen kein Nährgewebe und sind daher bei ihrer Keimung auf die Symbiose mit Pilzen angewiesen.

Zahlreiche Kräuter des Waldes haben sich bei ihrer Samenverbreitung auf die Säugetiere des Waldes eingestellt, sei es, daß ihre Samen sich im Fell festsetzen, oder sei es, daß sie nach Berührung ihre Samen aus „Schleuderfrüchten" ausstreuen.

Das letzte Stockwerk der grünen Pflanzen, die *Moosschicht*, spielt im Laubwald nur eine untergeordnete Rolle, weil das Fallaub die Moosrasen immer wieder verdeckt. Um so größer ist die Bedeutung der Moose im Nadelwald, besonders unter Fichten, da hier die Lebensbedingungen für Blütenpflanzen meistens zu ungünstig sind. Im Moosteppisch wird das Wasser in großer Menge kapillar zwischen Stengeln und Blättchen festgehalten. Manche Arten – z.B. Weißmoos *(Leucobryum)* und Torfmoos *(Sphagnum)* – besitzen besondere Wasserspeicher in Form von Zellen, deren Inhalt abgestorben ist, die also leer sind. Ihre Wände haben Poren, durch die das Wasser in den Hohlraum eindringen kann. Zur Wasserkapazität der Moose lassen sich leicht Experimente anstellen, die man selbständig planen kann.

Schließlich findet sich im Boden noch das fünfte Stockwerk der *Pilze* und *Bakterien*, das den so wichtigen Abbau der organischen Substanzen zu besorgen hat. Pilze und Bakterien halten als heterotrophe Organismen die Stoffkreisläufe im Wald in Gang (s. Kap.10).

Erwähnt sei noch, daß auch die Pflanzen der untersten Schicht nicht nur passive Glieder der Lebensgemeinschaft sind. Von ihnen gehen Wirkungen aus, die das Gedeihen der Großen hemmen oder fördern können. Aus forst-

Tab. 15: Samenverbreitung bei Waldpflanzen.

Typ	*Abbildung*	*Beispiel*	*Wirkungsweise*
1. Klettfrüchte		Waldmeister, Labkraut, Nelkenwurz	verhaften sich mit Fortsätzen im Fell
2. Schleuderfrüchte a) Trocken-kapseln	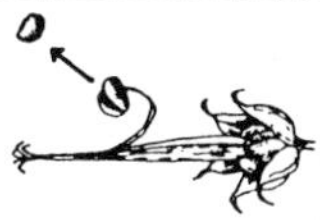	Türkenbund, Glockenblumen	streuen ihre Samen nach Erschütterung aus
b) Druckkapseln		Springkraut	Turgordruck führt nach Berührung zur Explosion
3. Ameisensamen		Veilchen, Lerchensporn	zuckerhaltige Anhänge locken Ameisen an
4. Blasenflieger		Orchideen, Wintergrün, Fichtenspargel	winzige „Ballon-samen" Symbiose m. Pilzen (0,3 – 1,3 mm Ø)
5. Staubflieger		Farne und Schachtelhalme, Moose,Flechten	staubfeine Sporen (Gewicht 0,00008 g)

wirtschaftlicher Sicht ist z.B. das Auftreten von Heidelbeere *(Vaccinium myrtillus)* oder des Heidekrauts *(Calluna vulgaris)* in Buchenwäldern oftmals nicht erwünscht. Ihre harte Streu wird nur langsam zersetzt (C:N-Verhältnis = 34), so daß sich ein saurer Rohhumus bildet, der die Keimung der Buchen behindert. Dagegen reichert das Bingelkraut *(Mercurialis perennis)* in seinen Blättern Kalk an und neutralisiert mit seiner Streu aufkommende Bodensäure. Trotzdem kann eine geschlossene Decke von Bingelkraut die Keimung der Rotbuche stark behindern. In einem naturnahen Wald stellen daher die Pflanzen der einzelnen Stockwerke ein System dar, dessen Glieder durch mannigfaltige Beziehungen untereinander verknüpft sind.

Aufgabe 4.2:
Im vorangegangenen Text sind eine Fülle von Fakten genannt, die Sie in einer Tabelle sammeln und ordnen sollten. Verwenden Sie den folgenden Tabellenkopf: Stockwerke des Waldes – Ökologische Gruppen – Praktische Übung. Tragen Sie für jedes Stockwerk die im Text genannten ökologischen Gruppen ein, und überlegen Sie sich praktische Übungen zur Untersuchung der Gruppen.

5 Produktionsbiologie des Waldes

Durch Wachstumsprozesse sind alle Lebewesen zu einer Stoffproduktion fähig. Besonders wird dies bei jungen Organismen deutlich, da sie wachsen und dabei Stoffe aus ihrer Umgebung aufnehmen. Dies gilt für Pflanzen und Tiere ebenso wie für den Menschen. Woher aber stammen diese Stoffe, aus denen sich die Organismen aufbauen? Die zweite Hauptfrage der Produktionsbiologie, die mit der ersten eng verbunden ist, lautet: Woher stammt die Energie, die für Wachstum und Bewegung der Lebewesen benötigt wird? Die Abbildung 21 stellt den großen Zusammenhang der Stoffproduktion im Lebensraum Wald dar; sie zeigt eine Stoff- bzw. Energiekette, durch die Lebewesen miteinander verbunden sind.

Aufgabe 5.1
Beschriften Sie stichwortartig die einzelnen Bilder in Abb. 21. Was geschieht bei den mit den Ziffern 1-6 gekennzeichneten Abläufen? Inwiefern besteht zwischen den abgebildeten Objekten ein Zusammenhang im Sinne einer Stoff- bzw. Energiekette?

Grüne Pflanzen absorbieren mit Hilfe des Chlorophylls Lichtenergie, die im Prozeß der Photosynthese in chemische Energie umgewandelt wird. Pflanzen produzieren dabei aus energiearmen Stoffen, die sie aus der anorganischen Umgebung aufnehmen, energiereichen Traubenzucker und im Anschluß daran auch Fette und Eiweißstoffe. Gleichsam als Abfallprodukt entsteht dabei Sauerstoff, der in die Luft abgegeben wird. Die gespeicherte Energie wird bei der Atmung teilweise freigesetzt und steht so der Pflanze für ihre Lebensenergie zur Verfügung.

Tiere, Pilze und Bakterien nutzen diese von den grünen Pflanzen gebildeten Baustoffe zum Aufbau und Betrieb ihrer eigenen Körpersubstanz und setzen dabei bei der Atmung Kohlendioxid frei. CO_2-Bindung in der Photosynthese und CO_2-Abgabe durch die Atmung bilden den gewaltigen Kohlenstoffkreislauf, ohne den Leben auf der Erde nicht möglich wäre: Nach neueren Berechnungen enthält die Atmosphäre bei 0,033 Volumenprozent CO_2 $0{,}634 \times 10^{12}$ t Kohlenstoff! Diese riesig erscheinende Menge wäre jedoch nach 30 Jahren durch die Landpflanzen aufgebraucht, wenn es den Kohlenstoff-Kreislauf nicht gäbe.

Im industriellen Zeitalter jedoch greift der Mensch in diesen Kreislauf ein, indem er durch Verbrennung fossiler Kohlenstoffträger (Kohle, Erdöl, Erdgas) die CO_2 -Produktion zunehmend fördert.

Aufgabe 5.2:
Bevor wir uns den Einzelheiten der Produktionsbiologie des Waldes zuwenden, sollten Sie ein Schaubild entwerfen, das den genannten Kreislauf darstellt. (Sie können dazu die vier Felder der Abb. 21 verwenden.)

5.1 Pflanzen als Produzenten

Die Bedeutung der Photosynthese kommt u. a. auch darin zum Ausdruck, daß sie in Form der Blätter besondere Organe entwickelt haben, die speziell an diese Aufgabe angepaßt sind.

Aufgabe 5.3:
Abbildung 15 (S. 30) zeigt Ihnen den Aufbau eines Blattes. Inwiefern besteht hier ein Zusammenhang zwischen dem Bau und der Funktion als Assimilationsorgan?

Die Assimilationsgewebe des Blattes enthalten als funktionelle Einheiten die Chloroplasten, in denen Sonnenlicht absorbiert und Lichtenergie in chemische Energie umgewandelt wird. Ausgangssubstrate des Photosyntheseprozesses sind Kohlendioxid und Wasser, die zu Traubenzucker verarbeitet werden. Der dabei frei werdende Sauerstoff stammt aus dem Wasser. Die bis in die Einzelheiten hinein aufgeklärten Vorgänge der Photosynthese verlaufen in zwei Schritten:

1. In einer Lichtreaktion, der Photolyse, erfolgt zunächst die Spaltung des Wassers. Hierbei entsteht der ausgeschiedene Sauerstoff. Wasserstoff und der Energiespeicher ATP werden für den anschließenden Reaktionskomplex bereitgestellt.
2. In der Dunkelreaktion wird der Wasserstoff zur Reduktion des Kohlendioxids verwendet, in einer komplexen Reaktionskette entsteht dabei Traubenzucker.

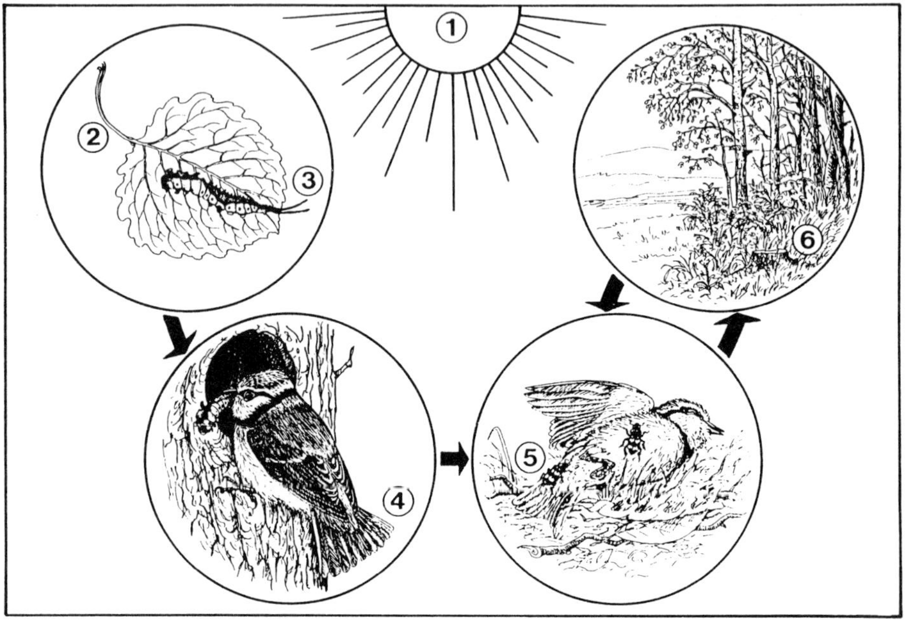

Abb. 21: Stoff- bzw. Energiekette im Wald.

Eine eingehende Beschreibung dieser Vorgänge kann im Rahmen dieses Buches nicht gegeben werden. Hier kommt es im Rahmen der Ökologie nur auf das Grundprinzip an.

Es gibt Pflanzen, z.B. einzellige Süßwasseralgen, die nur aus assimilierenden Zellen bestehen. Ihnen genügt schon ein geringer Lichtüberschuß, um zu wachsen und zur Fortpflanzung zu gelangen. Die Sproßpflanzen sind da in einer ungünstigeren Situation, stehen bei ihnen doch den autotrophen – grünen – Teilen die heterotrophen, also Wurzel, Achsenorgane, Blüten und Früchte, gegenüber, die von den Blättern ernährt werden müssen. Dies wird deutlich, wenn man die folgende Grundgleichung für die Stoffproduktion eines Waldes bedenkt:

$$P = Z + S = Na - R - Bv - Av - Wv$$

Sie sagt aus, daß für die jährliche Stoffproduktion (P), d.h. für den Stammzuwachs (Z) und die Samenproduktion (S), nur der Restbetrag der Nettoassimilation der Blätter (Na) einzusetzen ist, der nach Abzug der folgenden Größen übrigbleibt:

R = Respiration (Atmung) von Stamm, Ästen und Wurzeln
Bv = Blattverlust beim Laubfall (2-6 t/ ha)

Av = Astverlust
Wv = Wurzelverlust

Wenn man das Ergebnis der folgenden Berechnung betrachtet, so erscheint diese Stoffproduktion der Bäume gering (gültig für einen 50jährigen Bestand):

$$Z = 15\,000 \text{ kg/ ha Bodenfläche des Waldes.}$$

Bei einer Blattfläche von 55 000 m^2/ ha Bodenfläche des Waldes ergibt sich demnach als Assimilationsleistung einer Vegetationsperiode 0,273 kg/ m^2 Blattfläche.

Betrachtet man dagegen die tägliche Stoffproduktion (Nettoassimilation) einer 100jährigen Rotbuche, so ist sie doch recht beachtlich: Sie entspricht etwa dem Kohlenhydratgehalt von 3 kg Brot und dem Eiweißgehalt von 750 g Rindfleisch.

Hierbei muß allerdings berücksichtigt werden, daß zur Produktion von Eiweiß dem Boden erhebliche Mengen von Mineralsalzen entnommen werden. Abbildung 8 zeigt, daß neben Kalk-, Phosphor- und Schwefel-Salzen vor allem stickstoffhaltige Verbindungen – Ammoniumsalze und Nitrate – in großer Menge aufgenommen werden.

Auch bei den Eiweißstoffen zeigt sich die hohe Bedeutung der Pflanzen für die Existenz des übrigen Lebens, einschließlich des menschlichen: Einzig und allein die Pflanzen sind in der Lage, aus anorganischen Mineralsalzen Eiweiß bzw. dessen Grundbausteine, die Aminosäuren, aufzubauen!

Die Synthese der verschiedenen etwa 20 in Lebewesen vorkommenden Aminosäuren ist noch nicht in allen Einzelheiten sicher geklärt. Fest steht, daß zunächst das Nitrat (NO_3) reduziert werden muß, wobei der hierfür erforderliche Wasserstoff aus dem Atmungsstoffwechesel der Pflanzen stammt. Diese Reduktion, die in Blättern und Wurzeln auch unabhängig vom Licht verläuft, führt offenbar über mehrere Zwischenstufen zum NH_3, das dann mit Zwischenprodukten des Kohlenhydratstoffwechsels verknüpft wird. Sicher ist, daß sämtliche Aminosäuren synthetisiert werden können, während die Tiere einige (essentielle) Aminosäuren mit der Nahrung aufnehmen müssen. Die weitere Verknüpfung der Aminosäuren zu Eiweißen erfolgt – wie bei den Tieren – an besonderen Zellorganellen, den Ribosomen. Gesteuert wird die Eiweißsynthese von den Genen in den Chromosomen der Zellkerne, deren Anweisungen als Kopien zu den Ribosomen im Zellplasma gelangen.

In unserem Zusammenhang sind die folgenden vier Gesichtspunkte festzuhalten:

1. Zur Eiweißsynthese reicht die Kohlenstoffassimilation nicht aus, es müssen die genannten Salze aufgenommen werden.
2. Nitrate werden zu Ammoniak reduziert, der dann an Zwischenprodukte der Kohlenhydratsynthese angelagert wird.
3. Es entstehen Aminosäuren, von denen ca. 20 aus natürlichem Eiweiß bekannt sind.

4. Diese Aminosäuren können, wie die Buchstaben des Alphabets, zu höheren Einheiten verknüpft werden, den Proteinen, die als Baustoff oder als Enzyme im Plasma wirksam sind.

Ebenfalls aus Zwischenprodukten der Kohlenhydratsynthese entstehen die Fette, die vorwiegend in Form von Ölen in den Samen der Pflanzen produziert und deponiert werden.

Berechnet man die Energie, die von der zuvor erwähnten Buche aus der Sonneneinstrahlung gewonnen wird, so erhält man an einem Sommertag den Betrag von über 60 Millionen J. Das entspricht einer Arbeit, die nötig wäre, um einen 6 t schweren Körper um 1000 m zu heben.

Die greifbaren Gestalten aller Pflanzen im Stockwerkbau des Waldes sind demnach physiologische Systeme in denen Stoffaufbau und Stoffabbau in einem solchen Verhältnis zueinander stehen, daß ein Wachstum möglich ist, weil große Mengen von Stoffen – Baustoffe und Speicherstoffe – produziert und deponiert werden.

5.2 Tiere als Konsumenten

Eine Pflanze ist vom obersten Wipfel bis in das letzte Würzelchen im tiefen Erdreich im Grunde genommen eine potentielle Nahrungsquelle, die von einer Unzahl von Organismen, heterotrophen Pflanzen und Tieren und vom Menschen, genutzt wird. Nicht weniger als eintausend verschiedene Insektenarten leben allein an der Eiche: Maikäfer und die Raupen verschiedener Spinner, Spanner und Eulen sowie mehr als 100 Gallwespen-Arten ernähren sich von den Blättern. Bockkäferlarven fressen im Holz und schaffen so Wohnstätten für Ameisen *(Formica fulginosus)* die mit über 150 Gästen hier Quartier nehmen. Knospen und Jungtriebe, Blüten und Früchte werden u.a. von Rüsselkäfern und Wicklerraupen heimgesucht, und unter der morschen Rinde fand man hundert verschiedene Käferarten neben mancherlei anderen Kleintieren. Die Früchte der Eiche sind eine begehrte Nahrung für Wildschwein und Dachs, Hirsch und Eichhörnchen, für Mäuse und Vögel, unter denen der Eichelhäher nach ihnen sogar benannt ist. Auch von den Wurzeln ernähren sich verschiedene Arten, Pflanzenläuse saugen an ihnen, Mäuse benagen sie, und in ihrem Mulm noch leben die Larven des Hirschkäfers. Entsprechendes gilt für die übrigen Bäume, für die Sträucher und Kräuter des Waldes. Je üppiger die Flora, desto reicher ist auch die Fauna.

Aufgabe 5.4:
Beobachten Sie das Sammelverhalten von Eichelhäher und Eichhörnchen.

Unter den reinen Pflanzenfressern, die als Konsumenten 1. Ordnung bezeichnet werden, lassen sich bezüglich der Art und Weise der Nahrungsaufnahme verschiedene ökologische Gruppen unterscheiden:

a) Die *Laubfresser* – das sind zahlreiche Insekten, wie Schmetterlingsraupen, Afterraupen (= Blattwespenlarven), Käfer und ihre Larven, aber auch Säugetiere, wie Hirsch und Reh.

Greifen wir als Beispiel den Lebenszyklus des Kiefernspinners heraus. Jede Raupe dieser Art benötigt für ihre Entwicklung etwa 25g Trockensubstanz an Blättern, was auf den ersten Blick als recht wenig erscheint. Diese Zahl bedeutet aber, daß ein einzelnes Tier 800-900 Nadeln frißt oder doch beschädigt! Von diesem Nahrungsvorrat müssen allerdings auch noch die Falter zehren, weil sie – wie alle Falter aus der Familie der Spinner – zurückgebildete Mundwerkzeuge besitzen und daher selbst nicht fressen können. Damit dient die von der Raupe aufgenommene Nahrung auch zur Produktion der etwa 300 Eier, die ein Weibchen im Durchschnitt ablegt.

Allerdings nutzen Raupen ihre Nahrung extrem schlecht aus, weil ihre Mundwerkzeuge die Blätter nur grob zerkleinern (und nicht zermahlen, wie dies bei den Säugetieren der Fall ist). Auch fehlt ihnen der Kaumagen, der bei der Mehrzahl der Insekten die Feinarbeit leistet, und drittens verfügen diese Larven nicht über zelluloseabbauende Enzyme (oder Symbionten), es werden also nur Zellen aufgeschlossen, die von den Mundwerkzeugen angeritzt worden sind. So erscheinen also die Fragmente der Blätter, wie sie von der Raupe aufgenommen wurden, wieder im Kot, oft mit intaktem Zellinhalt.

Aufgabe 5.5:
Wiegen Sie Raupen verschiedener Art 24 Stunden nach der letzten Häutung zum ersten Mal und versehen Sie sie mit einer erfahrungsgemäß ausreichenden Futtermenge.
Versehen Sie die Raupen alle 12 Stunden mit frischem Futter, das in kleine Streifen zerschnitten wird. Stellen Sie das Gewicht der Raupe, des Futters und des Kots fest. Wiegen Sie außerdem Raupen, die (maximal 12 Stunden) ohne Futter gehalten werden und Kontrollfutter – ohne Raupen –, um die Atmungs- und Wasserverluste zu ermitteln.

Literatur zur Aufzucht der Raupen: K. Dylla, „Schmetterlinge im praktischen Biologieunterricht“, Praxis-Schriftenreihe Bd. 15 (Aulis), bzw. der Aufsatz in MNU, Bd. 19 (1966/67) S. 410.

Abb. 48a S. 165 zeigt die Gewichtszunahme von Raupen des Gabelschwanzspinners relativ zur verbrauchten Nahrung. Wie man sieht, beträgt sie zu Beginn des letzten Stadiums rund 50%, später aber immer weniger.

Bei den Raupen des Mondvogels *(Phalera bucephala)* wurden 60% des Proteins, 80% des löslichen Zuckers, 60% des Fettes und 30% der Asche verwertet, Polysaccharide hingegen wurden unverändert ausgeschieden. Dies deutet darauf hin, daß diesen Raupen nicht nur eine Zellulase, sondern auch eine Amylase, ein stärkeabbauendes Enzym, fehlt. Dagegen werden von den Drüsenzellen des Mitteldarms Proteasen (eiweißabbauende Enzyme), Lipasen (fettspaltende) und Maltasen (maltosespaltende Enzyme) sezerniert, die in ihrer Funktion den Verdauungsenzymen der Säugetiere entsprechen.

b) Die *Holzfresser* – das sind vor allem Larven verschiedener Käfer – verfügen über ähnliche, wenn auch kräftigere Mundwerkzeuge als die Blattfresser. Sie ernähren sich von einer Kost, die sehr eiweißarm ist, ihre Entwicklung dauert daher sehr lange, oft mehrere Jahre. Durch Beifütterung von Aminosäuren kann sie von drei auf ein Jahr verkürzt werden. Obwohl die Zellulose 60% der Trockensubstanz des Holzes beträgt (gegen nur 1,1 bis 2,3% Eiweiß), können sehr viele Holzfresser unter den Insekten dieses Polysaccharid nicht abbauen. Bei den Bockkäferlarven stellt der Mitteldarm jedoch eine echte Zellulase her, die z.B. Filterpapier in Traubenzucker abbauen kann. Termiten sind bezüglich des Zelluloseabbaues auf darmbewohnende Protozoen und verschiedene Blatthorn- und Hirschkäferlarven auf entsprechende Bakterien angewiesen. Diese Symbionten sind als Zellulosezersetzer und Vitaminlieferanten so lebenswichtig, daß bei vielen Arten besondere Einrichtungen bestehen, die gewährleisten, daß die Eier mit den Keimen infiziert werden. Die Junglarven fressen zunächst die Eihülle und gelangen so zu den für sie unentbehrlichen Kleinlebewesen.

c) Die *Säftesauger* – wie die Blattläuse – verfügen über stechende Mundwerkzeuge, mit denen sie die Assimilate direkt aus den Siebröhren der Blattadern zu saugen vermögen. Dabei nehmen sie solche Mengen an Saft auf, daß ihr Exkrement, der flüssige Honigtau, Blätter und Zweige der Wirtspflanze mit einer klebrigen Schicht überzieht. Da er noch reichlich Kohlenhydrate und Eiweiß (85% bzw. 3% der Trockensubstanz) enthält, wird er von vielen anderen Insekten gerne angenommen. An günstig stehenden Büschen, deren Blätter mit Honigtau überzogen sind, stellen sich mitunter Hunderte von Noctuiden (Eulenfalter = Nachtschmetterlinge) ein.

d) Die *Symbionten*, die man auch im Verdauungstrakt der Säftesauger sehr häufig antrifft, liefern ihren Wirten ebenfalls Wirkstoffe, oder aber sie versorgen sie – wie für die Blattlaus *Aphis sambuci* nachgewiesen – mit Eiweiß, indem der Wirt die in ihm nachgewachsenen Symbionten verdaut. Die Vermehrung der Symbionten verläuft hier parallel zur Fortpflanzungsintensität des Wirtes. An deren Höhepunkt, wenn die „Stammutter" täglich Nachkommenschaft im Gewicht des eigenen Körpers produziert, vermehren sich die Symbionten sehr rasch, und viele von ihnen lösen sich sehr schnell wieder von selbst auf. Die dadurch verfügbar gewordenen Nährstoffe werden vom Darmepithel des Wirtes resorbiert. Bei jedem der geschilderten Ernährungstypen übernehmen die Tiere die Nähr- und Wirkstoffe der Pflanzen und verwerten sie für den eigenen Stoffwechsel. Sie führen die Kohlenhydrate,die für die Atmung der

Pflanzen „gedacht“ waren, ihrem Betriebsstoffwechsel zu, sie spalten deren Öle und legen sich einen Fettkörper an, der oft erst viel später im Puppen- oder Imaginalstadium verbraucht wird, und sie zerlegen die Proteine der Pflanzen in die Aminosäuren die nach einem neuen Muster zu körpereigenem Eiweiß zusammengefügt werden.

5.3 Die Nahrungspyramide

Pflanzenfressende Arten sind Konsumenten, da sie die Produkte der Pflanzen verbrauchen, zugleich stellen sie aber auch Nahrung dar, weil sie von anderen Tieren verzehrt werden. Auch unter diesen, den Konsumenten zweiter Ordnung, lassen sich verschiedene ökologische Gruppen unterscheiden, die in Körperbau und Verhalten auf ganz verschiedene Jagdweisen eingestellt sind. Jedenfalls setzt bei ihnen ein ähnlicher Verdauungsprozeß noch ein zweites Mal ein. Wiederum werden unter der Wirkung verschiedener Enzyme die im Körper der Beute enthaltenen Nährstoffe in ihre kleinsten Bausteine zerlegt, die Proteine also in die Aminosäuren, die ursprünglich von der grünen Pflanze, also z.B. der Kiefer, synthetisiert worden waren. Sie werden jetzt im Konsumenten zweiter Ordnung, etwa einer Kohlmeise nach einem neuen Schema zusammengefügt. Wird die Meise von einem Greifvogel, dem Sperber, geschlagen und gekröpft, so vollzieht sich der ganze Vorgang zum dritten Male. Aber auch der Sperber fällt recht häufig einem Habicht zur Beute, in dem sich der Prozeß zum vierten Male wiederholt. Auf diese Weise ergeben sich Nährstoffketten, bei denen jeder Konsument höherer Ordnung in Verhalten, Körperbau, Darmlänge und Enzymapparat auf das vorausgehende Glied der Kette eingestellt ist (Abb. 22).

Aufgabe 5.6:
Teilglieder einer Nährstoffkette können gut an einer „Modellpopulation“ von Raupen, z.B. des Gabelschwanzes, beobachtet werden.
Zu diesem Zweck setzt man an einer Pappel- oder Saalweidenhecke die Eiraupen so aus, daß zwischen benachbarten Tieren etwa 2 - 3 m Abstand ist.Umgeben Sie die mit Raupen besetzten Zweige mit einer undurchsichtigen Hülle (z.B poröse Leinwand), die Sie zu den gewünschten Beobachtungszeiten entfernen können. Kennzeichnen Sie jede Stelle, an der eine Raupe ausgesetzt wurde, mit einem farbigen Wollfaden. Kontrollieren Sie zur Beobachtungszeit mit einem Fernglas die Hecke. Nach einigen Tagen werden Meisen und Rotschwänze – vorausgesetzt, diese Vögel sind auf dem Beobachtungsgelände angesiedelt – zur Stelle sein, um die Raupen zu jagen.

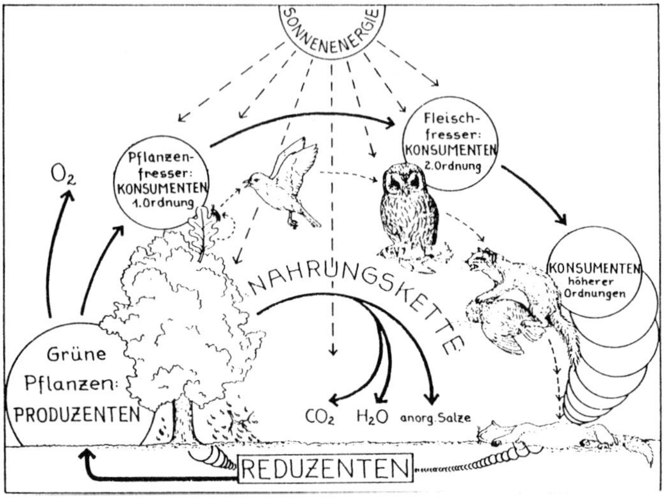

Abb. 22: Darstellung der Stoff- und Energiekreisläufe in der Lebensgemeinschaft Wald.

Zu diesen Nährstoffketten lassen sich einige grundsätzliche Überlegungen anstellen:

a) Bei (monophagen) Konsumenten 1. Ordnung besteht der Körper der Tiere ausschließlich aus der umgebildeten Substanz der Wirtspflanze, beim Kiefernspinner aus der Blattsubstanz des Baumes, an dem die einzelne Raupe lebte.

In den Konsumenten 2. Ordnung, die zahlreiche Insektenarten fressen, fließen dagegen die Syntheseprodukte verschiedener Pflanzen und Pflanzenarten zusammen. Jeder Konsument höherer Ordnung nimmt mehrere Nährstoffketten in sich auf, da er wohl kaum auf eine Beute spezialisiert ist. Auf diese Weise entsteht eine Nahrungspyramide, deren Basis die Gesamtvegetation eines Areals darstellt, während in ihre Spitze Großformen unter den Greiftieren einzusetzen sind, in denen sich alle Nährstoffketten vereinigen (Abb. 23).

b) Die in den Pflanzenprodukten gespeicherte Energie wird auf drei verschiedenen Wegen umgesetzt:

1. Die Nährstoffe werden in den tierischen Körper eingebaut, die in ihnen bereitliegende Energie somit gespeichert. Damit läßt sich eine Energiewanderung von vielen kleinen Tieren auf wenige große beobachten, es besteht also ein Zug zur Energiekonzentration in den großen Arten.
2. Ein Teil der Nährstoffe wird veratmet, die in ihnen enthaltenen Energien freigesetzt und für die Lebensfunktionen der Tiere verbraucht. Vögel und Säugetiere benötigen erhebliche zusätzliche Energiebeträge für die Erhaltung ihrer Körpertemperatur. Der Nahrungsverbrauch dieser gleichwarmen

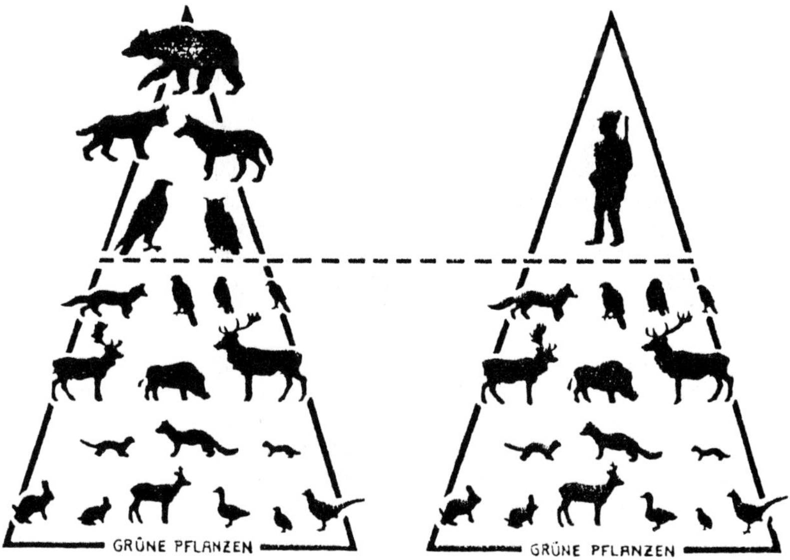

Abb. 23: Nahrungspyramide nach BRÜLL – links für den Naturzustand, rechts für den Kulturwald.

Tiere hängt von der Außentemperatur und der Größe der Formen ab. Er ist relativ groß bei niedrigen Temperaturen und vor allem bei kleineren Tieren.

3. Ein dritter Teil der Nahrung wird unverbraucht oder in teilweise abgebauter Form mit den Exkrementen abgegeben.

c) Für jedes Glied der Kette besteht ein gesetzmäßiger Zusammenhang zwischen Körpergröße, Fortpflanzungsziffer und Individuenzahl pro Flächeneinheit. Je größer die Tiere, desto kleiner ist die Individuenzahl, die ein bestimmtes Areal trägt, desto kleiner ist in der Regel auch die Zahl der Nachkommen, die ein Weibchen im Laufe seines Lebens zur Welt bringt. Auf diese Weise lassen sich „landschaftsbiologische Ordnungszahlen" aufstellen (Abb. 24), die zumeist eine Auskunft über die Stellung einer Tierart in der Lebenspyramide geben.

Aufgabe 5.7

Beschreiben Sie die in den beiden Nahrungspyramiden in Abb.23 dargestellten Zusammenhänge unter folgenden Gesichtspunkten:

1. *Welche Bedeutung hat die Pyramidenform der Darstellung?*
2. *Warum sind besonders die in der Pyramidenspitze eingezeichneten Arten vom Aussterben bedroht?*
3. *Analysieren Sie die Rolle des Menschen in der rechts dargestellten Pyramide.*

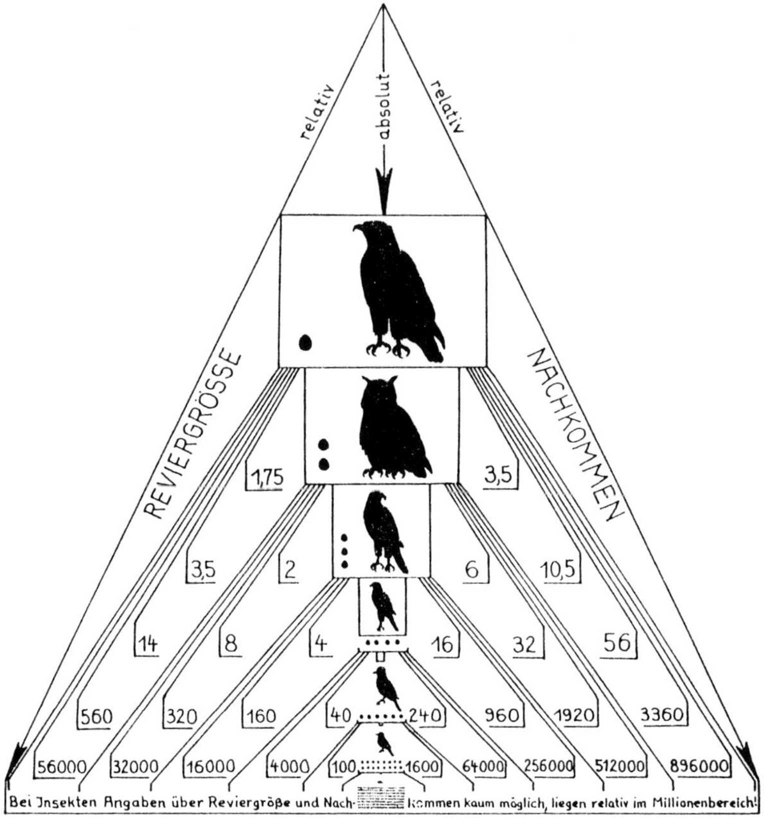

Abb. 24: Regulatorenpyramide. Der Berechnung zugrundeliegende Reviergrößen: Adlerrevier = 14 000 ha, Uhurevier = 8 000 ha, Habichtrevier = 4 000 ha, Sperberrevier = 1 000 ha, Eichelhäherrevier = 25 ha, Kohlmeisenrevier = 0,25 ha. Senkrecht untereinander stehen in relativer Größe die Reviere mit der Umrißzeichnung der betreffenden Art und der durchschnittlichen Nachkommenzahl pro Revier, als Eier dargestellt. Links schräg die Verhältniszahlen der relativen Reviergröße jeweils in Höhe der betreffenden Arten, bezogen auf die als Regulatoren übergeordneten Arten (z.B. Sperberrevier: ist 4x enthalten in 1 Habichrevier, 8x in 1 Uhurevier, 14x in 1 Adlerrevier). Rechts schräg die entsprechenden Verhältniszahlen der relativen Nachkommenzahlen, bezogen auf die Reviergröße.

Da jedes Tier Nahrung aufnehmen muß, greift es zwangsläufig in die Bestände anderer Lebewesen ein, seien diese nun Pflanzen oder Tiere. Diese Eingriffe können durchaus als eine *regulatorische Funktion* der Konsumenten aufgefaßt werden. Ihr steht mit der jährlichen Nachkommenschaft der einzelnen Arten eine *regeneratiorische Funktion* der untergeordneten Lebewesen gegenüber. Die Tatsache, daß in der Wildnis der Bestand fast aller Arten annähernd konstant bleibt, kann somit als eine Resultante aus Regeneration und

Regulation aufgefaßt werden. Von allen Nachkommen eines tierischen Elternpaares gelangen im Durchschnitt immer nur zwei zur Fortpflanzung, alle anderen dienen als marginale Individuen den übrigen Gliedern der Lebensgemeinschaft als Nahrung. Sie sind somit zugleich das Energiereservoir dieser Lebensgemeinschaft.

Alle Individuen haben somit zwei mögliche biologische Bedeutungen. Sie dienen entweder durch Fortpflanzung der Erhaltung der eigenen Art, oder sie sind Energieträger für die übrigen Glieder der Biozönose. Die zu einem bestimmten Zeitpunkt in einer Lebensgemeinschaft vorhandene Gesamtzahl aller Lebewesen wird als ihre *„Biomasse“* bezeichnet, die in ihnen gespeicherte Energie als *„Bioenergie“*. Als die *Stoffproduktion* dieser Lebensgemeinschaft wäre somit der Zuwachs der Biomasse zwischen zwei Zeitpunkten zu betrachten, während die entsprechende Veränderung im Energiegehalt als ihr *Energiegewinn* zu bezeichnen wäre.

6 Das Ökosystem der Nonne *(Lymantria monacha)*

Bleibt der Bestand der Art über Jahre annähernd konstant, so ist dies als das Ergebnis einer Wechselwirkung zu betrachten, wie soeben kurz angedeutet wurde. Dem generatorischen Vermögen dieser Spezies steht die regulatorische Wirkung ihrer Konkurrenten gegenüber, die deshalb auch als *Regulatoren* bezeichnet werden. Aber nicht nur sie regulieren die Bestände, an dieser Wirkung sind vielmehr auch Nahrungskonkurrenten, Rückwirkungen der Nahrung und das System der abiotischen Faktoren beteiligt. Sie alle zusammen bilden das Ökosystem (genauer das Monozön) der betreffenden Art, das ihre Populationsdynamik bestimmt.

Als Beispiel für ein solches Ökosystem ist das der Nonne *(Lymantria monacha)*, eines Nachtschmetterlings („Motte“), besonders geeignet. Da ihre Raupen in manchen Jahren vor allem an Fichten großen Schaden verursachen, ist ihr Ökosystem eingehend untersucht worden.

Aufgabe 6.1:
Erstellen Sie eine Sachstruktur des Ökosystems der Nonne. Stellen Sie hierzu die Art mit ihren Entwicklungsstadien in das Zentrum einer schematischen Skizze, und tragen Sie in seitlich davon angeordneten Kästchen die im Text genannten abiotischen und biotischen Faktoren ein (s. Schema auf S. 167).

Grundlage der Populationsdichte ist das Fortpflanzungsvermögen der Art, das im Falle unseres Beispiels, der Nonne, beachtlich ist. Wenn man bedenkt, daß ein einziges Weibchen 200-500 Eier in die Rindenspalten oder zwischen Flechten abzulegen vermag, so muß es uns wundern, daß die Nonne sich nur in Ausnahmefällen über alle Maßen vermehrt.

Wie für alle wechselwarmen Tiere, so hat die Außentemperatur auch für die Nonne insofern eine besondere Bedeutung, als sie z.B. darüber bestimmt, ob die Eiraupen (Abb. 26) bei ihrer Wanderung vom Stamm (an dessen Fuß die Eier abgelegt werden) zu den Jungtrieben, die allein als Nahrung geeignet sind, rasch genug vorankommen. Sinkt die Temperatur unter 0,5°C, so fallen sie in den Zustand der Kältestarre. Die Tiere sind dann – obwohl lebensfähig – nicht in der Lage, Muskeln zu kontrahieren, Nahrung aufzunehmen oder dergleichen. Wie Abb. 25 zeigt, sind geordnete Bewegungen erst ab +8°C möglich, wobei die Geschwindigkeit, mit der die Raupe zu laufen vermag, bis gegen 32°C direkt proportional der Temperatur ist.

Der Aufstieg in die Krone dauert daher ganz verschieden lange. Bei günstiger Witterung ist er in Stunden abgeschlossen, bei kühlem Wetter dauert er mehrere Tage. In solchem Fall beginnen die Raupen ihren Fraß schon in geschwächtem Zustand.

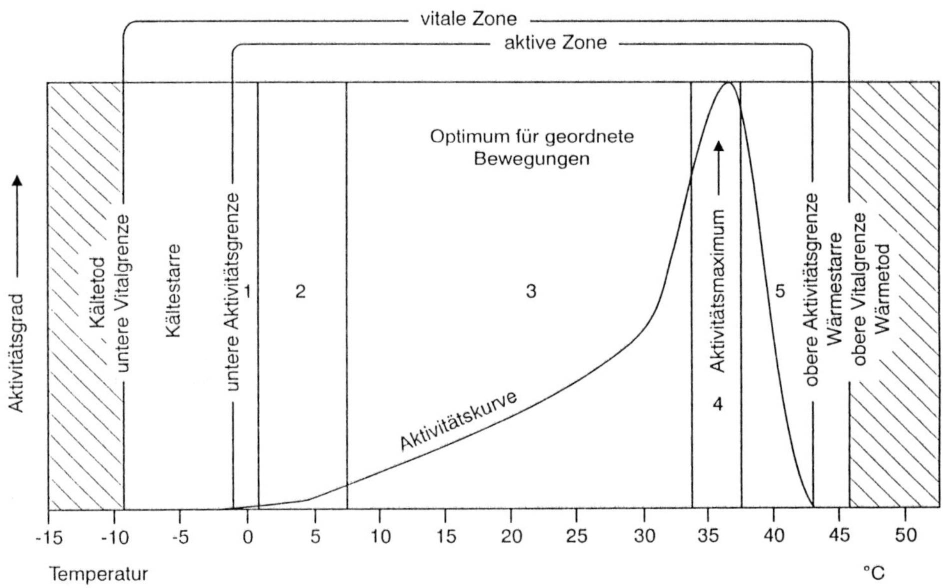

Abb. 25: Aktivitätsstufen und Aktivitätskurve der Eiraupe der Nonne. (Nach v. Arnim.)

Aufgabe 6.2:
Erläutern Sie die Graphik 25. Was geht aus ihr hervor?

Auch die Entwicklungsgeschwindigkeit hängt natürlich von der Temperatur ab. Von besonderem Interesse ist hierbei der sogenannte „Entwicklungsnullpunkt", d.h. die Temperatur, bei der die Entwicklung gerade eben einsetzt. Tabelle 16 zeigt, daß er in direkter Beziehung zur Lebensweise der Raupenart steht:

Tab. 16: Entwicklungsnullpunkt der verschiedenen Stadien von Nonne und Kiefernspanner. Die römischen Ziffern geben die Raupenstadien an, P Puppe.

Art	Entwicklungszeit	Entwicklungsnullpunkt in °C					
Nonne *Lymantria monacha*	April – Juni	I 3,2	II 5,7	III 7,2	IV 7,6	V 7,8	P 8,4
Kiefernspanner *Bupalus pinarius*	August – Oktober				7,3	5,3	2,0

Der Entwicklungserfolg der Nonnenraupen hängt nicht nur von der Temperatur, sondern auch in beträchtlichem Maße von der *Feuchte* ab. Da die Entwicklung der Tiere durch eine höhere relative Luftfeuchtigkeit gefördert wird, kommt die Art im Fichtenwald besser voran als im Kiefernwald, der durch ein trockenwarmes Kleinklima gekennzeichnet ist.

Bei Beunruhigung durch Sturm und Regen spinnen sich die Jungraupen ab, um sich am Boden oder an der Rinde zu verstecken und erst bei ruhigem Wetter abends wieder aufzusteigen. Da in Nadelholzbeständen häufig Aufwinde von 2-3 m/ sek. vorkommen, können vor allem die federleichten Räupchen des ersten Stadiums beim Abspinnen aus dem Kronendach hinaus und über größere Strecken verweht werden. Da die Sinkgeschwindigkeit der Tierchen durch lange „Schwebehaare" (Abb. 26) stark gemindert wird, können die zurückgelegten Entfernungen durchaus beachtlich sein. Der *Wind* kann demnach als Verbreitungsfaktor dieser Art betrachtet werden.

Bei der Nonne werden die Eier im Juli abgelegt. Sie vollenden dann während der nächsten vier Wochen ihre Embryonalentwicklung. Dann aber schlüpfen die Räupchen trotz sommerlicher Wärme nicht, sonder bleiben bis zum nächsten Frühjahr in der Eischale. Einen solchen vorübergehenden Entwicklungsstillstand bezeichnet man als Diapause. Neuere Untersuchungen haben gezeigt, daß das *Licht*, vor allem die Länge des Tages oder die Photoperiode, für die Auslösung der Diapause von Bedeutung ist. Andere Umweltgegebenheiten können für die Diapause der Nonne nicht unmittelbar verantwortlich gemacht werden.

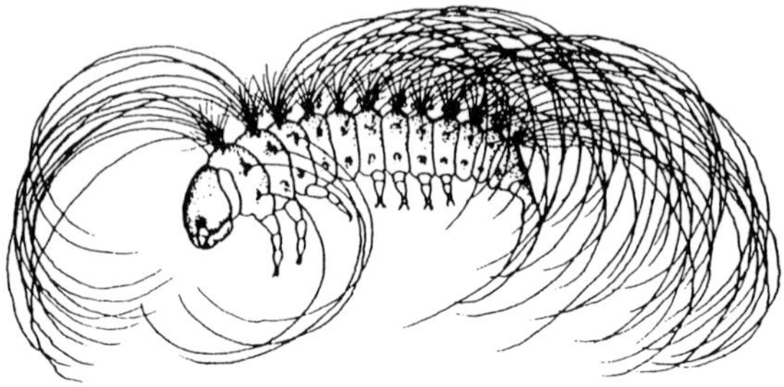

Abb. 26 : Eiraupe des Schwammspinners.

Neben den geschilderten abiotischen Faktoren bestimmen biotische in besonderem Maße die Entwicklung der Individuen und damit der Populationen. Obwohl die Nonnenraupen polyphag sind, also auf verschiedenen Futterpflanzen angetroffen werden, ist jedoch nicht jedes Futter gleich gut geeignet. In Versuchsserien konnten vielmehr 5 Gruppen von Futterpflanzen unterschieden werden, wie sie Tab. 17 aufführt.

Tab.17: Eignung verschiedener Pflanzen als Futter für die Nonnenraupen.

Gruppe	*Pflanze*	*Wirkung auf die Raupen*
I	Ohrweide, Bergahorn, Schwarzpappel	1. Häutung nicht erreicht
II	Spitzahorn, Zitterpappel	nur einzelne Raupen wachsen heran, liefern sterile Falter
III	Erle, Tanne	Falter fruchtbar, Sterblichkeit der Raupen größer als 75%
IV	Kiefer	Sterblichkeit 25 – 50% der Raupen
V	Eiche, Fichte, Lärche	Sterblichkeit 1%

Noch in anderer Hinsicht macht sich die Qualität der Nahrung für die Selbstbehauptung einer Tierart bemerkbar, nämlich bezüglich des Gewichts der Tiere und der Eiproduktion der Weibchen, die damit in direkter Beziehung stehen (vgl. Tab. 18).

Aber selbst noch bei nur einer Pflanzenart hängt das Gedeihen der Raupen in ganz entscheidendem Maße von dem Zustand der Wirtspflanze ab, wie Tab. 19 zeigt.

Tab. 18: Einfluß der Futterqualität auf Gewicht und Eiproduktion der Nonne.

Gruppe	*Pflanze*	*Gewicht der ♀*	*Eizahl*
III	Erle	373 mg	68
	Tanne	381 mg	86
IV	Kiefer	562 mg	160
V	Buche	647 mg	227
	Fichte	699 mg	195
	Eiche	729 mg	269
	Lärche	734 mg	261

Tab. 19: Einfluß der Düngung der Wirtspflanze auf Sterblichkeit, Gewicht und Eiproduktion der Nonne.

	1. Ungedüngte Kiefern	*2. Gedüngte Kiefern*
Sterblichkeit d. Raupen	31 %	52 %
Weibchengewicht	460 mg	390 mg
Legereife Eier im frischgeschl. Falter	130	90

Aufgabe 6.3:
Interpretieren Sie die Tabellen 17 und 18. Nach welchen Gesichtspunkten sind die Gruppen I-IV gebildet? Erläutern Sie die Zusammenhänge! Welcher der Gruppen müßte man die gedüngten bzw. die ungedüngten Kiefern aus Tabelle 19 zuordnen?

In ähnlicher Weise gedeihen die Raupen auch besser an Wirtspflanzen, deren Saftgehalt erniedrigt ist, sei es durch Wassermangel in trockenen Jahren, sei es, daß die Wasserversorgung des Baumes durch andere Umstände gestört ist, z.B. dann, wenn die Larven des Graurüßlers *(Brachyderes incanus)* die dicken Wurzeln der Kiefer bei starkem Befall durch Benagen geringelt haben.

Selbst wenn man eine einzelne Wirtspflanze betrachtet, hängt das Gedeihen der Raupen noch davon ab, ob die Tiere ihre Entwicklung an den kräftigen, gut genährten Lichtzweigen (einer Fichte) durchmachen oder ob sie von den zarteren Schattennadeln leben. Im ersten Falle betrug die Sterblichkeit 76%, im Falle der Schattennadeln war sie erheblich geringer, sie betraf 26% der angebeutelten Tiere. Übrigens hat man bei einzelnen Fichten eine Nonnenresistenz festgestellt, die aber weniger auf der Futterqualität ihrer Nadeln beruhte, als vielmehr auf der Eigenschaft der Bäume, zu spät im Jahre ihre

Jungtriebe zu schieben. An diesen Bäumen mußten daher alle Eiräupchen verhungern.

Die genannten Zahlen werden jedoch relativ, wenn man berücksichtigt, daß nicht nur die Pflanzen, sondern auch ihre Parasiten je nach Herkunftsort verschiedene physiologische Eigenschaften haben können. Dies ging aus einem Versuch hervor, bei dem Raupen des ersten Stadiums der Nonne, die teils aus Kemmern bei Berlin, teils aus der Romintener Heide in Ostpreußen stammten, an verschiedenem Futter unter sonst konstanten Bedingungen aufgezogen wurden. Die Sterblichkeit war in jedem Falle bei den ostpreußischen Tieren höher als bei den märkischen, die demnach eine kräftigere Konstitution aufwiesen.

Als Konkurrenten der Nonne wären alle jene Pflanzenfresser anzusprechen, die einen mehr oder weniger weitgehenden Kahlfraß an ihren Futterpflanzen bewirken können. Dies gilt für Maikäfer, Schmetterlingsraupen oder auch die Afterraupen der Blattwespen. So berichtet LÖHRL über ein gleichzeitiges Massenauftreten des Maikäfers *(Melolontha melolontha)* und der Raupen des Eichenwicklers *(Tortrix viridana)* in einem Eichenwald, den sie bald kahl gefressen hatten. Während die flugfähigen Käfer andere Nahrungsgebiete aufsuchen konnten, mußten die ortsgebundenen Raupen verhungern. Konkurrenz tritt übrigens nicht nur zwischen Angehörigen verschiedener Arten auf, sondern auch zwischen Schüben der gleichen Art im gleichen Lebensraum. Haben also z.B. die Raupen, die verhältnismäßig früh ihre Eier verließen, die Futterpflanze bereits stark befressen, so können spätere Tiere darunter sehr zu leiden haben. Die Tiere erreichen dann zumindest nicht das volle Gewicht, die Weibchen produzieren weniger Eier. (Siehe Aufgabe 6.4 im Anhang auf S. 168.)

Die *Regulatoren*, Räuber, Parasiten und Infektoren, sind besonders wichtige Glieder des Ökosystems einer Tierart. Bei einem Schmetterling, wie der Nonne, hat jedes Stadium seine spezifischen Feinde.

So wird z.B. die Zahl der Eier in hohem Maße durch Vögel dezimiert, die, wie Meisen, Baumläufer und Kleiber, ihre Nahrung an den Stämmen der Bäume suchen. Unter den Insekten spielt die Rote Waldameise eine besonders wichtige Rolle, aber auch den Larven der Kamelhalsfliege *Raphidia ophiopsis* und verschiedenen Arten von Baumwanzen fallen viele Eier zum Opfer. In anderen entwickeln sich parasitische Schlupfwespen – *Trichogramma evalescens* –, und wiederum andere werden durch Protozoen oder Bakterien infiziert.

Schlüpfen schließlich die Räupchen, so wartet ein Heer von Feinden auf sie, wobei jedes Raupenstadium unter 130 verschiedenen Arten von Schlupfwespen und Raupenfliegen, die in der Nonne schmarotzen, seine spezifischen Parasiten hat. Wenn auch nicht jeder Schmarotzer seinen Wirt tötet, so sind doch Sterilität oder zumindest stark eingeschränkte Fruchtbarkeit die unausweichliche Folge des Befalls.

Unter den räuberischen Wanzen und Käfern, die Nonnenraupen angreifen, haben sich die Puppenräuber *(Calosoma)* auf große, behaarte Raupen spezialisiert. Sie greifen ihr Opfer auf den Zweigen der Pflanze an und lassen sich mit ihm zu Boden fallen, wo sie es töten. Die Käfer spritzen Verdauungssäfte in den Körper der Raupe, die so in ihrer eigenen Haut verdaut wird (Außenverdauung!). Der entstehende Brei wird vom Käfer aufgesaugt. Ein Käfer kann in seinem dreijährigen Leben bis zu 1200 Raupen vernichten! Noch wichtiger sind die Roten Waldameisen, die besonders im Fall einer Massenvermehrung unter den Schädlingen aufräumen.

Hauben-, Tannen-, Kohl- und Blaumeisen, Buchfinken, Trauerfliegenschnäpper und vor allem der Kuckuck verfolgen die Raupen, und Pilze, Bakterien und Viren befallen Raupen und Puppen. Von entscheidender Bedeutung ist oft die Polyederkrankheit, eine Virose, die sich im Falle einer Massenvermehrung bei den Raupen bemerkbar macht. Die erkrankten Tiere erklettern die Wipfel der Bäume – daher auch der Name Wipfelkrankheit – und verenden hier in großer Zahl.

Sind aber endlich die übriggebliebenen Falter glücklich geschlüpft, so schwärmen die Tiere beiderlei Geschlechts in der Abenddämmerung aus und fallen dann dem Ziegenmelker, verschiedenartigen Fledermäusen und der Waldspitzmaus zum Opfer. Aber auch ein Fadenwurm *(Mermis)* vollendet seine Entwicklung in dem weiblichen Nonnenfalter. Da diese Würmer eine Länge von 10 cm erreichen, schädigen sie ihren Wirt erheblich und führen zumindest zur Sterilität der befallenen Tiere.

Wenn man diese Zahlen bedenkt, so erscheint es kaum glaublich, daß überhaupt noch Tiere der Verfolgung entgehen! Wie schaffen es eigentlich diese Insekten, daß sie trotz aller Verfolgung in so großer Menge bestehen ? Diese Frage leitet über zum Thema des nächsten Kapitels: Anpassungen der potentiellen Beutetiere an ihre „Feinde“.

7 Die Selbstbehauptung der Arten

Wie also schaffen es die Lebewesen, trotz ihrer so vielfältigen „Feinde“ zu überleben? Es gibt ganz verschiedene Möglichkeiten, das Überleben der Populationen zu sichern, wie am Beispiel des Lebenszyklus der im letzten Kapitel dargestellten Nonne leicht zu sehen ist.

Aufgabe 7.1:
Nehmen Sie die Sachstruktur zum Ökosystem der Nonne nochmals zur Hand, und überlegen Sie, welche verschiedenen Wege der Anpassung den Arten offen stehen.

7.1 Die Mannigfaltigkeit der Evolution

Die Wege der Evolution sind mannigfaltig. Selbst in nahe verwandten systematischen Gruppen, so zeigen Beobachtungen, werden verschiedene Entwicklungswege im Dienste der Arterhaltung eingeschlagen. Dazu einige Beispiele aus der Welt der Schmetterlinge:

a) Der Saugrüssel der Schmetterlinge ist eine der kompliziertesten Anpassungen an eine spezialisierte Ernährungsweise. Bei sehr vielen Faltern (den Spinnern) sind die Mundwerkzeuge soweit reduziert, daß die Tiere nicht mehr in der Lage sind, Nahrung aufzunehmen. Dagegen sind die Spinner schon beim Schlüpfen aus der Puppe mit voll ausgereiften Gonaden ausgestattet, während die Keimdrüsen der übrigen Schmetterlinge erst während des Imaginallebens ausreifen, wofür sie Nahrung aufnehmen müssen.

b) Bei fast allen Nachtfaltern beobachten wir kompliziert gebaute Tympanalorgane (Hörorgane), die auf die Peillaute der Fledermäuse eingestellt sind: Die Schmetterlinge fallen in Starre, sobald sie Ultraschall wahrnehmen. Eine Ausnahme von dieser Regel bilden die Schwärmer, denen die Hörorgane fehlen. Es ist festgestellt worden, daß trotzdem Schwärmer nur ausnahmsweise von Fledermäusen erbeutet werden. Es wird vermutet, daß in der Regel die Fledermäuse die rasch fliegenden Schwärmer nicht fangen können. Auch hier wird die Arterhaltung auf zwei Wegen gewährleistet.

c) Bei der Mehrzahl der Schmetterlingsarten führt das Weibchen einen Eiablageflug aus, bei dem die Eier über ein großes Areal verteilt werden, einige werden dabei mit großer Wahrscheinlichkeit an Stellen abgelegt, an denen ein geringerer Selektionsdruck herrscht. Bei anderen Arten jedoch, deren Weibchen teils flugfähig sind, teils auch zurückgebildete Flügel besitzen, werden die Eier an einer Stelle abgelegt. Werden die Eier an einem Platz abgelegt, so sind die aus ihnen schlüpfenden Raupen in manchen Fällen durch Gift oder dergleichen geschützt und leben zumeist gesellig, oder aber sie sind, wie die Raupen des Schwammspinners oder des Schlehenspinners, sehr kriechlustig, wandern umher und gleichen so aus, was das Weibchen „versäumt" hat.

7.2 Schutzanpassung durch Massenvermehrung

Das Phänomen der Anpassung betrifft die verschiedensten Seiten eines Lebewesens. Sie besteht im einfachsten Falle in der besonders gesteigerten Vermehrung, die allerdings weiterer Anpassungen bedarf, um erfolgreich zu sein. Dies läßt sich eindrucksvoll am Beispiel der Blattläuse zeigen:

Von besonderer Bedeutung für die Massenvermehrung der Blattläuse ist die Parthenogenese = Jungfernzeugung, bei der die Weibchen der Sommergeneration Larven „gebären“, die sich aus unbefruchteten Eiern entwickelt haben. Man hat berechnet, daß bei geschlechtlicher Fortpflanzung die Nachkommenschaft eines Weibchens bei je 20 Jungen in 5 Generationen = 200 000 betrüge, bei parthenogenetischer dagegen 3 200 000! Diese Steigerung auf das 16fache läßt sich auf drei Ursachen zurückführen:

1. Im Falle der Parthenogenese produzieren alle Nachkommen Jungtiere, bei geschlechtlicher Vermehrung nur 50%.
2. Die Larven machen die erste Zeit ihrer Entwicklung im Inneren des Muttertieres durch, das nicht auf eine Befruchtung der Eier zu warten braucht. Die Gesamtentwicklung der Larve wird dadurch sehr verkürzt, im günstigsten Falle auf acht Tage.
3. Damit ergibt sich eine große Zahl von Generationen in einem Sommer, die alle aus teils geflügelten, teils ungeflügelten parthenogenetischen Weibchen bestehen (Abb. 27). Erst im Herbst kommt es zur Bildung von Geschlechtstieren, die kopulieren und befruchtete Eier ablegen.

Bei sehr vielen Arten tritt noch ein weiters Anpassungsmerkmal hinzu: der Wirtswechsel! Auch er kann als Schutzanpassung aufgefaßt werden, weil die Tiere auf diese Weise der großen Zahl ihrer Regulatoren (z.B. Larven der Marienkäfer, der Schweb- und Florfliegen) entgehen, die ihnen nicht zu folgen

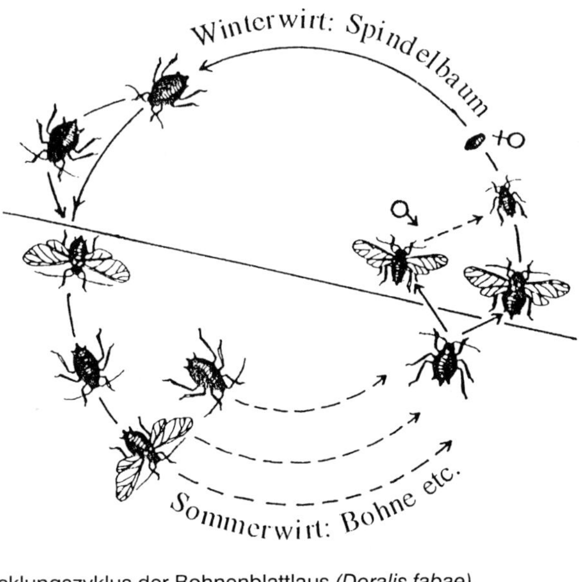

Abb. 27: Entwicklungszyklus der Bohnenblattlaus *(Doralis fabae).*

vermögen. Parthenogenese, Formwechsel und Wirtswechsel beruhen ihrerseits teils auf genetischen Komponenten, teils auf Umwelteinflüssen, die Erbfaktoren aktivieren.

Die Parthenogenese kommt bei den Blattläusen (Aphiden), deren Weibchen dem XX-Typ angehören, dadurch zustande, daß die Reduktionsteilung bei der Gametenbildung ausbleibt. Experimentell konnte gezeigt werden, daß die Reduktionsteilung dann ausbleibt, wenn die Blattläuse unter Langtagbedingungen gehalten werden. So ließ sich Aphis *nuncis* bei künstlichen Langtagbedingungen (16 Stunden Licht) 3 Jahre ununterbrochen parthenogenetisch weiterzüchten, während Kurztagbedingungen ($7^1/_2$ Stunden Licht) bei *A. forbesi* bereits im Mai ovipare (eierlegende) Weibchen entstehen ließen. In anderen Fällen erwies sich die Temperatur als entscheidender Faktor.

Für das Erscheinen der geflügelten parthenogenetischen Weibchen kann auch eine Übervölkerung der Wirtspflanze bzw. deren physiologischer Zustand (z.B. Wassermangel) verantwortlich sein, insofern, als eine teilweise Unterernährung der Mutter bei den Töchtern Flügel entstehen läßt. Die Flügelanlagen scheinen sich unter der Einwirkung von Hormonen zu entwickeln, die durch Einfluß der genannten Außenbedingungen bzw. einer bestimmten physiologischen Disposition ausgeschüttet werden. Die geflügelten Weibchen verlassen ihre Futterpflanze, sobald das Chitin der letzten Häutung hart geworden ist. Bei ihrer Wanderung lassen sie sich passiv vom Wind transportieren und fliegen dabei relativ hoch, die meisten in einer Höhe von mehr als 35 m. Die Dichte der Wandernden hat zwei Gipfel, einen am Morgen, den anderen am Nachmittag, während nachts kaum Blattläuse in den Luftproben nachgewiesen werden konnten. In dieser Flugperiodik spiegelt sich eine Periodik des Schlüpfens wider, da die Tiere spätestens 6 Stunden nach der letzten Häutung abfliegen und maximal 4 Stunden in der Luft bleiben. Während des Fluges muß bei vielen Arten eine physiologische Umstimmung bezüglich der das Landen auslösenden Reize eintreten. Es konnte experimentell gezeigt werden, daß diese Umstimmung nach einer bestimmten artspezifischen Flugzeit erfolgt.

Aufgabe 7.2:
Entwickeln Sie aus Abb. 27 eine Graphik, die alle im Text gebotenen Informationen übersichtlich darbietet.

7.3 Das Phänomen der Resistenz

Die Widerstandsfähigkeit gegen Parasiten und Pathogene ist bei den meisten Arten genetisch bedingt. Eine *passive* Resistenz weisen z.B. die Eier des Schlehenspinners auf, die eine porzellanharte Schale besitzen. Sie locken ganze Scharen der Erzwespe *Trichogramma evanescens* an, die jedoch die harte Schale mit ihrem Legebohrer nicht zu durchdringen vermögen. Die Raupenfliege *Aplomyia caesar* legt ihre Eier an die Fraßpflanze zahlreicher Raupen ab, von denen sie mitgefressen werden und in deren Körpern sie sich dann entwickeln. Sehr viele Larven sind insofern passiv geschützt als sich die Fliegenmaden nur in solchen Arten zu entwickeln vermögen, deren Mitteldarmsaft einen pH-Wert von 11,8-12,5 aufweist. In einem weniger alkalischen Milieu entwickeln sich die Maden nicht normal.

In anderen Fällen lösen jedoch die Erreger oder Schmarotzer Abwehrprozesse aus, wir sprechen in diesem Falle von einer *aktiven* Resistenz. So locken z.B. die Eier und Junglarven von Schlupfwespen, aber auch Sporozoen, Bakterien oder Viren bestimmte Blutzellen (Hämozyten) an, die die Funktion der Phagozytose haben und die, ähnlich wie die weißen Blutkörperchen der Wirbeltiere, die Eindringlinge abkapseln bzw. „fressen" und dadurch unschädlich machen.

7.4 Das Phänomen der visuellen Anpassung

Als „visuelle Anpassung" bezeichnet man (mit SÜFFERT) alle jene Merkmale und Einrichtungen von Tieren, „die auf dem Wege über den Gesichtssinn eines potentiellen Angreifers bzw. Beutetieres, zu einem gewissen Schutz führen können." Grundsätzlich bestehen hierzu drei Möglichkeiten: Tiere können sich *„tarnen"*, sie *„warnen"* einen Angreifer, wenn sie selbst wehrhaft oder ungenießbar sind, oder sie *„täuschen"* ihn im Falle der Mimikry.

Im einfachsten Falle kommt eine gewisse *Tarnung* dadurch zustande, daß die *Färbung* der Tiere der des Untergrundes entspricht. So sind Raupen häufig grün gefärbt, wobei dieses grüne Kleid auf verschiedenen Wegen erzielt wird. In manchen Fällen, wie bei der Raupe des Gabelschwanzspinners, läßt es sich auf die grüne Färbung des Blutes zurückführen, in anderen, wie bei der Raupe des Abendpfauenauges, kommt es durch die Pigmentierung der Haut zustande.

Fast immer ist jedoch der Tarnungseffekt der Färbung durch andere optisch wirksame Einrichtungen unterstützt; z.B. kann man bei vielen grünen Larven helle Linien beobachten: Laubfressende Arten, z.B. Abendpfauenaugen- und Pappelschwärmerraupen, tragen an der Flanke gelbliche Schrägstreifen, die den schräg verlaufenden Blattnerven der Futterpflanze ähneln, während grasbewohnende Formen, wie zahlreiche Eulenfalterraupen, in der Längsrichtung gestreift sind.

Bei vielen Arten trennt eine *Kontrastlinie* Körperpartien, die verschieden stark pigmentiert sind: Die dem Licht zugekehrte und daher optisch aufgehellte Körperseite ist dunkler pigmentiert, die beschattete dagegen heller gefärbt.

Durch die so erzielte *Gegenschattierung* wird daher die Wirkung der natürlichen Licht-Schatten-Verteilung am Körper der Larven aufgehoben, der nun nicht als räumliches Gebilde, sondern als Fläche erscheint, die zudem durch die Kontrastlinie zerlegt ist (Abb.28). Besonders wirkt sich dieser Effekt bei den Beutegreifern aus, die nicht binokular sehen können. Eine derartige optische Auflösung der Körpergestalt beobachtet man auch an Insekten, die zwischen Kiesgeröll leben, also in einer Umwelt, die reich ist an kleinen, aber kräftigen Schlagschatten. Bei ihnen stoßen oft helle und dunkle Körperpartien übergangslos aneinander und bilden ein unregelmäßiges Muster.

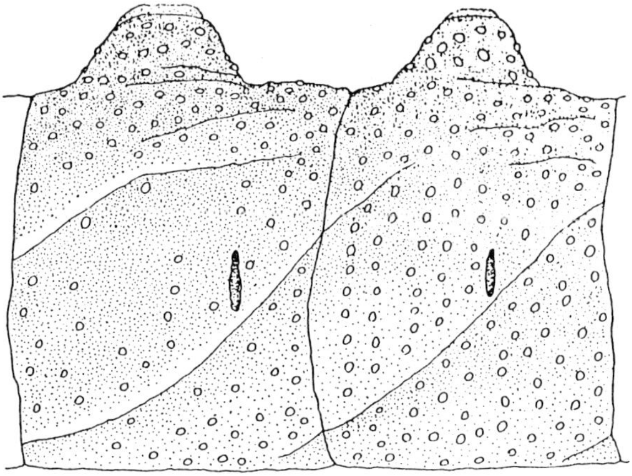

Abb. 28: Pigmentverteilung auf der Bauch- und der Rückenseite einer Abendpfauenraupe; Gegenschattierung, wenn Bauchseite nach oben gekehrt.

Ein noch so gutes Tarnkleid ist aber nur dann wirksam, wenn es durch ein entsprechendes Verhalten unterstützt wird. Ruhende Insekten verharren daher oft in einem Zustand völliger Bewegungslosigkeit, der *Akinese*, die das Tier überhaupt erst getarnt erscheinen läßt. Die geringste Bewegung nämlich macht die Tarnung zunichte!

Weiterhin ist es erforderlich, daß ein Tier zum Ruhen die Stelle seiner Umwelt aufsucht, auf die sein Tarnkleid „gemünzt" ist. So schmiegen sich die längsgestreiften Jungraupen des Kiefernschwärmers eng an die Kiefernnadeln an, während ältere Raupen auf den Zweigen ruhen. Sie tragen ein unregelmäßiges braungrünes Fleckenmuster, das der Färbung der Kiefernzweige entspricht.

Während in diesem Falle eine Raupe im Laufe ihrer Larvenentwicklung verschiedene, ihrem Verhalten entsprechende Kleider annimmt, treten bei anderen Arten 2 oder mehrere (bis zu 5) genetisch bedingte Kleider bei verschiedenen Angehörigen der gleichen Population auf. Einen derartigen *Polymorphismus* findet man unter den einheimischen Arten z.B. bei den Raupen des Weinschwärmers, die entweder eine dunkelbraune oder eine grüne Grundfärbung tragen.

Die Puppen verschiedener Schmetterlinge, genannt sei der Schwalbenschwanz, werden an Stengeln grün, an senkrechten Flächen dagegen grau – Zwischentöne treten nicht auf. Die Puppencuticula des Kohlweißlings enthält ein Muster von schwarzen Melaninflecken, die bei allen Tieren in Lage, Form und Größe übereinstimmen, also artspezifisch festgelegt sind; allerdings können diese Flecken mehr oder weniger ausgebildet sein oder sogar ganz fehlen. Die Stärke der Melanisierung wird von den Lichtbedingungen bestimmt, denen die Raupe während einer sensiblen Periode ausgesetzt ist, die zwischen dem Ende der Wanderpause und dem Übergang in die Vorpuppe liegt. Am stärksten melanisiert sind Puppen, die bei heller Beleuchtung auf dunklem Untergrund ruhen, am wenigsten diejenigen, die bei Licht auf hellem Untergrund liegen. Ein entscheidender Faktor scheint demnach der Unterschied zwischen dem eingestrahltem und dem von der Unterlage reflektiertem Licht zu sein.

Auch die Wellenlänge des reflektierten Lichtes kann bedeutsam sein. So sind die Raupen des Spanners *Eupithecia absinthiata* je nach Blüten, auf denen sie leben, weiß, gelb, hellblau, grün, braun oder rosa gefärbt! Experimente haben gezeigt, daß das Licht die Pigmentierung nicht unmittelbar beeinflußt, sondern daß die Steuerung über ein im Vorderkörper gelegenes Zentrum erfolgt, und zwar bei den genannten Insekten auf hormonellem Weg. Dieser *Farbwechsel* schafft stets stationäre Zustände, die erst bei der nächsten Häutung verändert werden können. Seine Bedeutung liegt in der Anpassung der Lebewesen an konstante Umweltverhältnisse.

Demgegenüber vermittelt der physiologische Farbwechsel eine rasche Anpassung an wechselnde Umweltbedingungen. Er kommt meist dadurch zustande, daß Farbstoffträger (Chromatophoren) sich zusammenziehen und ausdehnen können. Diese meist verästelten Farbzellen sind fast immer Glieder von Reflexbögen, die bei den Photorezeptoren ihren Ausgang nehmen und über das Zentralnervensystem verlaufen. Im effektorischen Anteil wird die Reaktion entweder durch eine unmittelbare Innervierung der Chromatophoren oder auf dem Wege über bestimmte Hormone vermittelt.

Beim Laubfrosch ist die hormonelle Regulierung wichtiger. Bei ihm treten Farbzelltypen in drei verschiedenen Hautschichten auf: gelbe „Lipophoren“ in einer äußeren Schicht und dunkelbraune „Melanophoren“ in einer inneren. Zwischen ihnen befindet sich eine Lage weißlicher „Guanophoren“. Das im Zwischenlappen der Hypophyse gebildete Intermedin bewirkt eine Expansion der Melanophoren, während das Adrenalin des Nebennierenmarks die Melanophoren konzentriert und die Lipophoren sich zwischen die Guanophoren verlagern. Die normale grüne Hautfarbe des Laubfrosches ist die Folge einer geringen Konzentration beider Hormone. Sie entsteht dadurch, daß die weißlichen Zellen zusammen mit den braunen eine blaue Strukturfarbe erscheinen lassen, die sich mit dem gelben Farbton der Lipophoren zu Grün mischt.

Tab. 20: Hormone und Hautfärbung beim Laubfrosch.

Hohe Konzentration von Adrenalin:	Haut hell, im Extremfall gelb
Hohe Konzentration von Intermedin:	Haut dunkelgrün, im Extrem schwarz
Hohe Konzentration beider Hormone:	Graufärbung der Haut
Geringe Konzentration beider Hormone:	normaler Grünzustand

Ganz im Gegensatz zu dem bisher Geschilderten sind Tiere, die schlecht schmecken oder selbst wehrhaft sind, mit verschiedenen *„Warneinrichtungen“* ausgestattet. Vögel müssen lernen, daß das auffallend gelb-schwarze Kleid der Wespen ein Warnkleid darstellt. Jungvögel schnappen nach Wespen, um dann für Monate (nicht allerdings im folgenden Jahr) diese Insekten zu meiden. Die Vögel, wie Rotkehlchen, Rotschwänzchen und Fliegenschnäpper, scheint übrigens weniger der Stich selber zu stören, der für sie keine so unangenehmen Folgen hat, als vielmehr der ihnen widerliche Geschmack des Giftes. Bestreicht man Mehlwürmer mit dem Inhalt der Giftblase einer Wespe, so werden sie nach einem Versuch von den Vögeln entschieden abgelehnt, während umgekehrt Wespen, denen Stachel und Giftblase herausoperiert wurden, von unerfahrenen Vögeln gerne gefressen wurden.

Bei dieser *„Müllerschen Mimikry“* sind alle beteiligten Arten selbst ungenießbar. Durch die Ähnlichkeit verteilt sich der Feinddruck auf sie alle, da optisch orientierte Beutegreifer, die wie gesagt die Warntracht erst lernen müssen, ihre Erfahrung von einer Art auf die andere übertragen.

Bei der *„Batesschen Mimikry“* nützt eine Art, die *selbst genießbar* ist, diesen Übertragungseffekt aus (Wespenböcke – Wespen, Hornissenschwärmer – Hornissen). Lange Zeit war umstritten, ob diese Mimikry tatsächlich funktioniert oder ob es sich hierbei nicht um eine anthropomorphe Deutung handle. Entsprechende Versuche haben jedoch bewiesen, daß mimetische Formen tatsächlich bis zu einem gewissen Grade geschützt sind. Es hat sich dabei gezeigt, daß die Ähnlichkeit um so geringer zu sein braucht, je abstoßender die üble Erfahrung für den Räuber ausfällt.

Der Gesamtkomplex der visuellen Anpassung wird durch *Schreckfarben* weiter kompliziert. Bei einer ganzen Reihe genießbarer, getarnter Arten werden im Falle einer Berührung oder Störung ganz plötzlich Körperteile präsentiert, die im einfachsten Falle sehr grell gefärbt sind, häufig aber auch eine Augenzeichnung tragen. Auch hier konnte wieder experimentell bewiesen werden, daß die Träger vor allem der Augenzeichnung (Eulenschema!) von Vögeln gemieden werden.

Aufgabe 7.4:
Erstellen Sie mit Hilfe des Textes eine Sachstruktur zum Thema der visuellen Anpassungen. Welche Anpassungen an andere Sinnersorgane von Beutegreifern sind Ihnen bekannt?

7.5 Die Wahl des Lebensraumes

Alle zuvor genannten Tiere leben in einem ganz bestimmten Lebensraum, dem sie in Aussehen und Verhalten angepaßt sind. Schon ihre individuellen Eltern lebten in ihm, und auch ihre Nachkommen werden in ihm leben. Wie aber kommt diese Fixierung auf eine bestimmte Umwelt zustande, die ja fast immer ein aktives Auswählen einschließt? Diese Frage ist nicht leicht zu beantworten, weil es die verschiedensten Methoden gibt, mit denen Tiere den bevorzugten Lebensraum aufsuchen. Bei Wassertieren – z.B. Planarien – kann der Strömungssinn eine Rolle spielen, bei vielen anderen Tieren der Temperatursinn. Geraten die Tiere unter Bedingungen, die ihrem angeborenen Milieu nicht entsprechen, so wandern sie umher, bis sie durch Versuch und Irrtum ihr Optimum gefunden haben.

Viele Insekten reagieren auf bestimmte Wellenlängen des Lichtes oder auch auf das Verhältnis von eingestrahlter und vom Untergrund reflektierter Lichtenergie. Je einfacher der Organismus, desto einfacher ist in der Regel auch der Mechanismus, der ihn den bevorzugten Lebensraum finden läßt. Umgekehrt könnte für Säugetiere angenommen werden, daß sie dieses bevorzugte Milieu ihrer individuellen Erfahrung gemäß aufsuchen. Diese Vermutung wurde, zumindest für Mäuse, widerlegt. Es zeigte sich in umfangreichen Versuchen, daß auch bei diesen Tieren angeborene, ererbte Steuermechanismen wichtiger waren als die durch individuelle Erfahrung erworbenen.

Für die Untersuchung wurde eine Unterart der über den ganzen amerikanischen Kontinent verbreiteten Mäuseart *Peronyseus maniculatus* gewählt, die streng auf Feldgebiete beschränkt ist, während andere Unterarten fast jedes Lebensrevier von der Wüste bis zum Regenwald bewohnen.

Das Experimentiergehege wurde so am Rande eines Waldes aufgebaut, daß genau die eine Hälfte „Waldsituation", die andere „Feldsituation" bot. Die Mäuse wurden einzeln in das Gehege gebracht, sie konnten zwischen vorgefertigten Nestern in beiden Teilen des Geheges wählen. Registriergeräte zeichneten alle Aktivitäten der Tiere auf. Die Versuche wurden mit vier Experimentiergruppen durchgeführt, die sich nach vorexperimentellen Erfahrungen und Erbanlagen unterschieden (Tab. 21).

Tab. 21: Wahl des Lebensraumes bei *Peronyseus maniculatus* in Abhängigkeit von Erbe und Erfahrung.

Experimentiergruppe			
1. Im Feld gefangene, nach Erbanlage u. Erfahrung feldgeprägt	2. Von Feldtieren abstammende Tiere, die für 10 Generationen im Labor gehalten wurden	3. Unmittelbare Nachkommen von Feldtieren, die im Labor aufgezogen wurden	4. Unmittelbare Nachkommen von Feldtieren, die in Käfigen im Wald aufgezogen wurden
Verhalten: bevorzugt wird			
Feldteil des Geheges	weder Feld noch Wald	Feldteil des Geheges	Feldteil des Geheges

Aufgabe 7.5:
Interpretieren Sie die Tabelle 21. Welche Schlußfolgerungen kann man aus diesem Versuch ziehen?

7.6 Die Selbstregulation der Bestandesdichte

Die Bestandsdichte wird nicht nur exogen – durch übergeordnete Regulatoren –, sondern auch endogen durch die hormonelle Drosselung der Fortpflanzungspotenz der Arten gesteuert. Entsprechende Untersuchungsbefunde liegen bereits für eine große Zahl von Tierarten vor, von Mäusen, von Hirschen und sogar von Elefanten.

Laborversuche mit Mäusen sprechen dafür, daß weder die verringerte Platzmenge noch das schlechte Futter diese Entwicklung unmittelbar auslösen. Eine erhöhte Populationsdichte oder ein niederer sozialer Status lösen vielmehr ein „Allgemeines Anpassungssyndrom" aus. Es ist dies ein Krankheitsbild, das auf der vermehrten Ausschüttung von Hormonen der Nebennierenrinde beruht, die den Abbaustoffwechsel fördern und daher das individuelle Wachstum hemmen.

Mit der Anregung der Hormonproduktion der Nebennieren wurde eine Hemmung der Keimdrüsen beobachtet. Die Tätigkeit dieser Drüsen wird wiederum von der Hypophyse gesteuert. Als Folge davon werden im weiblichen Geschlecht der Follikelsprung, die Fruchtbarkeit, die Einpflanzung der Embryonen in die Gebärmutterschleimhaut sowie die Überlebensrate der Embryonen (Abbau von Embryonen) und die Milchproduktion negativ beeinflußt. Bei männlichen Tieren wird die Aktivität der Hoden und im Zusammenhang damit die Intensität des Paarungsverhaltens stark herabgesetzt.

Bei Tieren besteht demgemäß eine natürliche Geburtenkontrolle durch Hormone, also auf natürlichem Wege, die beim Menschen im Laufe seiner kulturellen Entwicklung wahrscheinlich verlorengegangen ist.

Wie dieses Kapitel gezeigt hat, tragen die verschiedenartigsten Mechanismen dazu bei, die Selbstbehauptung der Individuen in der Natur zu gewährleisten. In der Regel halten sich der Druck durch das Ökosystem und die Selbstbehauptungstendenz der Tiere so die Waage, daß die Individuenzahl einer Art in mehr oder weniger weiten Grenzen konstant bleibt.

Der Prozeß der Selbstbehauptung der Individuen in der Natur ist ein sehr komplexer Vorgang, der uns vor ein ganzes Bündel von Schwierigkeiten stellt. Diese sind teils psychologisch-philosophischer Natur, teils liegen sie in der Sache selbst begründet. Sie alle lassen sich auf ein Grundphänomen zurückführen, das bereits an anderer Stelle erwähnt worden ist: Die Individuen einer jeglichen Spezies haben eine doppelte Funktion, einerseits dienen sie der Erhaltung ihrer Art, andererseits – vielleicht sogar in erster Linie – bieten sie als „marginale Individuen" die Gewähr, daß die Gemeinschaft der Lebewesen im Biotop bestehen kann, indem sie entweder Nahrung für die übergeordneten Regulatoren oder Ausgangssubstanz für Ketten von Destruenten (Reduzenten) darstellen.

Wer daher von einer „zweckmäßigen" Einrichtung bei einer Art erwartet, daß sie die Individuen der Art absolut schützt, der denkt in falschen Kategorien! Er bedenkt nämlich nicht, daß Schutzanpassungen grundsätzlich nicht gegen „Feinde" der Art zu schützen haben. Die „Feinde" sind notwendige, übergeordnete Regulatoren, die von Bedeutung für die Unterhaltung der Population der Beute sind. Sie bewahren die Population z.B. davor, daß sich degenerierte Tiere fortpflanzen, sie verhindern eine Massenvermehrung, die zur Vernichtung der Futterpflanzen führen könnte und damit die Population dem Hungertode überantworten würde. Alle Anthropomorphismen, die auf dem Felde der „zweckmäßigen Anpassung" so besonders reichlich anzutreffen sind, lassen sich letzten Endes darauf zurückführen, daß der abendländische Mensch sein Bedürfnis nach Schutz des Individuums und die auf ihm beruhenden Einrichtungen der menschlichen Gesellschaft bewußt, zumeist aber wohl unbewußt in die Natur hineingesehen hat, deren Verhältnisse so ganz anders gelagert sind.

Diese andere Lage der Dinge in der Natur gilt es klar und deutlich herauszustellen. Erst dann wird die Besonderheit der moralischen Zielvorstellung der Grundrechte, der Freiheit und des Schutzes des Individuums im Prozeß der Weiterentwicklung ganz deutlich: das Individuum als Entdeckung des abendländischen, speziell des neuzeitlichen Denkens!

Zu diesem Grundproblem psychologischer Natur gesellt sich ein zweites erkenntnistheoretischer Art, das Problem der Zweckmäßigkeit in der organischen Natur! Zwei Fehlhaltungen gilt es hier zu vermeiden: Einmal die irrtümliche Meinung, mit dem Aufzeigen einer Zweckmäßigkeit ein Phänomen erklärt zu haben. Schon Kant hat bekanntlich gesagt, daß Zweckmäßigkeit nur ein regulatives Prinzip der Erkenntnis darstellt, daß sie lediglich ein heuristisches Prinzip ist, eine Aufforderung gleichsam, den als zweckmäßig beurteilten Sachverhalt kausalanalytisch zu erklären. Zweitens ist zu bedenken, daß sich Lebewesen grundsätzlich von den Gegenständen der unbelebten Natur darin unterscheiden, daß sie sterben können und somit der Einrichtungen bedürfen, die auf die Erhaltung des Lebens und damit die erfolgreiche Weitergabe der Gene an die nächste Generation abzielen. Wer also das Prinzip der Schutzanpassung ablehnt, betrachtet die Natur ebenfalls nicht objektiv, d.h. nicht dem lebenden Objekt und seiner kategorialen Struktur gemäß.

8 Das Beziehungsgefüge in einer Lebensgemeinschaft

Der Wald ist eine reich gegliederte Lebensgemeinschaft. In ihm lassen sich daher besonders vielfältige Beziehungen zwischen Organismen und Organismengruppen nachweisen. Es bestehen Abhängigkeitsketten, die Lebewesen verschiedener Lebensräume eng miteinander verknüpfen (siehe Aufgabe 8.2, S. 169). Die zwischen ihnen bestehenden Beziehungen können verschiedenster Art sein. Sie lassen sich unter den Stichworten „Nahrung", „Wohnung", „Transport", „Vermehrung" und „Schutz" zusammenfassen.

Dabei ist zu beachten, daß alle diese Kategorien anthropomorph sind! Man muß sich also davor hüten, sie in diesem Sinne mißzuverstehen. Wenn daher auf den folgenden Seiten Begriffe wie „hemmen", „fördern", „schaden" oder „Vorteil" gebraucht werden, so geschieht dies mit Vorbehalt. Im Evolutionsprozeß „erhält" und „fördert" jede Art nur sich selbst, indem sie Mutanten hervorbringt. Dies gilt auch für jene Fälle, in denen Wirtsorganismen besondere Einrichtungen und Verhaltensweisen entwickelt haben, durch die sichergestellt wird, daß Symbionten von Generation zu Generation weitergegeben werden.

Umgekehrt „schädigen" sich Organismen wohl nur ausnahmsweise in dem Sinne, daß die eine Art eine zweite ausrottet. Die „Räuber" z.B. sind nicht die „Feinde" ihrer Beutetiere, sondern deren „Regulatoren"! Sie lesen u.a. Mutanten aus, die an die Umweltverhältnisse nicht am besten angepaßt sind. Die

Verhältnisse in der Natur entsprechen eben nicht denen in der menschlichen Gesellschaft. Die in ihr gefundenen Prinzipien lassen sich nicht kritiklos auf gesellschaftliche Verhältnisse des Menschen übertragen*.

Diese Vorüberlegungen vorausgesetzt, können wir nun daran gehen, das Beziehungsgefüge zwischen einigen Organismen einer Lebensgemeinschaft zu knüpfen. Im einfachsten Falle ernährt sich eine Art ständig und ausschließlich von einer zweiten.

Beziehungsschema I

Die Population (2) kann sich nur dadurch erhalten und vermehren, daß sie Angehörige der Art (1) verzehrt.

Dadurch vermindert sie aber deren Population ständig, da der Druck, den (2) auf (1) ausübt, fortwährend wächst. Die abnehmende Populationsdichte der Beute führt dazu, daß eine wachsende Zahl der Organismen der Art (2) zu wenig Nahrung findet und zugrunde geht; die Populationsdichte dieser Art nimmt ab. Die geringe Populationsdichte der Beutetiere ist demnach ein Faktor, der die Populationsdichte des übergeordneten Regulators (2) bestimmt und reguliert. Wenn (2) bei einem Minimum angekommen ist, besteht für (1) wieder die Möglichkeit, sich ungehemmter zu vermehren. Die wachsende Zahl der Beutetiere gibt zunächst allen Nachkommen von (2) die Möglichkeit zum Überleben, wodurch die Ausgangssituation wieder hergestellt wird.

Dieses höchst abstrakte Grundschema der Beziehungen gilt für das Beute-Räuber-Verhältnis ebenso grundsätzlich wie für das Wirt-Parasit-Verhältnis. Zugleich ist eine derartige Situation aber recht künstlich, sie gilt eigentlich nur für experimentelle Modellpopulationen!

Aufgabe 8.1:
Entwickeln Sie auf einem Din-A-3-Blatt schrittweise das nachfolgend aufgebaute Beziehungsschema. Beginnen Sie mit dem Teilschema II, und integrieren Sie die Teilschemata III bis VI; an Teilschema VII können Sie überprüfen, ob Sie richtig gearbeitet haben!

---

* Die unreflektierte Übertragung des Prinzips des „Kampfes ums Dasein" hat im vorigen Jahrhundert in der Form des Sozialdarwinismus die Ausbeutung der Arbeiter im Frühkapitalismus begründen helfen. In unserer Zeit wurden die faschistischen Systeme auf diese Weise theoretisch fundiert.

In der Natur bestehen fast überall längere Nahrungsketten der folgenden Art:

Beziehungsschema II

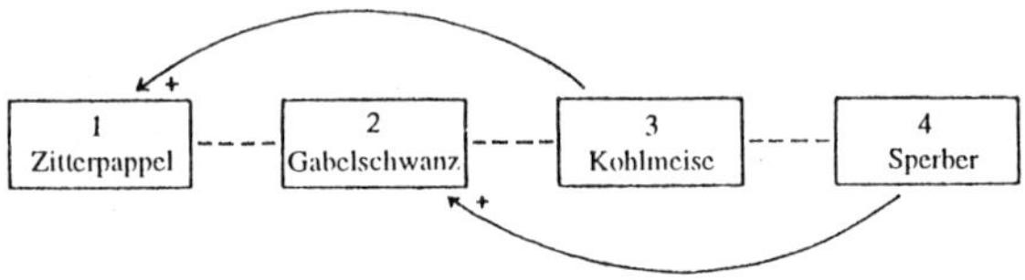

Von einem Produzenten (1) – etwa dem Laub der Bäume – ernähren sich Konsumenten 1. Ordnung (2), z.B. Raupen. Diese werden von Konsumenten 2. Ordnung (3) – Kleinvögeln – gejagt, die ihrerseits Greifvögeln, also Konsumenten 3. Ordnung (4), zum Opfer fallen.

Eine starke Vermehrung der Schmetterlinge und damit ihrer Raupen behindert die volle Entwicklung der Bäume, z.B. deren Samenproduktion, was sich im Falle einer Massenvermehrung dieser Insekten auch tatsächlich nachweisen läßt. Da Kleinvögel, z.B. Meisen, die Raupenpopulation dezimieren, förderte sie der Mensch durch mancherlei Maßnahmen. Eine derartige Maßnahme bestand in der Bekämpfung der Greifvögel, z.B. des Sperbers. Von allen diesen Maßnahmen erhoffte man sich eine Förderung der gehegten Pflanzen, z.B. der Bäume.

Diese Denkweise, die noch vor nicht allzulanger Zeit selbst bei Fachleuten vorherrschte, ist heute überholt. Man machte sich zu wenig bewußt, daß auch das Denkmodell der Nahrungskette einen hohen Abstraktionsgrad hat und demgemäß die Verhältnisse in der Natur nur in den gröbsten Zügen widerspiegelt. Sehr wesentliche Elemente des natürlichen Systems gehen in dieses Modell nicht ein – dies sei an einem Beispiel eines einfachen Biotops an wenigen seiner Bewohner dargelegt.

Untersuchen wir in Gedanken ein Gehölz, das einen Hügel bedeckt und das auf der einen Seite von einem Bach, auf den anderen von Feldern begrenzt wird. In ihm finden wir nicht nur eine Art von Produzenten, sondern sehr viele, von denen wir nur einige der bestandbildenden Arten herausgreifen. Das Gehölz wird in seinen trockenen Teilen im wesentlichen von den Populationen der Zitterpappel (1.1), der Salweide (1.2) und des Faulbaumes (1.3) gebildet, in Bachnähe treffen wir Bruchweiden (1.4) und Schwarzerlen (1.5) an.

Da das System der abiotischen Faktoren und das der Beziehungen zwischen den Pflanzen, die beide die geschilderte Verteilung der Pflanzenarten bestimmen, schon in den vorangegangenen Kapiteln beschrieben wurden, wollen wir uns im vorliegenden Teil besonders auf das Beziehungsgefüge zwischen den übergeordneten Regulatoren konzentrieren.

Von jeder der genannten Arten gehen zahlreiche Nahrungsketten aus, die sich zum Teil überschneiden. Dies sei am Beispiel eines Konsumenten 1. Ordnung, der Raupe des Gabelschwanzspinners, dargelegt:

Die Weibchen dieser Schmetterlingsart legen ihre Eier an Zitterpappeln *(Populus tremula)*, Sal- und Bruchweiden (*Salix caprea* und *Salix fragilis*) ab, nicht aber an Faulbaum *(Frangula alnus)* und Erle *(Alnus)*. Das Vorkommen der beiden Weidenarten „entlastet" die Pappelpopulation, da potentielle Blattfresser von ihrem Bestand abgehalten werden. Das Auftreten der beiden anderen Arten im Biotop scheint für das Gedeihen der Zitterpappel – wie auch für das des Gabelschwanzes – zunächst belanglos zu sein.

Während die Gabelschwanzraupen auf Salweiden ebenso gut gedeihen wie auf der Zitterpappel, ist das Laub der Bruchweide für sie nicht so gut verträglich. Nur wenige Raupen erlangen hier die Verpuppungsreife, alle anderen kümmern und gehen zugrunde.

Wie man sieht, gibt es schon bei der Beziehung zwischen Produzenten und Konsumenten 1. Ordnung gewisse Komplikationen im Schema der Nahrungskette: Ein Konsument ernährt sich von mehreren Produzenten, die sich dadurch gegenseitig entlasten. Manche von ihnen „hemmen" sogar die Entwicklung des Konsumenten, sie „fördern" daher den Bestand der übrigen Arten.

Beziehungsschema III

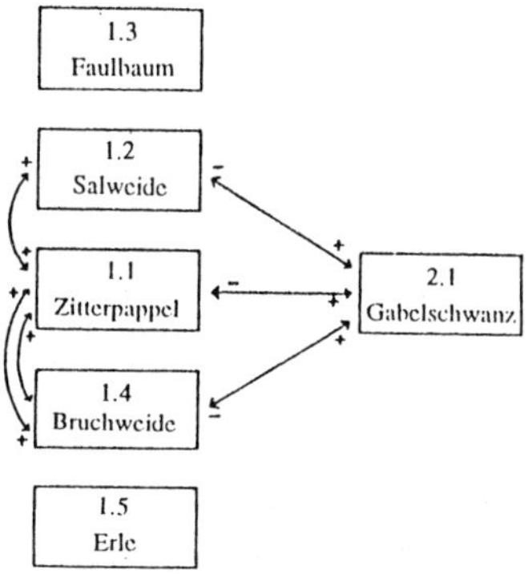

In dem von uns betrachteten Lebensraum kommt natürlich nicht nur eine Konsumentenart 1. Ordnung vor, sondern sehr viele. Wiederum greifen wir nur einige von ihnen heraus, die wir näher untersuchen wollen:

Außer den Gabelschwanzraupen (2.1) leben auf der Zitterpappel noch Blattwespenraupen (2.2), Blattläuse (2.3) Raupen der Miniermotten (2.4) und verschiedene Pilze, z.B. Rostpilze (2.5). Raupen des Zitronenfalters (2.6) fressen das Laub des Faulbaumes, und zahlreiche Bernsteinschnecken (2.7) leben in Bachnähe und verzehren die Blätter von mancherlei Pflanzen.

Von einem Produzenten – hier der Zitterpappel – gehen mehrere Nahrungsketten aus, daneben gibt es zahlreiche Arten (z.B. Zitronenfalter und Bernsteinschnecke), die mit dem Ökosystem der Zitterpappel nicht in Beziehung zu stehen scheinen.

Beziehungsschema IV

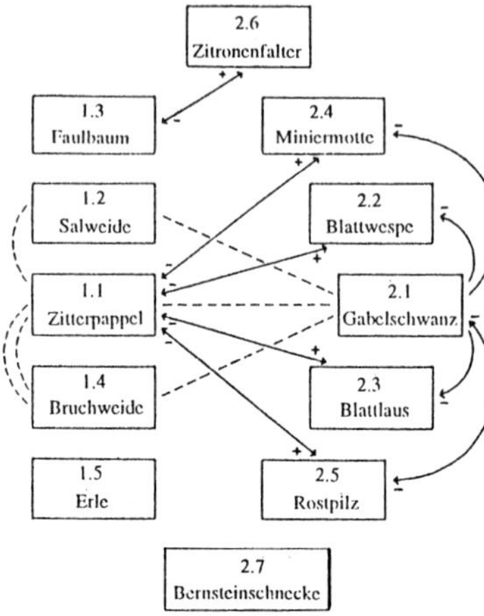

Alle genannten Formen sind Tiere, die sich von den Blättern bzw. deren Säften ernähren, lediglich die Pilze stehen zu der Pappel in einem Parasit-Wirt-Verhältnis und unterliegen damit einem besonderen Abwehrsystem der Wirtspflanzen, dem System der Abwehrstoffe, z.B. von Enzymen, die von den Zellen der Wirtspflanze hergestellt werden. Trifft ein Parasit auf eine Population, die noch keine speziellen Abwehrstoffe herstellen konnte, so kann es zu einer beachtlichen Dezimierung der Wirtspopulation kommen, wie das Beispiel des Ulmensterbens zeigt:

Ausgehend von Holland breitete sich vor Jahrzehnten eine Erkrankung der Ulmen aus, die durch einen Pilz hervorgerufen wird. Im Gegensatz zu den Weidenarten, bei denen frühzeitig Stammfäule auftritt, sind Ulmen – wie die Mehrzahl der Baumarten – durch Eigensynthese von Fungiziden geschützt. Bei dem in Frage stehenden Pilz ist damals wahrscheinlich durch Mutation eine Form aufgetreten, die gegen die Abwehrstoffe der Ulme unempfindlich war. Der Pilz breitet sich im Stamm sehr rasch aus, verstopft die Tracheen und bringt so die Krone zum Absterben. Der Ulmensplintkäfer bohrt seine Gänge vorzugsweise in das Holz infizierter Bäume, um dort seine Eier abzulegen. Bei Bohrversuchen in gesunden Bäumen überträgt er den Pilz auf neue Wirte.

Uns interessieren nun aber insbesondere die Beziehungen, die zwischen den zuvor aufgezählten Konsumenten 1. Ordnung bestehen:

Gabelschwanzraupen können in ihrem letzten Entwicklungsstadium an Jungpflanzen Kahlfraß erzeugen. Sie selbst können dann neue Futterpflanzen aufsuchen – ungeflügelte Blattläuse, junge Blattwespenlarven und vor allem die Larven der Miniermotten jedoch nicht. Manche dieser Tiere können in einem solchen Falle infolge Nahrungsmangels sterben, zwischen ihnen und der Gabelschwanzraupe besteht demzufolge Nahrungskonkurrenz. Sind umgekehrt die Pappelblätter im Spätsommer stark verpilzt, dann sind sie eine wenig bekömmliche Kost für Raupen, der Pilzbefall der Blätter kann dann die Gabelschwanzpopulation hemmen.

Zwischen der Gabelschwanzpopulation und der Population des Zitronenfalters bzw. der Bernsteinschnecke bestehen auf dieser Ebene der Betrachtungen keine erkennbaren Beziehungen.

Diese Bild ändert sich jedoch, wenn wir einen Regulator 2. Ordnung in unsere Überlegungen einbeziehen. Kohlmeisen z.B. ernähren sich von den Raupen aller drei Arten, der Blattwespe, des Gabelschwanzes und des Zitronenfalters. Treten letztere in einem Jahr besonders häufig auf, so mindern sie die Bejagung der Gabelschwanzraupen beträchtlich. Entsprechendes hat Tinbergen für die Raupenpopulationen eines Kiefernwaldes statistisch nachgewiesen. Auch in diesem Falle „fördern" sich Populationen verschiedener Arten dadurch, daß sie das Nahrungsangebot für einen übergeordneten Regulator vermehren.

Auch zwischen den Futterpflanzen der Raupen, der Zitterpappel und Salweide einerseits und dem Faulbaum andererseits ist nun eine lockere Beziehung hergestellt: Durch die Minderung des Druckes auf die Raupen infolge des erhöhten Angebots werden sich mehr Larven zur Puppe entwickeln, die Bäume also durch erhöhte Fraßtätigkeit der großen Raupen des letzten Stadiums stärker geschädigt werden.

Beziehungsschema V

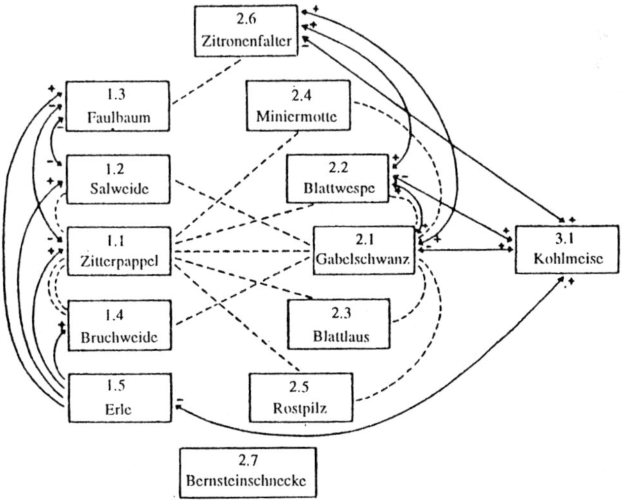

Kohlmeisen ernähren sich in Herbst und Winter weitgehend von Pflanzensamen, u.a. auch von den Nüßchen der Erlen. Alle Bäume aber, die für Meisen geeignetes Winterfutter bereitstellen, fördern jene, von deren Laub sich die Beutetiere der Meisen ernähren.

Das System wird in dem Augenblick komplexer, in dem wir mehrere Regulatoren 2. Ordnung einführen: Außer der Kohlmeise (3.1) kommen im Falle der Gabelschwanzraupe noch die Rote Waldameise (3.3), Schlupfwespen (3.4) und spezielle Krankheitserreger, wie der Polyedervirus (3.6) in Betracht.

Sowohl das Wirt-Parasit-Verhältnis als auch das Wirt-Infektoren-Verhältnis ähneln der Beute-Räuber-Beziehung in der Hinsicht, daß eine Verkleinerung der Population des Opfers rückwirkend auch die Populationsdichte des Parasiten verkleinert. Sowohl die Infektionsmöglichkeiten als auch der Erfolg der Suchtätigkeit der Parasitenweibchen bei der Eiablage werden um so geringer, je seltener die Art im Biotop auftritt. Hinzu tritt, daß auch Insekten über ein Abwehrsystem gegen Krankheitserreger oder in den Körper abgelegte Parasiteneier besitzen, z.B. mit Hilfe von leucozytenähnlichen Zellen im Blut. Dic Immunität gegen Infektoren wird oft erst dann abgebaut, wenn der Organismus unter ungünstige Lebensbedingungen gerät, etwa auf einer ungeeigneten Futterpflanze, im Falle einer Massenvermehrung oder unter der Wirkung eines zusätzlichen Parasiten.

Andere Regulatoren 2. Ordnung treten nur in eine indirekte Beziehung zur Gabelschwanzraupe, etwa der Trauerfliegenschnäpper (3.2), die Rotrückige Hilfsameise (3.5) oder der Leberegel *Leucochlorinium* (3.7), der u.a. in der Bernsteinschnecke schmarotzt.

Bernsteinschnecken infizieren sich beim Fressen zufällig mit den Eiern des Egels *Leucochlorinium*. Die ausschlüpfende Larve bildet in der Schnecke ein Geflecht, das den ganzen Körper durchzieht. Aus ihm gehen Fäden hervor, die bis in die Fühler vordringen und hier „Sporozysten" hervorbringen. Diese sind grüngelb geringelt und haben eine rotbraune Spitze. Da sie zudem pumpende Bewegungen ausführen, ähneln sie bestimmten Dipterenlarven. Es ist dies einer der seltenen Fälle, in denen ein Tier ein anderes „nachahmt", um gefressen zu werden!

Der Fliegenschnäpper erbeutet nur ausnahmsweise Gabelschwanzraupen. Er tritt aber in Wohnraumkonkurrenz zu der Kohlmeise. Je größer die Populationsdichte der Schnäpper, desto seltener werden Kohlmeisen eine Brutmöglichkeit im Biotop finden, desto günstiger sind die Überlebensaussichten für die Raupen.

Die Rotrückige Hilfsameise ist selbst zu klein, um älteren Raupen gefährlich zu werden. Sie ist aber die Ameisenart, in deren Nest die Weibchen der Großen Roten Waldameisen eindringen, um die angestammte Königin zu töten und die eigene Brut von den Arbeitern des Wirtes aufziehen zu lassen. Die Population der Hilfsameisen ist demgemäß eine Voraussetzung dafür, daß sich ein übergeordneter Regulator des Gabelschwanzes entwickeln kann.

Die Roten Waldameisen ihrerseits sind nicht nur die übergeordneten Regulatoren für Gabelschwanz- und Zitronenfalterraupen oder Blattwespenlarven, sie stellen auch ein sehr wichtiges Reservefutter für Insektenfresser dar, wenn diese vorübergehend nicht genügend andersartiges Futter finden können.

Zu den Blattläusen unterhalten sie symbiontische Beziehungen, indem sie von diesen Säftesaugern den Honigtau beziehen und ihre „Haustiere“ dafür gegen Feinde schützen, indem sie andere räuberische Insekten bejagen.

So gewinnen auch die Blattläuse, deren direkte Beziehungen zu den Raupen nur locker sind, an Bedeutung: Sie locken zahlreiche Ameisen an. Diese aber nehmen alle Raupen in Empfang, die aus an den Zweigen abgelegten Eiern schlüpfen. Ihre Gegenwart hemmt daher u.a. auch die Population der Gabelschwänze.

Die Sporozysten des Leberegels *Leucochlorinium* schließlich entwickeln sich in den Fühlern der Bernsteinschnecke. Sie ahmen, wie oben beschrieben, die Färbung und Bewegungsweise bestimmter Dipterenlarven nach und werden daher von Meisen und anderen Singvögeln, die sich auf diese Weise infizieren, gezielt abgepickt. Da die Vögel durch Eingeweidewürmer geschädigt werden können, ist eine große Populationsdichte der Bersteinschnecke nicht ohne Belang für die Gabelschwanzpopulation.

Beziehungsschema VI

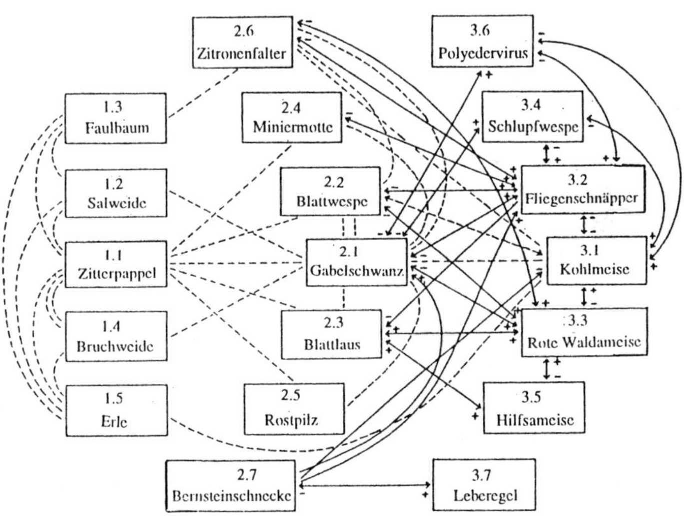

Auf den durch Eingeweidewürmer verschiedenster Art geschwächten Vögeln können sich nun Federlinge und andere Außenschmarotzer optimal entwickeln, die einen gesunden Vogel nicht erheblich schädigen würden. Bei einer Massenvermehrung dieser Ektoparasiten werden die Vögel jedoch so stark belästigt, daß sich dieser zunächst psychische Effekt auf den Stoffwechsel und damit auf den Gesundheitszustand des Wirtes auswirken kann.

Sehr häufig sind blutsaugende Parasiten zudem noch Überträger von Infektoren, die zusätzliche Krankheitserscheinungen bei den befallenen Tieren hervorrufen können. Alle diese Wirkungen summieren sich und führen schließlich dazu, daß die ursprünglich mit Würmern infizierten Vögel bevorzugt einem übergeordneten Prädatoren, z.B. dem Sperber, zum Opfer fallen.

Dadurch aber besteht grundsätzlich die Möglichkeit, daß der Wirtswechsel um ein Glied verändert wird. Der geschlechtsreife Parasit entwickelt sich in diesem Falle erst in den obersten Gliedern der Regulatorenpyramiden, der Greifvögel und Raubtiere. Deren Effizienz kann durch die Wirkung der Schmarotzer so herabgesetzt werden, daß die Tiere keine Beute mehr schlagen können und daher verhungern.

Auf diese Weise kann die hemmende Wirkung einer Parasitenart mehrere Glieder einer Nahrungskette betreffen.

Aufgabe 8.2:
Analysieren Sie Abb. 29. Sie zeigt die Entwicklung eines parasitischen Leberegels. Auf welche Lebewesen wirkt sich diese Art aus, worin besteht der „Lebensraum“ dieser Art ?

Beziehungsschema VII

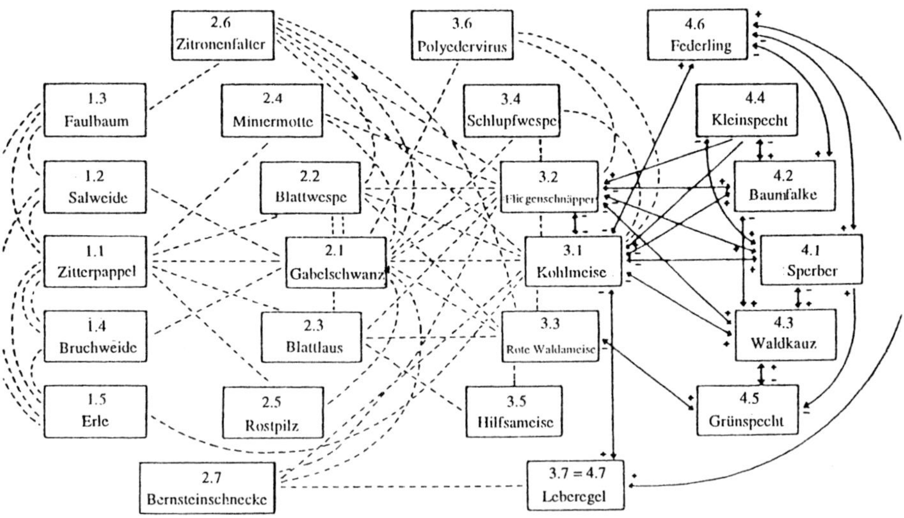

In Beziehungsschema VII sind außerdem noch Klein- und Grünspecht eingetragen. Der Kleinspecht hemmt die Population der Gabelschwänze, indem er den Meisen Bruthöhlen liefert, der Grünspecht fördert sie, indem er sich von Roten Waldameisen ernährt.

Waldkäuze schließlich schlagen sowohl Kohlmeisen, die sie aus den Schlafhöhlen greifen, als auch Sperber und andere Greife, ebenso wie Spechte aller Art. Bei ihnen wird besonders deutlich, wie zweifelhaft das Denken in den Kategorien „nützlich“ – „schädlich“ ist.

Durch die Wirkung der Infektoren wie auch unter der einer großen Zahl von Parasiten teilt sich eine Population in drei Gruppen: in die Gruppe der nicht infizierten Tiere (Beziehungsschema VIII, 2.1.1), in die der parasitierten (Schema

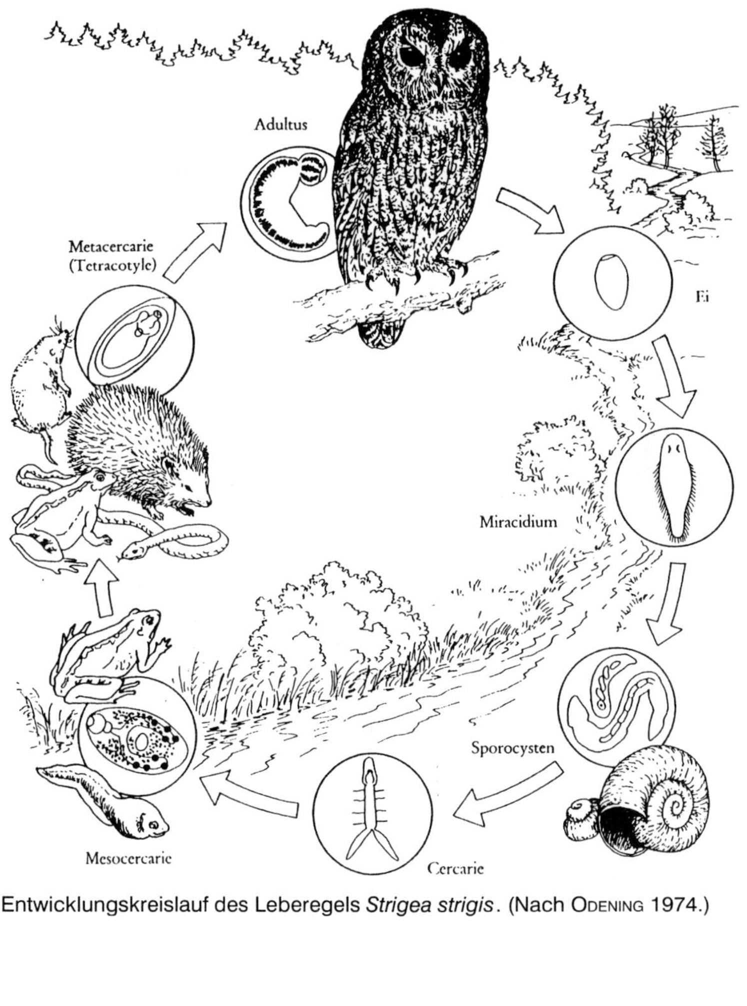

Abb.29: Entwicklungskreislauf des Leberegels *Strigea strigis*. (Nach Odening 1974.)

VIII 2.1.2) und in die der erkrankten Tiere (Schema VIII 2.1.3). Erkrankte oder von Parasiten befallene Raupen z.B. aber verhalten sich häufig anormal. Sie verlassen z.B. die Stelle, an die sie angepaßt sind, und fallen daher bevorzugt den Vögeln zum Opfer.

Beziehungsschema VIII

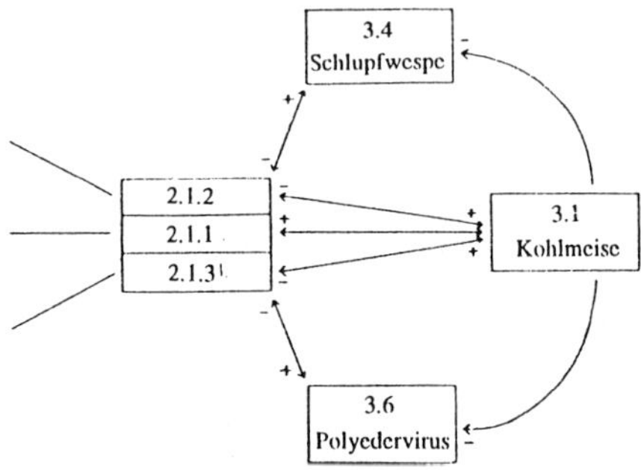

Die Vögel vermindern auf diese Weise die Bestandesdichte der Infektoren und Parasiten; dadurch fördern sie die Raupenpopulation! Ganz Entsprechendes gilt für Greifvögel im Hinblick auf die von ihnen bejagten Vögel!

Noch auf andere Weise können abweichende Verhaltens- und Zeichnungsmuster entstehen, durch Mutation. Die übergeordneten Regulatoren haben eine weitere positive Wirkung auf die Beutetiere, indem sie bevorzugt jene Exemplare auslesen, die „ungünstige" Mutationen tragen.

Dies traf z.B. bis vor ca. 100 Jahren für alle melanistischen Exemplare (Schwärzlinge) unserer Nachtfalter zu: An ihren Ruheplätzen, den von Flechten bewachsenen Stämmen, fielen sie den Vögeln auf, die sie bevorzugt fingen. Seit etwa 100 Jahren haben sich die Verhältnisse in den Industriegebieten umgekehrt, die helle Stammform war an den flechtenfreien, geschwärzten Stämmen auffällig und wurde so stark dezimiert, daß heute in diesen Gebieten die Schwärzlinge die Norm bilden.

Beziehungsschema IX

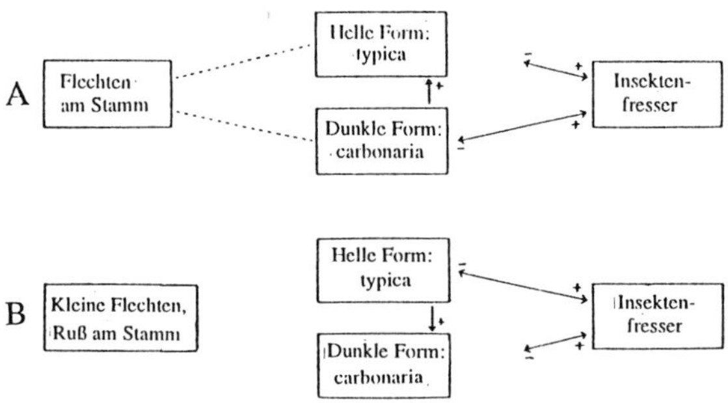

Wurden bisher nur lebende Tiere in die Beobachtungen einbezogen, so ist zu bedenken, daß auch von toten Tieren – genau wie von den abgestorbenen Pflanzen – Beziehungsketten ausgehen, die aber besser gemeinsam in den folgenden Kapiteln abgehandelt werden.

9 Sukzessionen

Lebensgemeinschaften entwickeln sich. Wird ein neu entstandenes Biotop besiedelt, dann durchläuft die sich bildende Lebensgemeinschaft in der Regel eine Folge von Stadien, die, wenn man Klima und Boden berücksichtigt, voraussagbar sind.

Werden öde Flächen, beispielsweise Felsen nach einem Erdrutsch, erstmals besiedelt, dann spricht man von einer *Primärsukzession*. Auf diese Weise bildeten sich im nacheiszeitlichen Mitteleuropa auf öden Flächen über das Stadium der Tundra Wälder aus, als günstige Klimabedingungen einsetzten.

Aufgabe 9.1:

1. *Welche Baumarten könnten in einem Klima gedeihen, das sich in den folgenden Punkten von dem heutigen mitteleuropäischen unterscheidet: tiefere Durchschnittstemperaturen, trockener, letzte Spätfröste im Juni?*
2. *Welche Bäume würden wir in den Wäldern Mitteleuropas finden, wenn das Klima geringfügig wärmer und trockener als heute wäre? Verwenden Sie zur Lösung der Aufgabe die Tabelle 2 (S. 22).*

Die Zusammensetzung der Wälder aus weit zurückliegenden Zeiten läßt sich mit Hilfe der Pollenanalyse bestimmen. Man analysiert hierzu die Massen der im Torf der Hochmoore eingeschlossenen Pollen windblütiger Pflanzen. Da sich die Torfschichten hinsichtlich ihrer Entstehungszeit gut datieren lassen, kann man mit dieser Methode Rückschlüsse auf die Zusammensetzung verschiedener Waldformen seit der letzten Eiszeit ziehen.

Die Wälder Mitteleuropas befanden sich, wie die Tabelle 22 zeigt, seit 12.000 Jahren in einer ständigen Umgestaltung. Lebensgemeinschaften bestimmter Zusammensetzung hatten stets nur für kurze Zeiten Bestand. Immer wieder sorgten Klimaänderungen für eine Verschiebung des Artenspektrums. Auffallend dabei ist, daß Baumarten, die einmal in den nacheiszeitlichen Wäldern Fuß gefaßt hatten, in Restbeständen erhalten blieben und so die Artenvielfalt in den sich wandelnden Mischwäldern erhöhten.

Tab. 22: Entwicklung der nacheiszeitlichen Wälder Mitteleuropas.

Zeit	Klima	Waldform	Kulturstufe
−11 000	subarktisch	Hochstämmige Birken bilden erste Wälder, Kiefern wandern in die Birkenwälder ein	
−10 000	langsame Erwärmung größere Temperaturschwankungen	dichte Kiefern-Birkenmischwälder	ältere Steinzeit
−9 000			
−8 000	Kälterückschlag	Tundra kehrt zurück; Wälder verschwinden bis auf geringe Restbestände	
−7 000	Erwärmung	Erneute Ausbreitung der Birken-, Kiefern-, Mischwälder	mittlere Steinzeit
−6 000		Eichen, Ulme, Hasel, Linde wandern ein	
	trocken, warm		
−5 000		in den Mittelgebirgen breiten sich Nadelhölzer aus	
−4 000	feucht, mild	Eichen-Hasel-Mischwälder	
−3 000		Rotbuchen gewinnen die Oberhand	jüngere Steinzeit
−2 000	trocken		
−1 000	feucht, kühl		Bronzezeit
0			
1 000		Wälder werden vom Menschen tiefgreifend verändert	Eisenzeit

Entzieht man in Mitteleuropa einen Acker oder eine Wiese jedem menschlichen Einfluß, dann entfaltet sich hier unter den gegebenen Klimabedingungen bald ein Wald.

Wird ein Kahlschlag im Wald nicht wieder aufgeforstet, kann zunächst folgender Entwicklungsverlauf beobachten werden: Der Boden ist zunächst voll der Sonne ausgesetzt. Regen und Wind greifen unmittelbar die Humusschicht des Oberbodens an. Zunächst verschwinden die Schattenpflanzen, die noch aus dem nun abgeholzten Wald übrig geblieben sind, sie werden von üppig gedeihenden Sonnenpflanzen mit einem hohen Anteil einjähriger Kräuter überwuchert. Aber auch das Weidenröschen, Greiskraut, Ruhrkraut, Reitgräser und andere rasch wachsende Pflanzen nutzen die Nährsalze, die aus dem sich schnell zersetzenden Humus frei werden. Nach einer anfänglichen Auszehrung des Bodens haben nun schnellwüchsige Gehölze mit einer längeren Lebensdauer die Möglichkeit, sich im Kampf ums Licht zu behaupten – Holunder, Birken, Espen, Weiden, Himbeeren und Brombeeren kommen auf. Aus diesem Dickicht heraus wachsen dann die Arten, die später den Bestand charakterisieren.

Die weitere Entwicklung eines Waldes verläuft nun über verschiedene Stadien, deren Reihenfolge bestimmten Regeln unterliegt. Das gestattet, wenn man Klima und Boden berücksichtigt, gewisse Voraussagen über einzelne Entwicklungsschritte.

- Da hier eine vom Menschen vernichtete Lebensgemeinschaft auf vormals bewachsenem Untergrund in einer Folge verschiedener Entwicklungsstadien neu entsteht, bezeichnet man diesen Vorgang als Sekundärsukzession.
- In der Entwicklung der Lebensgemeinschaft durch verschiedene Stadien hindurch wird durch die Assimilationsleistungen der grünen Pflanzen Biomasse angehäuft. Deshalb bezeichnet man diese Form der Folge von Entwicklungsstadien auch als autotrophe *Sukzession*.

Der Ablauf der Sukzession ist einerseits von den abiotischen Faktoren, also von Klima und Boden abhängig. Andererseits beeinflußt jedoch auch die Tätigkeit der Lebewesen die physikalischen Faktoren im System der Waldlebensgemeinschaft. Hoch wachsende Pflanzen verändern die Lichtverhältnisse am Waldboden. Laubstreu häuft sich an und beeinflußt den Oberboden. Solche Veränderungen schaffen nun Bedingungen, unter denen sich weitere Arten ansiedeln können. Die Pionierarten werden benachteiligt und verdrängt.

In einem Wald wird ein hoher Anteil der Biomasse, also der Masse aller anorganischer Stoffe, von den Bäumen gestellt. Im jungen Wald wird viel Holz gebildet, und nur geringe Anteile der jungen Holzmasse werden sofort wieder durch Destruenten abgebaut und veratmet. Somit ergibt sich ein beachtlicher Nettoertrag an Biomasse der Waldpflanzen, da sich alle Bäume im starken jugendlichen Wachstum befinden. Die Bruttoproduktion an Biomasse strebt in dieser Aufbauphase einem Maximum zu. Mit zunehmendem Alter des Baumbestandes wird der Zuwachs geringer, die Biomasse häuft sich zwar immer weiter, jedoch beträchtlich langsamer an. Schließlich kommt die Waldlebensgemeinschaft in eine Phase, in der sich Assimilation und Atmung im Gleichgewicht befinden. Die Gesamtbiomasse mit den Stämmen, dem Blattwerk, der Kraut- und Streuschicht und dem bereits abgestorbenen Material hat jetzt ein Maximum erreicht. Die Lebensgemeischaft Wald befindet sich in der *Terminalphase*. Da Wälder, die sich in dieser Phase befinden, keinen Nettozuwachs haben, sind sie rein wirtschaftlich gesehen uninteressant und deshalb in Mitteleuropa eher selten zu finden. Gelegentlich wurden kleine Reste als sogenannte Grenzertragswälder an unzugänglichen Stellen erhalten oder in jüngerer Zeit aus Naturschutzgründen sich wieder selbst überlassen. Was mit einem mitteleuropäischen Laubwald nach seiner Terminalphase geschieht, kann nur vermutet werden, wobei sich die Vermutungen auf Beobachtungen stützen, die man in entsprechenden urwaldähnlichen Wäldern Osteuropas und Skandinaviens gewonnen hat. Hier zeigte sich, daß in alten Wäldern inselartige Zusammenbrüche ganzer Baumgruppen erfolgen. In diesen Waldlücken kommt es zwischen dem am Boden liegenden Totholz zur Bildung einer ausgeprägten Krautschicht, die sehr schnell wieder vom nachwachsenden Jungwald überwuchert wird. Ein Wald, der über lange Zeiträume hinweg keinem Einfluß durch Menschen ausgesetzt war, besteht also aus einem mosaikartigem Nebeneinander aller Wachstumsstadien. Neben Gruppen von Altbäumen mit hohen Totholzanteil finden sich Flächen mit Jungbäumen in der optimalen Wachstumsphase, andere im frühen Sukzessionsstadium der Verkrautung und Verbuschung. Dieses Nebeneinander unterschiedlicher Lebensräume mit ihren vielfältigen Übergangszonen bietet Tieren und niedrig wachsenden Pflanzen mit ganz unterschiedlichen Ansprüchen Existenzmöglichkeiten. So finden wir Arten der „Kahlschläge“, der Waldränder, der Buschlandschaften und der Altbestände in diesen Mosaik vielfältiger Lebensbedingungen. Artenvielfalt wiederum stabilisiert Lebensgemeinschaften, macht sie also widerstandsfähig gegenüber Außeneinflüssen. Ein vom Menschen lange Zeit hindurch nicht beeinflußter Wald wäre also ein sehr dynamisches System aus vielen unterschiedlichen Mosaiksteinchen, deren Vernetzung Grundlage langandauernder Stabilität des Gesamtsystems ist.

Aufgabe 9.2:
Man will aus der Nutzung einer Waldlebensgemeinschaft möglichst hohe Holzerträge erzielen, also in möglichst kurzen Zeiträumen viel Holz ernten.

1. *In welchem Entwicklungsstadium der in Abb. 30 gezeigten Waldentwicklung ist mit hohen Erträgen zu rechnen?*
2. *Sollte eine wirtschaftlich nutzbare Waldlebensgemeinschaft artenarm oder artenreich sein?*
3. *Sollte die Lebensgemeinschaft eine hohe, aber dafür stagnierende oder eher eine geringere, dafür aber rasch anwachsende Biomasse haben?*

Aufgabe 9.3:
In den im Mittelalter weit verbreiteten Niederwäldern wollte man möglichst schnell große Mengen an Brennholz ernten. Werkholzqualitäten spielten dabei eine geringere Rolle. Man ließ zu diesem Zweck Baumstümpfe immer wieder neu ausschlagen und schlug das nachwachsende Holz ca. alle 15 Jahre. Warum war diese Form der Brennholzgewinnung unter ökologisch-produktionsbiologischen Gesichtspunkten besonders wirtschaftlich ?

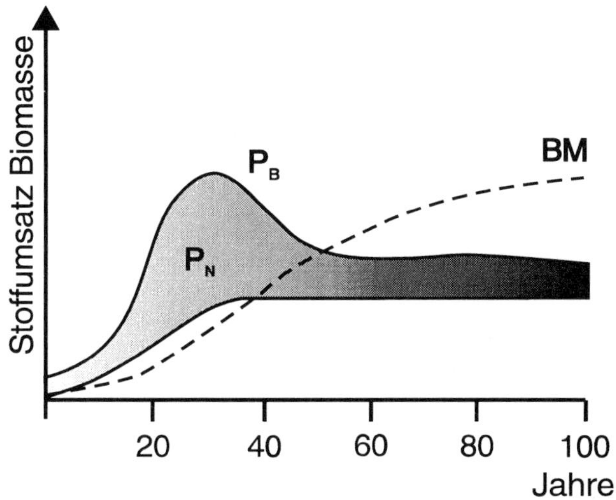

Abb. 30: Entwicklung von Produktion und Atmung während einer Mischwaldsukzession (nach ODUM 1971) – BM = Biomasse, P_B = Bruttoproduktion, P_N = Nettoproduktion, R = Respiration (Atmung).

9.1 Der Abbau organischer Substanzen in heterotrophen Sukzessionsreihen

Durch Photosynthese binden die grünen Pflanzen große Mengen von Kohlendioxid, Wasser und Nährsalzen. Diese Stoffe müssen wieder freigesetzt werden, um erneut in den Stoffkreislauf einfließen zu können. Stoffabbau und Stoffaufbau sind also aneinander gekoppelt, ohne den Abbau können also den grünen Pflanzen weder Nährsalze noch Kohlendioxid in ausreichenden Mengen zur Verfügung gestellt werden.

Verfolgt man den Abbau eines zunächst noch gesunden Lebewesens bis hin zur Mineralisierung seiner Gewebe, dann ist festzustellen, daß dieser Abbau stufenweise abläuft. Für jede Abbaustufe ist eine bestimmte Zusammenstellung von Zersetzern charakteristisch.

Abbauprozesse lassen sich im Wald an günstigen Studienobjekten wie Fallaub, Baumstümpfen und Überresten kleiner Tiere gut beobachten. Es lohnt sich, Teile eines älteren Baumstumpfes zu zerlegen und seine Teile mit einer Stereolupe zu betrachten. Man wird dabei eine große Anzahl von Tierarten finden. Nur ein kleiner Teil der gefundenen Lebewesen ernährt sich primär von den Holz- und Rindenbestandteilen. Die meisten Arten leben als Räuber oder Nutznießer von den eigentlichen Holzzerstörern.

9.1.1 Abbauprozesse an einem Baumstubben

Da umgestürzte Bäume in einem Forst meist sehr bald entfernt werden, sind wir bei der Untersuchung des Holzzerfalls auf die Strünke gefällter Bäume angewiesen. Die Abbauprozesse verlaufen je nach Baumart und Standort etwas unterschiedlich, es lassen sich jedoch grundsätzliche Übereinstimmungen herausfinden. Mit allen seine Bewohnern bildet ein zerfallender Baumstumpf eine kleine Lebensgemeinschaft, die schon deshalb beachtenswert ist, weil in ihr ständige Änderung, also kein biologisches Gleichgewicht herrscht.

Nach Kühnelt verlaufen die Abbauprozesse in folgender Weise: Die ersten Angriffspunkte für tierische Bewohner bietet das Kambium. Schon bald nach dem Holzeinschlag sind es die *Larven* der *Bock- und Borkenkäfer,* die ihre Gänge in dieses weiche, eiweißhaltige Gewebe graben. Mit ihnen stellen sich schon die ersten *Larvenräuber,* z.B. *Ameisenkäfer,* ein. In den entstehenden Röhren und Rissen bleibt nach Regenfällen die Nässe für längere Zeit erhalten. Larvenkot und Feuchtigkeit ermöglichen ein Pilzwachstum im Kambium. Vor allem die Myzelien von *Schwefelkopf, Buchenschwamm, Hallimasch* und *Porlingen* breiten sich jetzt aus. Die Pilze schaffen Nahrung für weitere Bewohner, zunächst vor allem für die kurzlebigen *Pilzmückenlarven.* In diesem Stadium trocknet der Baumstock schnell wieder aus. Die für die Entfaltung einer individuenreichen Fauna notwendige Feuchtigkeit ist also immer nur für sehr kurze Zeit vorhanden.

Mit der Zerstörung des Kambiums lockert sich nach und nach die Rinde. Es entstehen dadurch immer mehr Stellen am Holz, die Feuchtigkeit zurückhalten können. Von diesen Stellen aus beginnen die eigentlichen Holzzerstörer ihre Tätigkeit. Das sind zunächst *Fadenwürmer*, *Springschwänze,* verschiedene *Milbenarten* und *Enchyträen.* Mit ihnen tauchen ihre Feinde, z.B. *Käfermilben (Gamasiden),* auf. Nach der Vorarbeit der Kleintiere besiedeln nun auch Larven größerer Insekten das Holz. Wir finden nun die Larven des *Feuerkäfers* und die von Pilzmyzelien lebenden *Stachelkäfer*- und *Trauermückenlarven*.

Als Verzehrer der Pilzmyzelien in der Rinde kommen *Pilzmotten* und *Schnellkäferlarven* („Drahtwürmer") vor.

In Holz und Rinde entstehen nun immer mehr mit Spänen, verwesenden Stoffen und Kot angefüllte Hohlräume. Der Stock saugt bei Regen viel Wasser auf und gibt es nur langsam wieder ab. An seiner Oberfläche siedeln sich *Blaualgen*, *Grünalgen* und *Flechten* an. Diese Pflanzen werden durch *Schnekken* abgeweidet. Vom Schneckenkot begünstigt, können nun *Moose* wachsen. Jetzt kann sich auf dem Stock eine charakteristische Moosfauna entwikkeln. Beim Durchmustern der Moospolster können wir *Rädertierchen, Bärtierchen, Fadenwürmer* und *Amöben* entdecken. Unter der Moosdecke bleibt der Stubben auch in Trockenperioden feucht. Nun erst kann es zu Massenvermehrungen der Pilze und holzfressenden Insekten kommen. Vor allem *Milben* und *Springschwänze* nehmen stark zu. Im feuchten Grund der Umgebung des Stockes finden sich *Schnakenlarven (Tipuliden)* ein. Das von ihnen hergestellte Lockermaterial zieht Regenwürmer an. Der Strunk wird nach und nach in Mulm, also lockere Baumerde, zerlegt. In Laubholzstöcken finden wir jetzt die Larven großer Käfer. Auffallend sind besonders die Engerlinge von *Hirschkäfer*, *Nashornkäfer*, *Schröder* und *Goldkäfer*. Daneben kann man auch die Larven vom *Mulmbock* und von *Schnellkäfern* entdecken.

Unter der Moosdecke und im Kernholz dringen die Holzzerstörer auch von unten nach oben vor. Schließlich wird die Trennschicht zwischen innerem und äußerem Mulm zerstört, und es bleibt nur noch ein Holzzylinder stehen. Im zentralen Mulmteil erfolgt eine vertikale Umsetzung und Durchmischung des abgebauten Holzes durch *Regenwürmer*, *Hornmilben* und *Springschwänze*. Am Abbau der letzten Holzstrukturen beteiligen sich *Tausendfüßler* und *Landasseln*. Die Abbauprozesse enden mit einem völligen Zerfall des Stockes. Am Ende des Prozesses kann das Stockmaterial nicht mehr vom Waldboden der Umgebung unterschieden werden.

An feuchten Standorten werden die Stubben schnell von Moos überzogen. Der Abbau erfolgt hier hauptsächlich durch Pilze. Sie zerstören besonders das Eiweiß des Splintholzes und das Lignin. Die helle Zellulose bleibt lange erhalten. Diesen Vorgang bezeichnet man als *Weißfäule*.

Stauende Nässe hält Sauerstoff vom Inneren des Stockes fern. Der Abbau wird deshalb in erster Linie durch anaerobe Bakterien und Fäulnisbewohner geleistet. Diese lösen vor allem das eiweißhaltige Splintholz auf. Zurück bleiben die rotbraunen Prismenstrukturen des Lignins. Der Stock unterliegt der *Rotfäule*.

Gerade durch die Lebenstätigkeit seiner Bewohner ändern sich die Lebensbedingungen in diesem kleinen System. Die sich ständig wandelnden Lebensbedingungen begünstigen immer wieder neue Formen. Man findet in dem zerfallenden Baumstumpf also keine Arten, bei denen sich Zugang und Abgang über längere Zeit hinweg ausgleichen. Die Entwicklung dieser Lebensgemeinschaft ist auf eine völlige Zerstörung des Stubbens gerichtet. (Siehe Brauns 1964 und Kühnelt 1950.)

Tab. 23: Fauna und Flora eines Baumstubbens in verschiedenen Zersetzungsstadien.

Zeit (Jahre)	*Zustand von Holz und Rinde*	*Besiedlung durch Pflanzen*	*Besiedlung durch Holzzerstörer (Primärarten)*	*Sekundärarten*
	Befall des Kambiums	Pilze in Gängen der Käferlarven	Borkenkäfer Bockkäfer *(Tetropium castaneum)*	Raubkäfer und deren Larven (Ameisenkäfer)
1 – 3	Lockerung der Rinde und Befall des Holzes	Pilzmyzel durchzieht Rinde und Holz: Schwefelkopf, Buchenschw., Hallimasch, Polyporusarten	Milben, Enchyträen, Nematoden, Springschwänze	fäulnisbewohnende Käfer (Kurzflügler, Staphyliniden) räuberische Milben (Fanasiden), Feuerkäferlarve, Stachelkäferlarve, Larven der Trauermücken, Pilzmotten, Elaterenlarven
3 – 6	Bewuchs der Oberfläche	Blaualgen, Grünalen, Flechten, Moose, Zunahme der Pilze	Zunahme der Springschwänze und Milben	Nacktschnecken (Algenweide); Moosfauna: Rädertierchen, Bärtierchen, Fadenwürmer, Milben, Protozoen
6 – 11	Zerstörung des feuchten Holzes unter dem Einfluß der Moosdecke	Blaualgen, Grünalgen, Flechten, Moose, Zunahme der Pilze	Regenwürmer im Mulm, Tipulidenlarven (Schnaken)	s.o.
11 – 12	Entstehung von Mulm	Höhere Pflanzen (Nachwuchs)	Engerlinge von: Hirschkäfer, Schröter, Nashornkäfer, Goldkäfer, Mulmbockkäfer	kleine Schnecken, Elaterenlarven
	Zerstörung vom Boden her (Holzring) Völliger Zerfall	Höhere Pflanzen (Nachwuchs)	Landasseln, Tausendfüßler	*Carabus*-Arten mit Larven, Spinnen, Holzfliegenlarven

Aufgabe 9.4:
Betrachten Sie einen schon jahrelang in der Erde stehenden hölzernen Pfahl (besonders geeignet ist ein Koppelpfahl). An welchen Stellen wird der Pfahl am stärksten abgebaut ? Versuchen Sie Ursachen für die Bevorzugung gerade dieser Stellen durch die abbauenden Organismen zu finden.

Aufgabe 9.5:
Legen Sie mehrere Fichtenzapfen in einem Park oder Garten unter Bäumen auf die Erde und verfolgen Sie den Abbau.

9.1.2 Der Abbau tierischer Körper

Wie die Pflanzen, so unterliegen auch Tiere einem stufenweisen Abbau. Durch Krankheiten, Parasiten, Nahrungsmangel oder Frost geschwächt, werden viele Individuen Beute ihrer Feinde, oder sie werden nach ihrem Tod von Aasfressern verwertet. Einige der Kadaververwerter, vor allem die, die härtere Teile wie Haare, Kollagen usw. abbauen, sind uns auch als Vorrats- oder Kleiderschädlinge bekannt. Zu den Aasfressern, den *Nekrophagen*, gehören neben Schnecken und Nematoden vor allem Insekten.

Aufgabe 9.6:
Legen Sie kleine, etwa 20 g schwere Fleischstücke in verschiedenen Waldtypen auf dem Boden aus. Zum Schutz vor größeren Tieren sollten die Köder mit Blumentopfscherben oder Baumrinde abgedeckt werden. Zählen Sie nach 2-3 Tagen die am Fleisch gefundenen Insektenarten, und vergleichen Sie die Ausbeute an den Fleischködern aus den verschiedenen Waldbiotopen.

In erster Linie fallen an einem Kadaver die großen Fliegen auf. Die gelb-grüne *(Lucilia caesar)* und die blaue Schmeißfliege *(Calliphora erythrocephala)* legen ihre Eier direkt auf das tote Tier ab. *Sarcophaga*, die graue Schmeißfliege, bringt fertig ausgebildete Larven zur Welt. Diese Larven verflüssigen durch Fermente das Eiweiß und saugen den Brei auf. Aaskäfer, wie der *Totengräber (Nekrophorus)*, graben kleine Tierleichen, z.B. Mäuse und Frösche, in die Erde ein. Dieses Verhalten dient der Brutpflege. Die heranwachsende Brut zehrt den Kadaver auf. In der Regel werden Tierkörper viel schneller zersetzt als abgestorbene Pflanzen. Ein schneller Abbau ist jedoch an das Vorhandensein von Feuchtigkeit und Sauerstoff geknüpft. Wassermangel kann zur Mumifizierung führen.

10 Der Boden

Die Entwicklung und die Zusammensetzung einer Lebensgemeinschaft wird weitgehend von der Beschaffenheit des Bodens, auf dem sie sich entfaltet, bestimmt. Als Boden bezeichnen wir die äußerste Erdkruste. Er entsteht aus verwittertem Gestein und Material organischer Herkunft. Diese Substrate unterliegen andauernden Umwandlungsprozessen. Bodenuntersuchungen bieten eine Fülle von Einsichten in das Beziehungsgefüge einer Lebensgemeinschaft. Eine große Zahl der hierzu nötigen Fakten kann durch einfache Experimente erschlossen werden.

10.1 Die Zusammensetzung des Bodens

Die Struktur eines bestimmten Bodentyps bedingt bestimmte physikalische Eigenschaften. Zusammen mit chemischen Einflüssen, die von den Mineralien im Erdreich ausgehen, sorgen sie für eine charakteristische Zusammensetzung der Pflanzendecke. Die Pflanzendecke wiederum bringt eine große Menge abbaubarer organischer Substanzen in die Erde. Auf diese Wiese werden vielen kleinen Organismen im Erdboden Lebensraum und Nahrung geboten. Man kann also zeigen, wie die anorganische Komponente des Bodens die Ausbildung einer bestimmten Pflanzendecke begünstigt, und wie andererseits die Pflanzendecke die Eigenschaften des Bodens rückwirkend beeinflußt. Die Vielzahl der hierbei zu beobachtenden Vorgänge ergeben ein kompliziertes Netz von Beziehungen, von denen in diesem Rahmen nur einige aufgezeigt werden können.

10.1.1 Die anorganische Bodenkomponente

Da sich der Boden durch Verwitterung des anstehenden Gesteins gebildet hat, finden wir in ihm bei genauerer Betrachtung anorganische Teilchen sehr unterschiedlicher Größe. Alle Steinchen, deren Durchmesser 2 mm überschreitet, gehören zum Bodenskelett. Mit abnehmender Größe der Bodenteilchen unterscheiden wir Grob-, Mittel- und Feinsand, Schluff und Kolloidton.

Aufgabe 10.1:
Trennen Sie die verschiedenen Bodenbestandteile nach folgender Versuchsanleitung, der sogenannten Schlämmprobe: Einen kleinen Meßzylinder füllt man 2,5 cm hoch mit Erde, die man durch Sieben von groben Bodenbestandteilen befreit hat. Anschließend füllt man ammoniakhaltiges Wasser 8 cm hoch in das Gefäß, verschließt es und schüttelt die Probe kräftig durch.
Nach 3 Sekunden hat sich der Grobsand abgesetzt, nach weiteren 8 Sekunden der Feinsand. Tonbestandteile bleiben lange im Schwebezustand, während sich die Humusbestandteile nach einiger Zeit absetzen oder an der Wasseroberfläche ansammeln. Die Volumenanteile der Bodenkomponenten können abgeschätzt werden.

Vom Grad der Feinheit der Bodenbestandteile hängt die Größe der freien Räume zwischen den einzelnen Bodenbestandteilen ab. Je enger die Zwischenräume werden, um so mehr Wasser kann durch Kapillarkräfte aufgesaugt werden. Mit zunehmender Saugfähigkeit wächst jedoch auch das Bestreben, das aufgenommene Wasser festzuhalten. Die Wasserdurchlässigkeit eines solchen Bodens ist dann sehr gering. Ein wasserhaltiger Boden fühlt sich kühl an und erwärmt sich nur langsam.

Aufgabe 10.2:
Ermitteln Sie die Durchlässigkeit des Bodens für Wasser und Luft mit Hilfe der folgenden Experimente:

1. *Wasserdurchlässigkeit des Bodens:*
   Verschließen Sie eine 10 cm lange und 3 cm weite Glasröhre mit einem durchbohrten Gummistopfen, in dem ein kurzes Glasrohr steckt. Bringen Sie die zu untersuchende Erdprobe auf etwas Glaswolle in die Röhre. Gießen Sie eine vorher abgemessene Wassermenge auf die Erdprobe und bestimmen Sie die Durchlässigkeit des Bodens, indem Sie die Zeit für den Wasserdurchlauf bestimmen. Führen Sie den Versuch mit verschiedenen Bodenarten aus und vergleichen Sie die Ergebnisse.
2. *Luftdurchlässikeit des Bodens:*
   Ersetzen Sie an der unter 1 beschriebenen Anordnung das kurze Ablaufrohr durch ein 30 cm langes Glasrohr, das unten durch ein Stückchen Schlauch mit Klemme verschlossen ist (Abb. 31). Füllen Sie das Ablaufrohr zunächst bis in Höhe des Stopfens mit Wasser. Bringen Sie anschließend die zu untersuchende Erdprobe in das obere Gefäß, und drücken Sie die Erde leicht fest. Nach dem Öffnen der Klemme läuft das Wasser aus dem Ablaufrohr heraus. Die Ausflußgeschwindigkeit ist der Luftdurchlässigkeit des Bodens direkt proportional. Wiederholen Sie den Versuch mit verschiedenen Bodenarten.

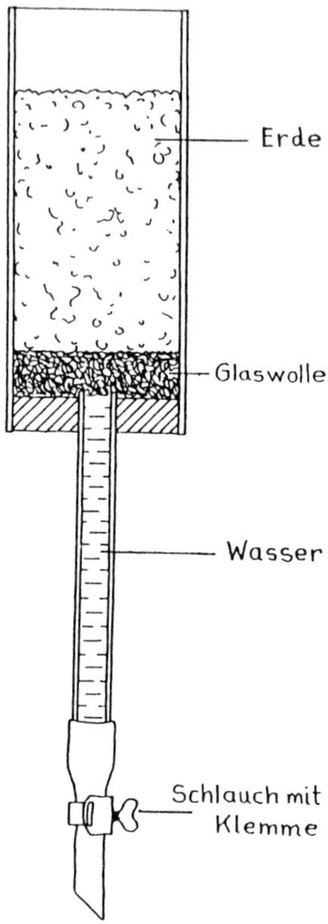

Abb. 31: Versuchsaufbau zur Ermittlung der Durchlässigkeit des Bodens für Wasser und Luft.

3. *Kapillarkräfte:*
   Verschließen Sie mehrere Glasröhren von 30 cm Länge und 1 cm Durchmesser an einem Ende mit Glaswolle, und füllen Sie sie dann mit verschiedenen zur Untersuchung anstehenden Erdproben. Bringen Sie anschließend die Röhren mit ihren unteren Enden ins Wasser (Abb. 32). Die an den Verfärbungen der Erdproben zu erkennenden Steighöhen des Wassers sind den Kapillarkräften der Bodenproben proportional.

Neben kleinen mit Wasser angefüllten Kapillaren befinden sich in der Erde weite Poren, aus denen das Wasser sehr rasch wieder herausläuft. Diese Hohlräume füllen sich mit Luft. Ein normaler Boden besitzt also grobe und feine Poren und kann damit gleichzeitig Luft und Wasser enthalten. Das Wasser benötigen die Pflanzen für viele ihrer Lebensvorgänge, die Luft benötigen ihre Wurzeln zum Atmen.

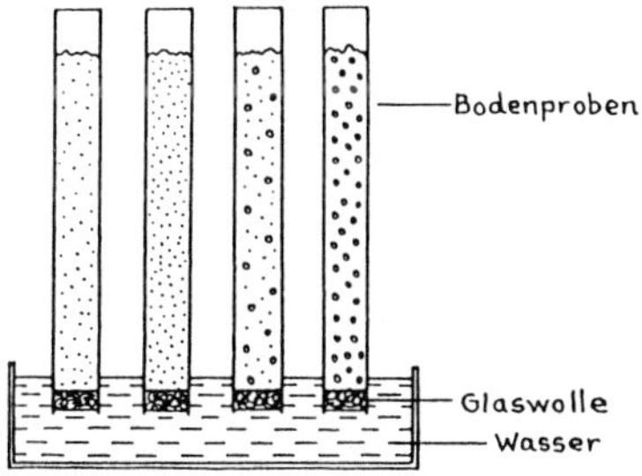

Abb. 32: Versuchsaufbau zur Untersuchung der Kapillarkräfte in verschiedenen Bodenproben.

Neben diesen rein physikalischen gehen vom anorganischen Bodenanteil auch chemische Einflüsse aus. Bei der Verwitterung der meisten Gesteinsarten werden die für das Pflanzenwachstum wichtigen Nährsalze frei. Das gilt vor allem für Kalkstein, Basalt und andere basische Gesteinsarten vulkanischer Herkunft. Nährsalzarm von Natur aus sind Böden, die aus Buntsandstein, Granit oder kristallinen Schiefern gebildet wurden. Vor allem Kalk schafft durch ein neutrales bis basisches Bodenmilieu Voraussetzungen für die Entstehung charakteristischer Pflanzengesellschaften.

Aufgabe 10.3:
Bestimmen Sie den Kalkgehalt einer Bodenprobe.

1. *Qualitativer Nachweis des Kalkgehalts:*
   Übergießen Sie eine Bodenprobe mit Salzsäure. Aufbrausen zeigt an, daß die Probe Kalk enthält.
2. *Quantitative Bestimmung:*
   Wiegen Sie eine Bodenprobe (ca. 5 g) genau ab und geben Sie sie in einen Weithals-Erlmeyerkolben, in dessen doppelt durchbohrten Stopfen ein Scheidetrichter und die Zuleitung zu einem Kolbenprober stecken. Zuleitung und Kolbenprober sind über einen Dreiwegehahn mit einem U-Rohr-Manometer verbunden.
   Übergießen Sie die Bodenprobe mit 20 ml verdünnter Salzsäure aus dem Scheidetrichter, und fangen Sie das entstehende Kohlendioxidgas im Kolbenprober auf. Mit Hilfe des Manometers können Sie überprüfen, daß sich der Druck in dem Gefäßsystem nicht ändert. Die Volumenzunahme im Kolbenprober entspricht der Menge des entstandenen Kohlendioxids, abzüglich der zugegebenen Salzsäuremenge. Aus der CO_2-Menge kann man den Kalkgehalt der Probe bestimmen.

Rechenbeispiel:
Die gemessene CO_2-Menge hat ein Volumen von 80 cm^3.

22 400 cm^3 $CO_2 \cong$ 44 g (1 Mol); 80 cm^3 $CO_2 \cong$ 0,16 g CO_2.

Die Reaktionsgleichung lautet:

$CaCO_3 + 2\,HCl \varnothing CaCl_2 + CO_2 + H_2O$

Daraus ergibt sich: 44 g $CO_2 \cong$ 100 g $CaCO_3$ und damit 0,16 g CO_2 = 0,36 g $CaCO_3$.
Die Probe enthält also 0,36 g $CaCO_3$.

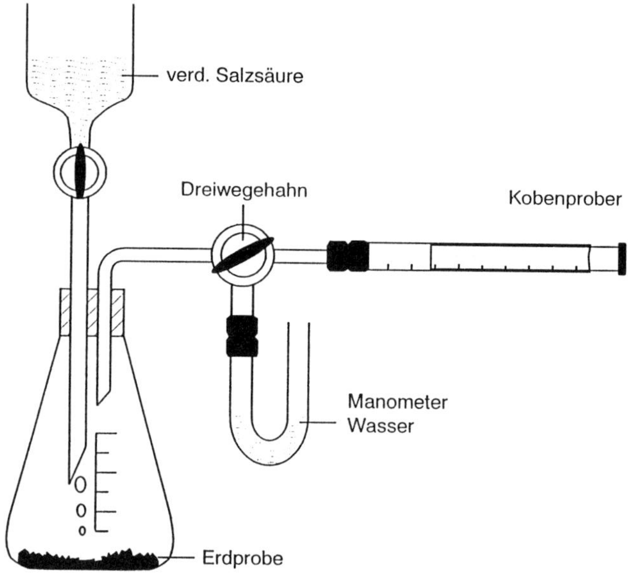

Abb. 33: Versuchsaufbau zur Bestimmung des Kalkgehaltes einer Bodenprobe.

10.1.2 Die organische Komponente des Bodens

Ein guter Boden enthält große Mengen organischer Stoffe. Beim Abbau dieser Substanzen entsteht Humus. Ausgangsmaterial für die Humusbildung sind vor allem abgestorbene Pflanzenwurzeln, Fallaub, Totholz und tierische Reste. Diese Substanzen befinden sich in den unterschiedlichsten Zersetzungsstadien, und sie verbinden sich chemisch mit den mineralischen Bestandteilen des Bodens. Kann das Ausgangsmaterial leicht abgebaut werden und ist der mineralische Untergrund neutral bis basisch, dann bezeichnet man den in rascher Zersetzung stehenden Humus als *Mull*. Kleinlebewesen als Zersetzer und chemische Reaktoren sorgen dafür, daß die Strukturen der pflanzlichen Reste während der Zersetzung bald verschwinden. Im Zuge der Umsetzung werden viele zum Teil sehr verwickelt gebaute Humusstoffe, darunter Huminsäuren, gebildet. Mull hat großen Einfluß auf die Bodenfunktionen. Seine Humusteilchen haben Kolloideigenschaften, das heißt, sie halten Wasser fest und sind quellbar. An ihrer Oberfläche geben die an ihren Bau beteiligten Huminsäuren Protonen und sehr verschiedene weitere Ionen ab. Damit laden sich die Kolloide elektrostatisch auf und können die freigesetzten Nährsalzionen festhalten. Diese Ionen werden dabei so fest gebunden, daß sie vom durch den Boden sickernden Regenwasser nicht weggeschwemmt werden können.

Aufgabe 10.4:
Prüfen Sie mit den folgenden Experimenten die Eigenschaften von Kolloiden und der Oberfläche von Bodenkrumen.

1. *Schütteln Sie verschiedene Bodenproben mit Wasser und filtrieren Sie sie über Watte. Versetzen Sie einen Teil des trüben Filtrats mit der wäßrigen Lösung eines starken Elektrolyten, z.B. Kaliumnitrat. In dieser Probe werden die Kolloide sehr rasch ausgeflockt, während sie in der unbehandelten Filtratprobe lange im Schwebezustand bleiben.*
2. *Oberflächeneigenschaften der Bodenkrümel:*
   Legen Sie einen Glastrichter mit Filterpapier aus und füllen Sie ihn dann mit gesiebter Gartenerde. Lassen Sie durch die Erde eine Methylenblaulösung sikkern. Die aufgefangene Flüssigkeit ist deutlich schwächer gefärbt als die Ausgangslösung.
3. *Ionenaustausch an Bodenkrumen:*
   Übergießen Sie in einem mit Filterpapier ausgelegten Glastrichter Blumenerde mit Eisen-III-Chloridlösung. Spülen Sie anschließend mit destilliertem Wasser so lange nach, bis sich im Spülwasser kein Eisen mehr nachweisen läßt. Der Nachweis von Eisen-III-Ionen erfolgt mit einer Lösung von Kaliumrhodanid, mit der selbst sehr geringe Eisen-III-Ionenkonzentrationen eine intensive Rotfärbung ergeben. Führen Sie den Versuch weiter, indem Sie anschließend mit Zitronensäure versetztes Wasser durch die Erdprobe laufen lassen. Eisenionen, die an der Oberfläche der Humusteilchen sitzen, werden jetzt gegen Hydroniumionen ausgetauscht und mit Kaliumrhodanidlösung im Filtrat nachgewiesen.

Die Wurzelhaare der höheren Pflanzen haben die Fähigkeit, Kationen von den Kolloidoberflächen abzulösen und Hydroniumionen an ihre Stelle zu setzen. Zwischen den Wurzelhaaren und den Bodenteilchen findet also ein Ionenaustausch statt.

Den Humusgehalt einer Erdprobe kann man mit einfachen Mitteln bestimmen: Man glüht eine vorher getrocknete Bodenprobe aus, der Massenverlust entspricht den verbrannten Humusbestandteilen (eventuelle Fehlerquellen: Beim Erhitzen zerfallen auch Ammoniumsalze und Carbonate).

Geht die Zersetzung von schwer abbaubaren Substanzen aus, z.B. Fichtennadeln oder Heidekraut, und ist der Untergrund basenarm, dann entsteht *Rohhumus*. Im Rohhumus wird die Aktivität der Bodenorganismen durch das saure und widerstandsfähige Material behindert, die Zersetzung läuft langsam und unvollständig ab, so daß viele Strukturen der pflanzlichen Reste lange erhalten bleiben. Eine chemische Verbindung der organischen mit den anorganischen Bodenbestandteilen, wie sie für einen guten Boden charakteristisch ist, unterbleibt hier. Rohhumus bildet vor allem in vielen Fichtenwäldern dicke Auflagen auf dem Waldboden.

In Laubwäldern auf saurem, also für die Humusbildung wenig förderlichem Gestein, entsteht oft eine Zwischenform des Humus, der *Moder*. Bei seiner Entstehung erfolgt die Zersetzung durch die verzögerte Aktivität der Bodenorganismen langsamer als im Mull. Das wirkt sich nachteilig auf die Bodenfruchtbarkeit aus.

Tab. 24: Einteilung der Böden nach ihrem Humusgehalt.

Bezeichnung des Bodens	Humusgehalt in % des Trockengewichtes
humusarm	ca. 1
schwach humos	1 - 5
humos	5 - 10
humusreich	10 - 15

10.1.3 Bodenentwicklung und Bodentyp

Bodenanschnitte, die man leicht mit einem Spaten herstellt oder an Baugruben beobachten kann, zeigen, daß das Bodenmaterial meist in gut unterscheidbaren waagerecht verlaufenden Schichten angeordnet ist. Diese Schichtung ergibt deutlich erkennbare Bodenprofile.

- Als **O-Horizont** (O von organisch) bezeichnet man eine Auflage von noch unzersetztem Pflanzenmaterial, beispielsweise Laubstreu auf dem Waldboden.
- Im darunter liegenden **A-Horizont**, dem Oberboden, haben sich Humus und mineralische Bodenbestandteile vermischt.
- Der **B-Horizont** ist als Unterboden meist humusfrei. In ihm werden in der Regel von oben her durch Sickerwasser Mineralien eingeschwemmt und in vielen Fällen abgelagert.

- Das anstehende Gestein auf dem der Unterboden aufliegt, wird als **C-Horizont** bezeichnet.

Auf die Entwicklung der Böden haben die chemische Zusammensetzung des Ausgangsgesteins, die Wasserversorgung und auch die Pflanzendecke, von der die Humusbildung ja ausgeht, großen Einfluß. So können sich bei unterschiedlichen Voraussetzungen sehr voneinander verschiedene Bodentypen entwickeln. Böden, die dem gleichen Typ angehören, haben ähnlich Entwicklungsstufen durchlaufen und stimmen in Profil und Eigenschaften weitgehend überein. In Mitteleuropa kann man folgende Bodentypen häufiger antreffen:

Braunerden entstehen, wenn silikat- und basenreiches Gestein, beispielsweise Basalt, verwittert. Bei meist sehr weit fortgeschrittener Verwitterung der oberen Schichten ist der A-Horizont der Braunerden humushaltig und im B-Horizont haben sich Lehm- und Tonbestandteile angereichert. Das Gestein des C-Horizontes ist kaum verwittert. Diese Böden sind in der Regel gut mit Wasser und Luft versorgt, so daß sich ein reiches Bodenleben entfalten kann. Bodentiere sorgen für eine günstige Krümelstruktur im A-Horizont. Das Gestein gibt durch fortlaufende Verwitterung Nährsalze frei, die von Bodentieren ständig nach oben befördert und den Pflanzen zur Verfügung gestellt werden. Damit werden die durch Auswaschung verlorengegangenen Alkali- und Erdalkaliionen, die man in der Bodenkunde als Basen bezeichnet, ersetzt. In den B-Horizont eingewaschene Eisenverbindungen lagern sich ab und bilden hier die braune Färbung aus, der dieser Bodentyp seinen Namen verdankt. Braunerden bilden sich auch auf ärmeren Ausgangsgesteinen und sind dann schlecht mit Nährstoffen versorgt. Ursprünglich trugen mitteleuropäische Braunerdeböden Laubwälder.

Podsole, die man auch **Bleicherden** nennt, entstehen auf nährstoffarmen Verwitterungsmaterial oder auf verfrachteten Sanden im feuchten und kühlen Klima. Ihr Name ist russischen Ursprungs und bedeutet Ascheboden. Der O-Horizont ist meist eine dicke, saure Rohhumusauflage z.B. aus Fichtennadeln, die sich nur langsam zersetzt. Aus dem Rohhumus werden Huminsäuren herausgelöst; diese sorgen dafür, daß der A-Horizont stark ausgewaschen wird und dadurch seine aschgraue Farbe annimmt. Humusbestandteile werden zusammen mit Tonmineralien und Eisenoxiden im B-Horizont angereichert. Dabei kann sich diese Schicht stark verdichten, so daß sehr feste *Orterde* oder gar *Ortstein* entsteht. Pflanzenwurzeln finden nur im Rohhumus und im verdichteten B-Horizont spärlich vorhandene Nährsalze. Podsole tragen daher Wälder aus anspruchslosen Arten, meist Nadelwälder.

Renzdina nennt man einen Bodentyp, der sehr flachgründig ist. Ihren aus dem Polnischen stammenden Namen verdankt diese Bodenart dem kratzenden Geräusch des Pfluges, der den steinigen Grund berührt. Im verwitternden Kalk- oder Dolomitgestein bilden sich viele Risse, über die das einsickernde Wasser lösend und bei Frost sprengend auf den festen Untergrund einwirkt. Losgelöste Steinchen, Sand und Ton bilden dann mit Humus angereichert einen dünnen A-Horizont, unter dem sich das unverwitterte Gestein befindet.

Renzdinen findet man häufig an Hängen der Gebirge, sie sind meist nährstoff- und basenreich. Ihre potentielle Vegetation ist der Buchenwald. In trockenen Lagen sind sie mit Traubeneichen oder Kiefern bestockt.

Gleyböden werden von hoch anstehendem Grundwasser beeinflußt, sie kommen also in Flußauen und Senken vor. Auf ihre oft schlammige Beschaffenheit bezieht sich der aus dem Russischen stammende Name. Die Bodenstruktur im Gley erklärt sich aus dem oft wechselnden Grundwasserstand. Steigendes Grundwasser verdrängt die Luft aus dem Boden und sorgt für ein sauerstoffarmes, also reduzierendes Milieu, in dem grün-graue Eisenverbindungen die Färbung beeinflussen. Fällt der Grundwasserspiegel im Jahresverlauf, dann kann die nachgesaugte Luft diese Eisenverbindungen wieder oxidieren und braun färben. Bodenanschnitte zeigen deshalb oft eine marmorierte Färbung. Im Gleyboden findet man unter der Decke abgestorbener Pflanzen einen mächtigen A-Horizont. Unter diesem liegt der grau- und braunfleckige Oxidationshorizont, der nach unten in den fahlgrauen Reduktionshorizont übergeht. Auf Gleyböden gedeihen Erlen, Eschen, Stieleichen und Hainbuchen.

Pseudogley: Vom Oberflächenwasser beeinflußt sind diese auf undurchlässigen Schichten in niederschlagreichen Gebieten vorkommenden Böden. Hier sorgt das angestaute Niederschlagswasser für Bodenkälte und Luftmangel. Im B-Horizont findet man je nach Luftzutritt braun oder grau gefärbte Abschnitte. Im Spätsommer trocknen diese Böden oft aus, weil der Wassernachschub von unten her fehlt. Meist sind Pseudogleyböden nährstoff- und basenarm. Ihre potentielle Vegetation ist Eichenmischwald, bei besserer Nährstoffversorgung auch Buchenwald.

10.2 Die Lebewesen im Boden

Das Lückensystem des Bodens bietet einem Riesenheer von kleinen Organismen Lebensraum. Hinsichtlich ihrer Lebensansprüche unterscheiden wir *Aerobionten* (Luftbewohner), die in den mit Luft gefüllten Poren leben und *Hydrobionten* (Wasserbewohner), welche in den feinen mit Wasser gefüllten Kapillarröhren und Wasserlamellen existieren. Besonders die Aerobionten finden in den Bodenröhren Verhältnisse vor, die sehr von denen an der freien Luft abweichen. Das Regenwasser drängt die Lufträume im Boden zusammen, wenn die alte Luft vom Wasser verdrängt ist, kann beim anschließenden Austrocknen frische Luft in die Poren eindringen. Einen Gasaustausch durch Zirkulation gibt es in diesen engen Röhren kaum. Dadurch ist die Bodenluft sehr feucht, und gelegentlich sammeln sich Kohlendioxid und Ammoniak in größeren Konzentrationen an.

10.2.1 Die Tierwelt des Bodens

Den Bodentieren wurde erst in den letzten Jahrzehnten das gesteigerte Interesse der Biologen zuteil. Es stellte sich heraus, daß die Artenzahlen in diesem eigenständigen Lebensraum sehr hoch sind. Die größten der an der Bildung der Bodenstruktur beteiligten Tiere sind *Regenwürmer*. Von den in Deutschland vorkommenden 35 Arten kann man etwa 15 im Waldboden antreffen. In Wiesenböden hat man bis zu 1000 Exemplare pro m^2 gefunden. Ihre Masse kann hier bis zu 4 Tonnen pro Hektar betragen. Manche Arten ziehen auf der Erde liegende Pflanzenteile in ihre Wohnröhren und fressen sie später, wenn sie halbverwest und weich geworden sind, auf. Andere Arten fressen sich durch die Erde hindurch. Der an der Erdoberfläche oder in den Gängen liegende Kot der Würmer trägt zur Bildung der Krümelstruktur des Bodens bei.

Schon Charles Darwin widmete dem Anteil der Regenwürmer an der Humusbildung eine eingehende Studie. Heute weiß man, daß die Regenwürmer eines Waldstückes von 1 ha etwa 20 Tonnen Erde pro Jahr durch ihre Körper wandern lassen. Für die Unfruchtbarkeit mancher Böden ist das Fehlen der Regenwürmer ein sicheres Kennzeichen. Deshalb bemüht man sich in einigen Ländern, Regenwürmer in Farmen zu züchten, um mit ihrer Hilfe schlechte Böden zu verbessern.

Äußerst reich ist der Boden an *Fadenwürmern* (Nematoden). Diese unscheinbaren Würmer sind nahezu allgegenwärtig; wir finden sie als Bewohner aller Arten organischer Abfälle, ja sogar in alten Bierdeckeln, aber auch als Gewebeparasiten. Ihre Anzahl pro Quadratmeter Boden kann bis zu 20 Millionen betragen. Fadenwürmer ernähren sich hauptsächlich von verwesenden Stoffen, von Bakterien, aber auch von lebenden höheren Pflanzen. Sie spielen eine wesentliche Rolle beim Abbau abgestorbener Organismen.

Eine weitere, häufig unter den Bodentieren vertretene Gruppe ist die der *Arthropoden* (Gliederfüßler). In riesigen Mengen treten *Milben*, besonders *Hornmilben,* und *Springschwänze* auf. Während die Milben unspezifisch große Teile der toten organischen Materie verwerten, sind die Springschwänze meist Nahrungsspezialisten. Die große Artenfülle der Springschwänze jedoch macht es möglich, daß es kaum organische Reste gibt, die nicht von einer der vielen Formen verwertet werden könnten.

Tab. 25: Größte Häufigkeit einiger tierischer Bodenbewohner pro Quadratmeter.

Regenwürmer	bis	1000
Fadenwürmer	bis	20 000 000
Milben	bis	100 000
davon Hornmilben	bis	70 000
Springschwänze	bis	700 000

Welche Rolle spielen nun die Bodentiere bei der Humusbildung? Feste Pflanzenbestandteile, wie Zellulose und Lignin können durch tierische Verdauungssäfte kaum angegriffen werden, und so wird nur ein kleiner Anteil der aufgenommenen Pflanzennahrung chemisch verändert. In der Hauptsache leisten die Bodentiere Zerkleinerungsarbeit. Je kleiner die Pflanzenpartikel werden, um so mehr wächst ihre Oberfläche relativ zum Teilchenvolumen an. Man hat errechnet, daß die durch einen Regenwurm gegangene Pflanzenmasse eine Oberflächenvergrößerung um 75%, das von Hornmilben bearbeitete Pflanzenmaterial eine Oberflächenvergrößerung von 500 000% erfährt. Die organischen Stoffe werden von den Bodentierchen jedoch nicht nur zernagt und zerrieben, sondern sie werden auch vertikal und horizontal im Boden verteilt. Die Rolle der tierischen Bodenbewohner besteht also nicht in einem chemischen Abbau der organischen Masse, sondern im wesentlichen in Zerkleinerungsarbeit. Hierdurch wird die Oberfläche der abzubauenden Teilchen vergrößert und damit abbauenden Mikroben besser zugänglich.

10.2.2 Die pflanzlichen Bodenorganismen

Während die Tiere organische Substanzen des Bodens hauptsächlich zerkleinern, sind pflanzliche Organismen in der Lage, diese Stoffe chemisch zu zersetzen. Dieser Vorgang wird durch die von Tieren verursachte große Reaktionsoberfläche beschleunigt. Die wichtigsten Organismengruppen beim chemischen Abbauprozeß sind Bakterien, Blaualgen, Strahlenpilze und echte Pilze.

Tab. 26: Individuenzahl pflanzlicher Mikroorganismen pro Gramm Erde (Höchstzahlen) nach Kas.

Bakterien	über	1 Milliarde
Blaualgen	bis	100 000
Strahlenpilze	bis	35 000 000
Pilze	bis	100 000

Pilze gedeihen vor allem in leicht sauren Böden. In dem Maße, in dem sie häufiger werden, nimmt die Bakterienflora ab. Da die Saugkraft der Pilze sehr hoch ist, können viele Pilzarten selbst noch aus sehr trockenen Böden Wasser aufnehmen. Wie zäh viele unserer Pilze sind, beweist der Wiesenchampingon. Nach wochenlanger hochsommerlicher Trockenheit, die selbst Gräser gelb gefärbt hat, genügt ein Gewitterguß, um die Fruchtkörper in großer Menge aus der Erde sprießen zu lassen. Entsprechendes gilt für die Pilze der Kiefernwälder.

Die Rolle der Pilze beim Abbau der toten organischen Masse besteht darin, die Kette der chemischen Reaktionen einzuleiten. Sie zersetzen vor allem die

Eiweiße und assimilieren die Aminosäuren, man schätzt daß 50-60% aller im Boden vorhandenen organischen Stoffe vorübergehend die Pilzgeflechte durchwandern.

Viele Pilze, vor allem Ständerpilze, leben in Symbiose mit Waldbäumen. In diesen *Mycorrhiza* genannten Beziehungen umspinnen die Myzelien der Pilze die Feinwurzeln der Bäume, ja sie dringen in die Zellzwischenräume der Wurzelrinde ein. Sie erreichen dadurch einen so intensiven Kontakt zum Baum, daß ein Stoffaustausch zwischen diesen so unterschiedlichen Pflanzen möglich wird. Der dichte Mantel des Pilzmyzels führt den Feinwurzeln des Baumes Wasser, Nährsalze und wahrscheinlich auch Aminosäuren zu und übernimmt damit die Aufgabe der Wurzelhaare, die der Baum dann gar nicht ausbildet. Der Pilz erhält vom Baum Assimilate. Pilzgeflecht und Feinwurzel verschmelzen in der Mycorrhiza zu einer Funktionseinheit mit gesteigerter Leistung. Da die umfangreichen Pilzgeflechte im Boden meist mit mehreren Bäumen verbunden sind, kann über diese Pilzbrücken ein Stoffaustausch zwischen diesen Bäumen erfolgen. Hiervon können z.B. Sämlinge, die im Schatten ihrer Mutterbäume unter Lichtmangel leiden, profitieren. Bäume und Pilze bieten sich also gegenseitig eine ganze Reihe von Vorteilen:

1. Das Pilzgeflecht kann dem Baum mehr Nährsalze und Wasser liefern als das System der Wurzelhaare. Hierdurch helfen die Mycorrhizapilze den Bäumen, Trockenperioden zu überstehen.
2. Assimilate werden über Myzelbrücken der Pilze zwischen verschiedenen Baumindividuen ausgetauscht.
3. Die von den Pilzen erschlossenen Kohlenhydrate und Nährsalze dienen den Bäumen als gleichmäßig verfügbare Reserve. Die in den Pilzen gebundenen Nährsalze können nicht ausgewaschen werden.
4. Mycorrhizapilze können im Boden den Einfluß der Säuren auf die Baumwurzeln abschwächen.

Jeder Pilzsammler weiß, daß er manche Pilzarten nur unter bestimmten Bäumen findet.

Strahlenpilze kommen in beträchtlich höherer Individuenzahl vor als echte Pilze. Die wichtige Rolle dieser dem Laien kaum dem Namen nach bekannten Mikroben besteht darin, zusammengesetzte Proteine aufzuspalten und bis zu Mineralien hin zu zersetzen. Durch diese Tätigkeit werden den höheren Pflanzen die Stickstoffvorräte im Humus erschlossen. Sehr bedeutsam ist die Fähigkeit der Strahlenpilze, schwer zerlegbare organische Stoffe wie Fette, Wachse, Paraffine, Lignin, Chitin usw. abbauen zu können. Manche Strahlenpilze produzieren sehr wirksame Antibiotika und haben damit Einfluß auf die Zusammensetzung der Bodenflora.

In den feinen Wasserhäutchen, welche die Bodenkrumen umgeben, finden wir Algen. Besonders Blaualgen sind in den oberen, noch vom Licht erreichten Bodenschichten sehr häufig. Als autotrophe Organismen sorgen die Algen durch Sauerstoffabgabe für eine Verbesserung des Bodenmilieus. Bei einigen Arten konnte die Assimilation atmosphärischen Stickstoffs nachgewiesen werden.

Tab. 27: Zusammenlebende Pilz- und Baumarten.

Pilzart	*Baumart*
Steinpilz	Fichte, Kiefer, Rotbuche, Eiche, Birke
Maronenpilz	Fichte, Kiefer, Tanne
Butterpilz	Kiefer
Lärchenröhrling	Lärche
Birkenpilz	Birke
Echter Reizker	Fichte, Kiefer, Tanne
Habichtpilz	Kiefer
Grüner Knollenblätterpilz	Eiche, Rotbuche
Fliegenpilz	Fichte, Kiefer, Birke
Speitäubling	Rotbuche
Birkenreizker	Birke
Gallenröhrling	Fichte, Tanne, Kiefer
Sandröhrling	Kiefer

Blaualgen spielen darüber hinaus eine wichtige Rolle als Pionierpflanzen. Sie besiedeln Steine, unfruchtbare Erde, abgebrannte Böden usw. Da Blaualgen Schleim abscheiden, unterstützen sie die Bildung der Bodenkrümel.

Die häufigsten Bodenorganismen sind Bakterien. Über eine Milliarde ihrer Zellen können in einem Gramm guter Ackererde vorkommen. Diese Riesenmenge kleinster Organismen bildet eine große aktive Oberfläche, an der durch Nahrungsaufnahme und Exkretion ein reger Stoffaustausch stattfindet. Nach Schätzungen beträgt die Gesamtoberfläche der Bakterienzellen in einem Hektar fruchtbarer Erde etwa 500 Hektar. Wenn, wie man annimmt, die Masse aller Mikroben in diesem Bodenstück 140 t ausmacht, dann entfallen 120 t davon auf Bakterien. Damit beträgt die Produktionskapazität der Bakterien dieses Ackerbodens bei im Durchschnitt 10 Zellteilungen im Jahr 12 000 t. Diese Masse übersteigt in der Regel die Zuwachsrate der höheren Pflanzen auf dem gleichen Boden. Der Anteil des von den Bodenbakterien weltweit durch Atmung erzeugten CO_2 wird auf 84% der durch alle Kohlendioxidquellen anfallenden Gesamtmenge geschätzt.

In unseren Waldböden finden wir etwa 150 Bakterienarten. Ihre Verteilung auf die einzelnen Bodenarten ist so charakteristisch, daß Fachleute aus der Zusammensetzung der Bakteriengesellschaft zuverlässig die Bodenfruchtbarkeit bestimmen können.

Aufgabe 10.5:
Tätigkeit der Bodenbakterien.

1. *Bodenatmung:*
   Lassen Sie durch eine Probe guter unsterilisierter Komposterde, die sich in einer Röhre von 3 cm Durchmesser befindet, Luft strömen, die vorher beim

Durchströmen einer mit NaOH beschickten Waschflasche von Kohlendioxidgas befreit wurde. Leiten Sie den Luftstrom durch eine weitere Waschflasche mit Kalkwasser, das sich nach einigen Stunden eintrübt (vgl. Abb. 34).

2. *Bakteriologischer Abbau von Zellulose:*
   Füllen Sie ein mit weißem Filterpapier ausgelegtes weites Reagenzglas mit gesiebter Gartenerde. Nach etwa 8 Tagen tauchen auf dem Papier braune Flecken auf, später zerfällt es völlig.

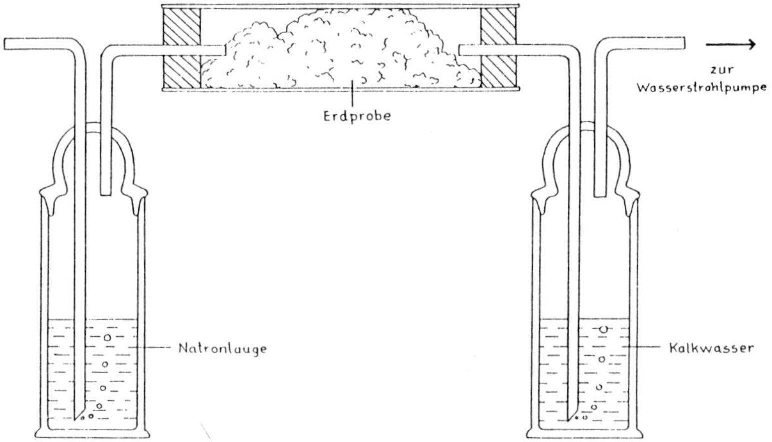

Abb. 34: Versuch zur Bodenatmung.

11 Pflanzengesellschaften in unseren Wäldern

In Mitteleuropa findet man recht unterschiedliche Wälder. Das gilt nicht nur für die vorherrschenden Baumarten, die eine mehr oder minder dichte Kronenschicht ausbilden, sondern in besonderer Weise auch für die Vegetation am Waldboden.

Viele Arten müssen hier miteinander auskommen, und dabei kommt es für jede darauf an, der Konkurrenz der Mitbewohner dieses Lebensraum gewachsen zu sein. Betrachtet man das Artenspektrum der Bodenvegetation an einzelnen Standorten genauer, dann fällt auf, daß bei gleichen klimatischen und bodenabhängigen Bedingungen sehr ähnliche Artenkombinationen auftreten. Diese Pflanzengruppen sind so charakteristisch, daß sie genauer beschrieben und gegen Artenkombinationen an Standorten mit anderen Lebensbedingungen abgegrenzt werden können. Da man die Ansprüche vieler Pflanzen der

Krautschicht an Boden und Klima recht gut kennt, ist es möglich, aus der Pflanzendecke auf die Nährstoff- und Basenversorgung, die saure oder basische Bodenreaktion oder den Wasserhaushalt des Bodens zu schließen.

Möchte man einen Wald vegetationskundlich genauer erfassen und charakterisieren, werden üblicherweise Vegetationsaufnahmen erstellt. Sie sollen einmal die an einem Wuchsort vorkommenden Pflanzenarten erfassen und geordnet nach Stockwerken und Häufigkeit ihres Vorkommens auflisten. Dazu gehört eine Beschreibung der abiotischen Faktoren des Wuchsortes in der Weise, daß die Zusammenhänge zwischen Bodenverhältnissen, Klimafaktoren und Pflanzenassoziation deutlich werden.

Aufgabe 11.1:
Erstellen einer Vegetationsaufnahme.
Ermitteln Sie nach folgender Anleitung die Zusammensetzung einer Pflanzensoziation. Ergänzen Sie die Angaben zur Vegetation durch Beschreibung der abiotischen Faktoren.
Man sucht sich eine 10 x 10 m^2 große Waldfläche aus, die eine einheitliche Struktur hat, also z.B. nicht von einer Waldform in eine andere übergeht und auch nicht von Wegen oder Wasserläufen durchzogen ist. Die auf dieser Fläche angetroffenen Arten werden bestimmt, und ihre Häufigkeit wird abgeschätzt. Die Ergebnisse dieser Arbeit werden in einer Liste eingetragen. Die Rolle, die eine Pflanze in der Baumkronen-, Strauch- oder Krautschicht spielt, spiegelt sich in dem Anteil des Bodens, den sie bedeckt an der betrachteten Gesamtfläche wider. Für den Bedeckungsgrad des Bodens hat man Maßzahlen entwickelt:

Bodenbedeckung in %	*Maßzahl*
75 - 100	*5*
50 - 75	*4*
25 - 50	*3*
5 - 25	*2*
zahlreich, aber Bedeckung geringer als 5%	*1*
in wenigen Exemplaren vorhanden	*+*
selten (1 - 5 Exemplare)	*r*

Zur Messung des Boden-pH-Wertes schüttelt man die Bodenprobe mit destilliertem Wasser und mißt den Säuregrad der Aufschwemmung mit Universalindikatorpapier oder einem pH-Meter. Die Wasserversorgung des Bodens kann man mit den Begriffen naß, feucht, frisch und trocken angeben.

Beispiel für eine Vegetationsaufnahme:

Vegetationsaufnahme	Waldart: Rotbuchenwald
Datum: 30.5.1996	Ort: Petersberg / Rauschenberg
Angabe zur Lage	Höhe über NN 440 m
	Hangneigung: 5 °, Neigungsrichtung: SO

Angaben zum Boden	Bodentyp: Braunerde über Basalt ph-Wert: 7, Bodenfeuchte: frisch
Größe der Probefläche:	100 m^2

Artenliste:		Menge	Artenliste:		Menge
B.	Rotbuche	5	Kr.	Einblütiges Perlgras	1
	Bergahorn	1		Flattergras	+
				Waldsegge	+
St.	Rotbuche	+		Waldmeister	1
	Esche	+		Waldbingelkraut	3
	Bergahorn	+		Frühlingsplatterbse	2
				Waldlabkraut	1
				Goldnessel	1
				Türkenbundlilie	+
				Großblütige Sternmiere	+
				Vielblütige Weißwurz	+
				Ährige Teufelskralle	+
				Waldveilchen	+
				Gefleckter Aronstab	+
				Gelbes Windröschen	+
				Buschwindröschen	2

Eine Pflanzendecke, die sich von heute an ohne weiteren menschlichen Einfluß an einem bestimmten Standort entwickeln würde, bezeichnet man als *potentielle natürliche Vegetation.* Das wären über große Flächen hin in Mitteleuropa verschiedenartige Waldgesellschaften. Die am Standort konkurrenzstärksten Arten setzten sich dann durch und würden das Bild der Pflanzendekke prägen. Die heutigen Wälder jedoch zeigen, auch wenn sie naturnah erscheinen, meist Spuren menschlicher Einwirkungen. Früherer Waldweidebetrieb, Bevorzugung bestimmter Holzarten, verschiedene frühere Bewirtschaftungsformen und die Streunutzung haben die ursprünglichen Pflanzengemeinschaften verändert. Heute ist es in manchen Fällen schwer zu beurteilen, ob ein Wald mit seiner Krautschicht seine potentielle natürliche Vegetation trägt, oder aufgrund anhaltender menschlicher Einflüsse (z.B. Bewirtschaftungsweisen) eine anthropogene Ersatzgesellschaft ausgebildet ist.

Einige typische Waldgesellschaften, wie wir sie heutzutage in Mitteleuropa antreffen können, seien kurz vorgestellt:

11.1 Laubwälder

Rotbuchenwälder hatten ursprünglich in Mitteleuropa eine weite Verbreitung. Das ist erklärlich, wenn man bedenkt, daß die Rotbuche an fast alle abiotischen

Faktoren keine allzuhohen Anforderungen stellt, also an vielen Stellen gedeihen kann. Andererseits ist sie aber auch vielen Konkurrenten durch ihr dichtes Laubdach überlegen, in ihrem Schatten hat der Nachwuchs der Konkurrenten wenig Wachstumschancen. Auf Böden mit Staunässe jedoch, in denen das Grundwasser hoch ansteht und damit die Sauerstoffversorgung der obersten Bodenschichten behindert, auf stark austrocknenden und (oder) flachgründigen Böden oder in spätfrostbedrohten Lagen ist die Buche der Konkurrenz anderer Baumarten unterlegen. Je nach Klima des Standortes, der Höhenlage und der Bodenbeschaffenheit zeigen Rotbuchenwälder sehr verschiedene Ausprägungen. Kennzeichnend für den Waldtyp sind die Pflanzen der Krautschicht.

Hainsimsen-Rotbuchenwälder finden wir weit verbreitet auf armen Böden, die aus verwittertem Silikatgestein oder ausgelaugtem Löß entstanden sind und wenig Nährsalze und Basen enthalten. Der Mangel an Basen läßt die Bodenstreu in diesen Wäldern nur schlecht verrotten, und es entsteht saurer Moder. Dieser Boden hat entscheidenden Einfluß auf die Zusammensetzung der Krauschicht. In der Kronenschicht dominiert die Rotbuche. Neben ihr gedeihen jedoch, wenn auch an Zahl sehr unterlegen, Traubeneiche, Birke, Eberesche und Espe. In der Krautschicht finden wir die *Weiße Hainsimse*, der diese Waldform ihren Namen verdankt. Zusammen mit anderen säuretolerierenden Kräutern bildet sie die recht artenarme Bodenvegetation. Neben Gräsern fallen unter den Bodenpflanzen Waldehrenpreis, Wiesenwachtelweizen, das Schattenblümchen und der Sauerklee durch ihre Blüten auf. Als Zwergstrauch kann die Heidelbeere häufig sein. Außer den Kräutern finden wir am Boden eine meist gut entwickelte artenreiche Moosflora.

Im Hügelland Mitteleuropas tritt uns der Buchenwald auf reicheren Böden in anderer Gestalt – als ***Perlgrasbuchenwald*** – entgegen. Braunerden, die beispielsweise aus verwitterndem Basalt entstehen, stellen den Pflanzen mehr Nährsalze und Basen zur Verfügung. Die Laubstreu zersetzt sich schneller als im sauren Boden des Haimsimsenbuchenwaldes, und diese Bedingungen ermöglichen es anspruchsvolleren Pflanzen, sich hier zu behaupten. In der Kronenschicht behaupten sich neben der auch hier dominierenden Buche Arten mit höheren Ansprüchen: Bergahorn, Eichen und Bergulme, die allerdings durch das derzeitige „Ulmensterben" immer seltener wird. Die Kronenschicht ist, bedingt durch die gute Nährstoffversorgung, sehr dicht. Deshalb fehlt die Strauchschicht, und in der Krautschicht herrschen die Frühblüher vor. Namensgebend für diese Waldassoziation ist das *Einblütige Perlgras;* in Süddeutschland, wo dieses Gras nicht oder nur selten vorkommt, ist der Waldmeister die kennzeichnende Art der Krautschicht. Auffällige Blütenpflanzen in diesem Wald sind neben dem Waldmeister das Buschwindröschen, die Goldnessel, das Waldveilchen, Vielblütige Weißwurz, Echtes Lungenkraut und Waldsanikel. Oft sind größere Bodenflächen vom unscheinbar blühenden Bingelkraut bedeckt. Wo es die Neigung des Geländes erlaubte, hat man die fruchtbaren Böden dieser Wälder längst in Äcker umgewandelt.

Buchenwälder, die auf Muschelkalk stocken, fallen Pflanzenfreunden im Frühjahr durch ihren Blumenreichtum besonders auf. Grund für diese Vielfalt ist ein besonders nährstoff- und basenreicher Kalkverwitterungsboden, der allerdings im Sommer trocken werden kann. Die Bodenschicht ist als Renzdina zwar sehr dünn, aber auf ihr wird das Fallaub sehr schnell zu Mull zersetzt, und damit kommt es zu einem schnellen Nährstoffumsatz. Die Kalkverwitterungsböden enthalten oft sehr viele Tonmineralien. Das ist der Grund dafür, daß sie früher trotz ihrer Fruchtbarkeit nicht leicht landwirtschaftlich zu nutzen waren und der Wald auf ihnen erhalten blieb. Diese Böden nannte man früher 5-Minutenböden, weil die Zeitspanne, in der sie bearbeitet werden konnten, sehr kurz war. Im zu nassen Zustand bearbeitet ergab sich keine Krümelstruktur, in zu trockenem konnten die Schollen nicht von der Egge zerkleinert werden. Zur Buche gesellen sich als Beiholzarten Esche, Bergahorn und Bergulme. Ihren Namen ***Platterbsenbuchenwald*** erhält dieser Waldtyp von der Frühlingsplatterbse, die als kennzeichnende Art in der Krautschicht vertreten ist. Neben ihr fallen besonders Buschwindröschen, Leberblümchen, Waldmeister, Maiglöckchen, Waldlabkraut, Bingelkraut, Sanikel, Mandelblättrige Wolfsmilch, Waldveilchen und Türkenbund auf. Als Zwergstrauch blüht vor der Belaubung der Bäume der Seidelbast. Auch unter dem geschlossenen Laubdach des hallenartig aufgebauten Buchenwaldes finden wir im Sommer gelegentlich noch grüne Pflanzen, wie Halselwurz und Goldnessel.

Im Flach- und Hügelland sind auf Böden mit Staunässe die Rotbuchen ihren Konkurrenten, den Eichen und Hainbuchen unterlegen. Es bildet sich ein - ***Eichen-Hainbuchenwald*** aus. Dieser Waldtyp bildet eine lichte erste Kronenschicht mit Trauben- und Stieleichen aus und in eine zweite etwa 25m hohen Kronenschicht ragen die Hainbuchen, deren Kronen allerdings für tiefen Schatten am Waldboden sorgen. Oft ist in diesen Wäldern unter menschlichen Einfluß das Laubdach aufgelichtet. Dann bildet sich eine artenreiche Strauchschicht aus, in der neben dem Nachwuchs der bestandbildenden Bäume Hasel, Weißdorn, Heckenrose, Schlehe, Rote Heckenkirsche, Roter Hartriegel, Gewöhnlicher Schneeball und Rote Johannisbeere angetroffen werden. In der Krautschicht ist die Große Sternmiere häufig. Sie gilt als Kennart in der Krautschicht dieser Waldformation, neben der an auffälligen Arten Buschwindröschen, Goldnessel, Waldmeister, Vielblütige Weißwurz, Goldhahnenfuß und das Waldveilchen vertreten sind.

11.2 Nadelwälder

Kiefernwälder haben in Europa eine weite Verbreitung. Die Gemeine Kiefer *(Pinus sylvestris)* benötigt zwar viel Licht, stellt aber an weitere Standortfaktoren nur bescheidene Ansprüche. Sie weicht in ihren bestandbildenden Vorkommen im Flach- und Hügelland auf Böden aus, die ihren Konkurrenten zu extrem, also zu trocken, zu naß oder zu sauer sind. Ihr Hauptverbreitungsgebiet in Mitteleuropa sind sandige Böden östlich der Elbe. Häufig ist in Mittel- und Osteuropa der Typ des Zwergstrauchkiefernwaldes vertreten. Zwischen den Kiefern stehen als Beihölzer Traubeneichen, Birken, gelegentlich auch Winterlinden und Espen. Diese Arten sind im Kiefernwald nie Bestandteil der Baumkronenschicht, sondern bilden nur verkümmerte Wuchsformen aus. Die Kiefern erweisen sich als starke Konkurrenten im Kampf um Wasser und Nährsalze und so erschweren Trockenheit und Nährstoffmangel die Ausbildung einer Strauchschicht, für die unter den Kronen ja genügend Licht vorhanden wäre. Dennoch gelingt es unter diesen Bedingungen dem Besenginster und dem Wachholder zu existieren. Am Boden dominiert als Zwergstrauch die Heidelbeere. Sie hält hier aus, weil sie mit Mycorrhizapilzen die im Rohhumus enthaltenen Nährstoffe aufschließen kann. Auf der weitgehend unzersetzten Bodenauflage der Kiefernadeln wachsen anspruchslose Gräser wie der Schafschwingel und die Drahtschmiele. Oft findet man größere Bodenstücke, die mit einer geschlossenen Moosschicht überzogen sind. Der Boden dieser Wälder neigt zur Podsolbildung.

Fichtenwälder in tieferen Lagen wurden vom Menschen künstlich angelegt. Sie würden ohne menschliche Hilfe an diesen Standorten über längere Zeit hin nicht existieren können. Natürliche Fichtenvorkommen, das heißt Wälder, in denen die Fichte der konkurrenzstärkste Baum ist, gibt es in den mitteleuropäischen Gebirgen in Höhenlagen über 700-800 Meter, also in den Alpen, aber auch in den höheren Mittelgebirgen, wie dem Harz, den Sudeten, dem Thüringer Wald, dem Schwarzwald und dem Bayerischen Wald. Die Kronenschichten dieser Bergwälder sind nicht so dicht wie diejenigen der Fichtenforste des Flachlandes, und so kann sich am Waldboden in der Regel eine Zwergstrauch- oder Krautschicht ausbilden. Die Nadelstreu verrottet nur langsam und bildet sauren Rohhumus. Auf dieser nährstoffarmen Unterlage siedeln sich vor allem Gräser und Zwergsträucher an. An feuchteren Stellen kann das Wollige Reitgras *(Calamogrostis villosa)* konkurrenzstärkster Vertreter der Krautschicht sein. Auch die Drahtschmiele *(Deschampsia flexuosa)* kann an etwas dunkleren und trockeneren Stellen flächendeckend auftreten. Häufig finden wir in den Bergfichtenwäldern Zwergsträucher wie die Heidebeere und daneben die Preiselbeere, seltener auch Heidekraut. Auffällig blühende Pflanzen, wie den Siebenstern, finden wir in geschlossenen Fichtenwäldern nur selten. Neben den höheren Pflanzen kommen in den Fichtenwäldern, neben einigen Farnarten, wie Dorniger Wurmfarn und Frauenfarn, viele Moose vor. Einige von ihnen, besonders die Lebermoose, weisen auf eine hohe Luftfeuchtigkeit hin, auf die natürliche Fichtenwälder angewiesen sind.

12 Das ökologische Gleichgewicht

Der Begriff „ökologisches Gleichgewicht“ ist in unseren Tagen zu einem Schlagwort von politischer Bedeutung geworden, das in aller Munde ist. Im Rahmen der Naturwissenschaft Biologie besagt dieser Begriff jedoch lediglich, daß Systeme von Lebewesen und ihrer Umwelt über längere Zeit „stabil“ bleiben, also von außen einwirkende Störungen durch Regulationsleistungen ausgleichen können. Dies sei nachfolgend näher betrachtet.

12.1 Darstellung der Regelung von Populationsstärken in Pfeildiagrammen

Abbildung 35 zeigt in idealisierter Weise, wie sich die Populationen von Marienkäfern und Blattläusen, ihrer Hauptbeute, gegenseitig beeinflussen.

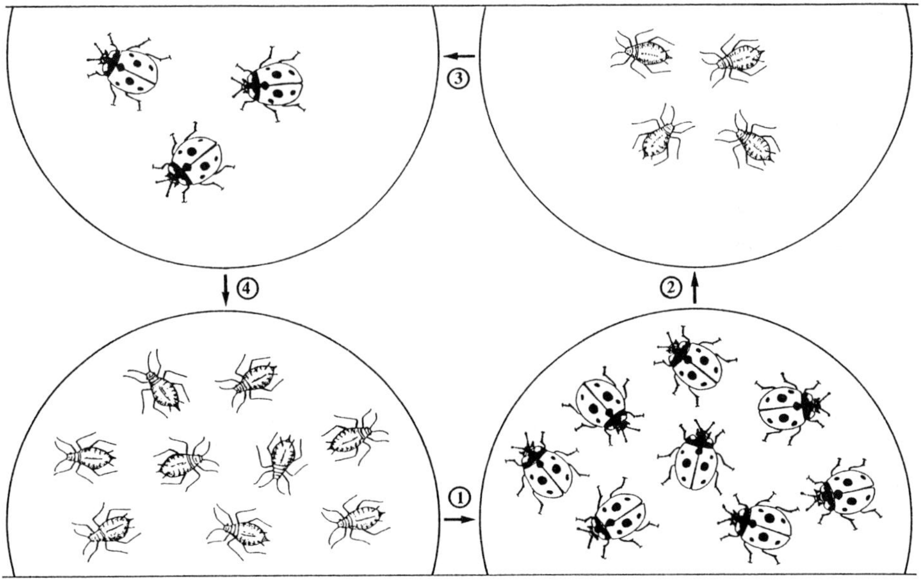

Abb. 35: Regulation der Populationen von Marienkäfern und Blattläusen.

Die vier Pfeile in der Abbildung kann man auch in Sätzen wie folgt ausdrücken:

Je mehr Blattläuse,	desto mehr Marienkäfer;
je mehr Marienkäfer,	desto weniger Blattläuse;
je weniger Blattläuse,	desto weniger Marienkäfer;
je weniger Marienkäfer,	desto mehr Blattläuse.

Betrachtet man diese vier Zeilen genauer, so fällt auf, daß sich die Beziehung zwischen Beutetier und Beutegreifer von der Gegenbeziehung Beutegreifer und Beutetier unterscheidet:

Für die Beziehung zwischen Beutetier und Beutegreifer gilt:

Blattläuse →	**Marienkäfer**
je mehr	desto mehr
je weniger	desto weniger.

Die Anzahlen der Tiere beider Arten sind hier direkt proportional, zwischen ihnen besteht eine positive Rückkoppelung.

Für die Gegenbeziehung zwischen Beutegreifer und Beutetier dagegen gilt

Marienkäfer →	**Blattläuse**
je mehr	desto weniger
je weniger	desto mehr.

Hier besteht also umgekehrte Proportionalität oder auch negative Rückkoppelung zwischen den Populationen.

Aus dem Gesagten geht hervor, daß sich die Gesetzmäßigkeit weiter idealisieren, weiter abstrahieren läßt, und zwar unter Verwendung von zwei Symbolen:

 = Symbol für negative Rückkoppelung

 = Symbol für positive Rückkoppelung.

Aus diesen Symbolen läßt sich ein Pfeildiagramm erstellen, das als Pfeildiagramm zweiter Ordnung bezeichnet wird. Es stellt eine Regelkreisbezeichnung dar.

In entsprechender Weise besteht eine Regelkreisbeziehung auch für die Blattläuse und ihre Futterpflanzen, aus denen sie die Assimilate saugen.

Bei starkem Blattlausbefall kann z.B. die Samenproduktion vor allem der krautigen Pflanzen vermindert werden.

Die Bezeichnung Regelkreis bringt zum Ausdruck, daß sich in der Tat Populationsdichten von Beutegreifer und Hauptbeute oder Pflanzenfresser und

Futterpflanze gegenseitig regeln können. Je höher die Dichten von Beute- und Räuberpopulation sind, desto häufiger finden Begegnungen zwischen Individuen beider Populationen statt, um so häufiger wird also ein Beutegreifer zum Jagderfolg kommen. Umgekehrt hängt die Reduktion der Beutepopulationsstärke von der Häufigkeit der Beutegreifer ab.

Zur Beschreibung einfacher Räuber-Beutebeziehungen hat man mathematische Modelle entwickelt. Derartige Modelle sind abstrakt und können die Wirklichkeit, in der ja eng vernetzte Beziehungsgefüge als Grundvoraussetzung für eine Regulierung wesentlich sind, nicht vollständig erfassen. Sie haben also nur einen begrenzten Geltungsbereich und verdeutlichen Grundvorgänge.

12. 2 Die mathematische Behandlung des biologischen Gleichgewichts

Alle Regelungsvorgänge wirken ja über Beeinflussungen des Populationswachstums. Deshalb sollen zunächst Änderungen der Populationsstärke untersucht werden.

12.2.1 Populationswachstum

Alle Individuen einer Art, die in einem zusammenhängenden Gebiet leben, gehören zu einer Population. Wie bereits gezeigt, ändert sich die Stärke einer Population in einer Lebensgemeinschaft ständig, sie schwankt innerhalb bestimmter Grenzen. Besiedelt eine Tierart erstmals einen Lebensraum, dann kann sich diese Pionierpopulation sehr rasch ausbreiten. Neben Zu- und Abwanderung sind vor allem Nachwuchs und der meist von Regulatoren verursachte Tod die Hauptursachen für die Änderungen der Populationsstärke. Soll sich die Populationsstärke im Gleichgewicht befinden, soll sie also über einen bestimmten Zeitraum hin konstant bleiben, dann müssen sich Zugang und Abgang gegenseitig aufheben. Obwohl die Einzelindividuen ständig ausgetauscht werden, bleibt ihre Gesamtzahl konstant. Die Population befindet sich im *dynamischen Gleichgewicht*.

Will man ermitteln, um wie viele Individuen eine Population in einem bestimmten Zeitraum anwächst, dann muß man von der Anzahl der geborenen Individuen die Anzahl der ums Leben gekommenen subtrahieren:

(1) $$\frac{dN}{dt} = B - D$$

Dabei bedeuten B die Anzahl der im Zeitraum t geborenen Individuen und D die Anzahl der im gleichen Zeitraum gestorbenen. $\frac{dN}{dt}$ ist die Änderung der Populationsstärke N mit der Zeit.[1]

Die Anzahlen der Geburten und Todesfälle in einer Population hängen natürlich davon ab, wie viele Individuen überhaupt vorhanden sind. Deshalb ist es sinnvoll Geburts- und Sterberate so zu formulieren, daß ihre Abhängigkeit von der Populationsstärke erkennbar wird:

$$B = b \cdot N$$
$$D = d \cdot N$$

Hierbei ist N die Anzahl der Individuen der Population, b ist die durchschnittliche Geburtenrate pro Individuum und Zeiteinheit und d die durchschnittliche Sterberate pro Individuum und Zeiteinheit.

Die Wachstumsgleichung (1) kann nun so formuliert werden:

$$\frac{dN}{dt} = b \cdot N - d \cdot N$$

$$(2) \quad \frac{dN}{dt} = (b - d) \cdot N$$

Der Ausdruck b - d wird zur Zuwachsrate r zusammengefaßt:

$$(3) \quad \frac{dN}{dt} = r \cdot N$$

Will man die Populationsstärke bei ungehemmtem Wachstum nach einem bestimmten Zeitraum t ermitteln, dann ist zur Ausgangspopulationsstärke der Zuwachs im Zeitraum t zu addieren.

Ein Rechenbeispiel soll zeigen, wie sich die Größe einer Population bei gleichbleibendem r von Zeiteinheit zu Zeiteinheit ändert:

Gegeben seien $r = 0{,}5$; $N_0 = 100$; N_0 = Ausgangspopulationsstärke, N_1 = Stärke der Population zum Zeitpunkt t_1, N_2 = Stärke der Population zum Zeitpunkt t_2, wobei gilt:

$$N_{x+1} = N_x + r\,N_x$$
$$N_1 = N_0 + r\,N_0 = 100 + 0{,}5 \cdot 100 = 150$$
$$N_2 = N_1 + r\,N_1 = 150 + 0{,}5 \cdot 150 = 225$$
$$N_3 = N_2 + r\,N_2 = 225 + 0{,}5 \cdot 225 = 338$$
$$N_4 = N_3 + r\,N_3 = 338 + 0{,}5 \cdot 338 = 507$$

[1] $\frac{dN}{dt}$ muß mathematisch korrekt als Änderung der Populationsstärke in einer unendlich kleinen Zeitspanne, also zu einem Zeitpunkt, definiert werden.

Nach der Gleichung $\frac{dN}{dt} = r \cdot N$ wächst bei positivem r die Population immer schneller und erreicht bald unrealistisch hohe Werte. Ein solches Wachstum nennt man *exponentiell* (vgl. Abb. 36).

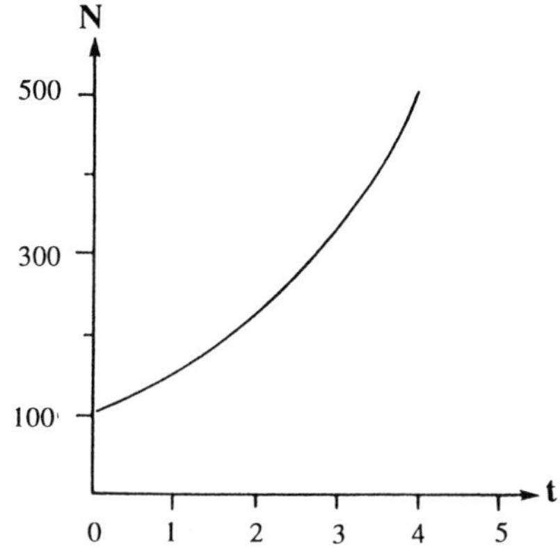

Abb. 36: Anwachsen der Population mit der Zeit bei exponentiellem Wachstum.

Die bisher angeführte exponentielle Wachstumsgleichung eignet sich nur dazu, die Veränderung der Population von Zeiteinheit zu Zeiteinheit zu errechnen. Wenn N für eine beliebige Zeit bestimmt werden soll, muß die Wachstumsgleichung integriert werden. Dabei ergibt sich: $N_D = N_0 \cdot e^{r \cdot t}$

Diese Gleichung errechnet sich auf folgende Weise:

$$\frac{dN}{dt} = r \cdot N$$

$$\frac{dN}{N} = r \cdot dt$$

$$\int_{N_0}^{N_t} \frac{1}{N} \cdot dN = \int_0^t r \cdot dt$$

$$[\ln N]_{N=N_0}^{N=N_t} = r \cdot t$$

$$\ln N_t - \ln N_0 = r \cdot t$$

$$\ln \frac{N_t}{N_0} = r \cdot t$$

$$\frac{N_t}{N_0} = N_0 \cdot e^{r \cdot t}$$

$$N_t = N_0 \cdot e^{r \cdot t}$$

Einfacher ist das Problem zu lösen, wenn sich die Generationen nicht überlappen, wie das beispielsweise bei vielen einheimischen Insekten vorkommt.

Eine Insektenpopulation von 100 Individuen soll absterben und durch Überwinterungsstadien, z. B. Eier, 200 Individuen der nächsten Generation zurücklassen. Es käme dann von Generation zu Generation zur Verdoppelung der Individuenzahlen:

Generation	*Individuenzahl*
0	100
1	200
2	400
3	800
4	1600

In diesem Beispiel ist die Individuelle Vermehrungsrate $R = 2$; N_0 ist 100. In der 3. Generation ist die Population auf $N_3 = 800$ Individuen angewachsen. Wie man leicht nachprüfen kann, errechnet sich N_3 nach der Formel $N_3 = N_0 \cdot R^3$. Die allgemeine Formel für die Berechnung von N_t lautet also

$$N_t = N_0 \cdot R^t$$

Das ungebremste exponentielle Wachstum der Population muß zur Übervölkerung des Lebensraumes führen, und aus diesem Grunde muß es in der Realität eine Wachstumsgrenze für die Population geben, die dann erreicht wird, wenn die Ressourcen des Lebensraumes kein weiteres Wachstum zulassen. Je mehr sich also die Populationsstärke N dem Fassungsvermögen des Lebensraumes nähert, um so geringer muß das Wachstum der Population werden.

In die exponentielle Wachstumsgleichung müßte also ein Faktor eingeführt werden, der bei hohen Populationsstärken das Wachstum gegen 0 gehen ließe oder gar zu einem Rückgang führen könnte. Für kleine Werte von N müßte dieser Faktor gegen 1 gehen, denn in diesem Falle soll die Population ja uneingeschränkt wachsen können. Diese Bedingungen erfüllt der Ausdruck $\frac{K-N}{K}$, in dem K ein Symbol für das Fassungsvermögen, die *Kapazität* des Lebensraumes für die Population ist.

$$(4) \qquad \frac{dN}{dt} = r \cdot N \left(\frac{K-N}{K} \right)$$

Diese modifizierte Gleichung entspricht den tatsächlich zu beobachtenden Wachstumsvorgängen wesentlich besser als die exponentielle. Sie wird *logistische Wachstumsgleichung* genannt (vgl. Abb. 37).

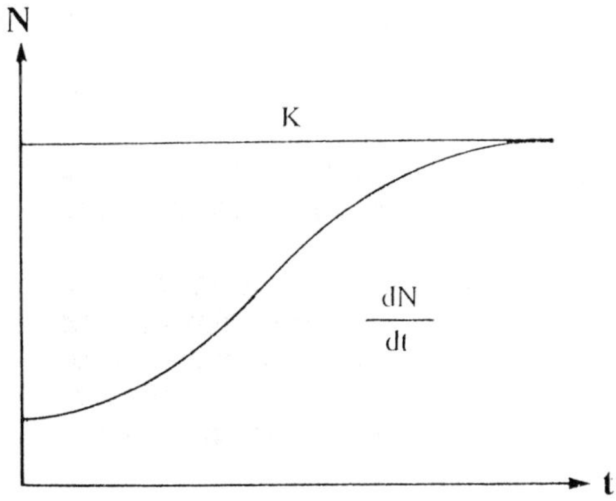

Abb. 37: Logistisches Wachstum einer Population.

Ein Rechenbeispiel soll den Gebrauch der logistischen Wachstumsgleichung erläutern:

Das Fassungsvermögen des Lebensraumes für eine Art soll bei 1000 Tieren liegen. Die individuelle Vermehrungsrate sei 0,5. Um wie viele Individuen wächst die Population von 100 Tieren im Zeitraum t an? (K = 1000; r = 0,5; N = 100.)

$$\frac{dN}{dt} = r \cdot N \left(\frac{K - N}{K}\right)$$

$$\frac{dN}{dt} = 0{,}5 \cdot 100 \left(\frac{1000 - 100}{1000}\right); \quad \frac{dN}{dt} = 45$$

Die Population wächst um 45 Individuen auf 145 an.

Aufgabe 12.1:
Berechnen Sie analog zum obigen Beispiel (r = 0,5; K = 1000) die Wachstumsraten im Zeitraum t, wenn die Ausgangspopulationen a) 1100, b) 950 Tiere enthalten sollen.

Naturschützer beobachten oft, daß durch Verkehrsbauten Populationen in isolierte Teile aufgespalten wurden. Wird in solchen Fällen eine Mindestpopulationsstärke unterschritten, erlischt die Population.

Nähert sich die Populationsstärke N der Mindeststärke M, dann soll das Wachstum der Population gegen 0 gehen. Ist N dagegen wesentlich größer als M, dann soll der Einfluß des unteren Begrenzungsfaktors gering sein. Diese Bedingungen erfüllt der Ausdruck: $\frac{N-M}{M}$. Die logistische Wachstumsgleichung, die die Grenzen der Populationsstärke nach oben und unten berücksichtigt, lautet nun:

$$(5) \qquad \frac{dN}{dt} = r \cdot N \cdot \left(\frac{K-N}{N}\right) \cdot \left(\frac{N-M}{M}\right)$$

Setzt man für N einen Wert ein, der kleiner als M ist, dann erlischt die Population, wie man durch eine Rechnung leicht nachprüfen kann.

Die Population einer jeden Art strebt nach einer möglichst großen Ausbreitung. Das versuchen die einzelnen Arten mit unterschiedlichen Strategien zu erreichen.

Die in unseren Wäldern häufigen Pilzmücken sind ein Beispiel für *r-Strategen*. Ihre Larven leben in den Fruchtkörpern der Pilze, also in nur für kurze Zeit beständigen Kleinstlebensräumen. So lange das Nahrungsangebot sehr hoch ist, können sich diese Insekten schnell vermehren. In der Gleichung, die ihr Wachstum beschreibt, ist also der Faktor r sehr hoch. Die r- Strategen haben besondere Fähigkeiten:

- Die leicht verderbliche oder nur kurzfristig zur Verfügung stehende Nahrung muß schnell gefunden werden; das gelingt durch eine hohe Zahl an Individuen, die sich flächendeckend über en Lebensraum verteilen. Nur wenige der vielen Tiere finden eine Nahrungsquelle.
- Die Nahrung muß schnell genutzt werden. Die Art mit der höchsten Vermehrungsrate und der schnellsten Entwicklung hat Selektionsvorteile.

Andere Arten, z.B. Spechte oder viele Singvögel, nutzen den Lebensraum als *K-Strategen*. Ihre Populationsstärke bewegt sich stets in der Nähe von K, der Kapazität der Biozoenose. Die Populationsstärke wird bei diesen Arten vor allem dadurch geregelt, daß Reviere gegründet und gegenüber anderen brutwilligen Artgenossen verteidigt werden. Damit wird die Obergrenze der Nachkommenzahl festgelegt. Fallen einige der Revierbesitzer ihren Feinden zum Opfer, dann können Artgenossen, denen es bisher nicht gelang, Reviere zu besetzen, die verwaisten Brutplätze übernehmen und sich fortpflanzen. Der Ausfall wird sofort ausgeglichen. K-Strategen sind meist hoch spezialisiert und haben sich als typische Bewohner stabiler Ökosysteme an spezielle Formen des Nahrungserwerbes angepaßt.

Die Produktionsrate von K-Strategen wird in erster Linie dadurch hoch gehalten, daß im wesentlichen nur die Individuen im fortpflanzungsfähigem Alter das Nahrungsangebot nutzen können. Unproduktive, das heißt junge, alte und kranke Tiere fallen häufiger ihren Feinden zum Opfer.

Die logistische Wachstumsgleichung gestattet auch eine Aussage über die Voraussetzungen einer möglichst hohen Produktionsrate der Population. Um die höchste Wachstumsrate zu ermitteln, muß die größte Steigung der Funktion durch eine Extremwertberechnung bestimmt werden:

$$\frac{dN}{dt} = r \cdot N \left(\frac{K-N}{K}\right)$$

$$\frac{dN}{dt} = r \cdot N \left(1-\frac{N}{K}\right)$$

1. Ableitung:

$$\frac{d\left(\frac{dN}{dt}\right)}{dN} = \left(1-\frac{N}{K}\right) \cdot r - \frac{N}{K} \cdot r$$

Ermitteln der Extremwertstelle:

$$\left(1-\frac{N}{K}\right) \cdot r - \frac{N}{K} \cdot r = 0$$

$$1-\frac{N}{K} - \frac{N}{K} = 0$$

$$K - 2N = 0$$

$$N = \frac{K}{2}$$

Die Rechnung ergibt, daß die Population dann am stärksten anwächst, wenn $N = \frac{K}{2}$ ist. Will man also von einer Population einen möglichst hohen Ertrag abschöpfen, dann muß sich diese Population in schnellem Wachstum befinden. Das ist der Fall, wenn der Lebensraum nur mit der Hälfte der Tiere, die er eigentlich ernähren könnte, besetzt ist.

12.2.2 Anwendung der exponentiellen Wachstumsgleichungen auf „Räuber-Beute- Beziehungen"

Ausgehend von den Wachstumsfunktionen kann man mit einfachen Mitteln ein Modell einer „Räuber-Beute-Beziehung" ableiten. Die dazugehörigen Gleichungen wurden von ALFRED LOTKA 1925 und VITO VOLTERRA 1926 unabhängig voneinander entwickelt. Inhalt ihrer Überlegungen war eine Verknüpfung des Wachstums einer Räuberpopulation mit der einer Beutepopulation.

Die Geburtenrate der räuberischen Art in dem Beziehungsgefüge hängt vom Beuteangbot ab, genauer, von der Häufigkeit, mit der die Räuber auf ihre Beutetiere treffen. Je höher die Dichte der Beute ist, um so bessere Vermehrungsbedingungen ergeben sich für die Räuberpopulation.

In der exponentiellen Wachstumsgleichung für die Räuber muß also die Populationsgröße der Beutetiere enthalten sein. Die Geburtenrate des Räubers b_R wird hier so formuliert, daß in ihr der Ausdruck N_B für die Größe der Beutepopulation enthalten ist (die Indizes R und B bezeichnen dabei zum Räuber bzw. zur Beute gehörige Größen):

$$b_R = B_R \cdot N_B$$

Die Wachstumsgleichung für die Räuber

$$\frac{dN_R}{dt} = (b_R - d_R) \cdot N_R$$

muß nun in der folgenden Weise geschrieben werden:

$$\frac{dN_R}{dt} = (B_R \cdot N_B - d_R) \cdot N_R \qquad \text{1. Lotka-Volterra-Gleichung}$$

Nach dieser Gleichung hat die Größe der Beutepopulation keine Bedeutung für die Sterberate des Räubers.

Das Wachstum der Beutepopulation wird von der Wirksamkeit der Räuber beeinflußt. Die individuelle Sterberate der Beute ist an das Zusammentreffen mit dem Raubtier gebunden, also von der Größe der Räuberpopulation abhängig. Die individuelle Geburtenrate wird dagegen von der Räuberpopulation nicht beeinflußt. Für die individuelle Todesrate der Beute gilt:

$$d_B = D_b \cdot N_R$$

Die Wachstumsgleichung für die Beute lautet demnach:

$$\frac{dN_B}{dt} = (b_B \cdot D_b - N_R) \cdot N_B \qquad \text{2. Lotka-Volterra-Gleichung}$$

Aus den LOTKA-VOLTERRA-Gleichungen lassen sich drei Regeln ableiten:

1. Unter konstanten Umweltbedingungen ändern sich die mittleren Populationsdichten von Räuber und Beute nicht.
2. Die Populationsdichten von Räuber und Beute schwanken phasenverschoben, wobei Periode und Amplitude konstant bleiben.
3. Werden die Populationen von Räuber und Beute gleichzeitig erniedrigt, dann nimmt anschließend die Beutepopulation schneller zu als die Räuberpopulation.

Wenn sich das Räuber-Beute-System im Gleichgewicht befinden soll, dann darf sich weder die Beute- noch die Räuberpopulation ändern. Beide Wachstumsraten müssen den Wert 0 haben.

$$\frac{dN}{dt} = 0$$

$$\frac{dN_R}{dt} = N_R \cdot (B_R \cdot N_B - d_R) = 0$$

$$\frac{dN_B}{dt} = N_B \cdot (b_B - D_B \cdot N_R) = 0$$

Die Größen b_B und d_R können durch Beobachtungen der Populationen bestimmt werden. Mit ihrer Hilfe können dann die Faktoren D_B und B_R errechnet werden.

Rechenbeispiel:

N_R = 100 Individuen; N_B = 1000 Individuen; $d_R = 0{,}2$; $b_B = 2$.

Bestimmung des Faktors B_R:

$$\frac{dN_R}{dt} = N_R \cdot (B_R \cdot N_B - d_R) = 0$$

$$B_R \cdot N_2 - d_R = 0,\ \text{da } N_R \text{ nicht 0 sein darf}$$

$$B_R = \frac{D_R}{N_B};\ B_R = \frac{0{,}2}{1000} = 2 \cdot 10^{-4}$$

Bestimmung des Faktors D_B :

$$\frac{dN_B}{dt} = N_B \cdot (b_B - D_B \cdot N_R) = 0$$

$$b_B - D_B \cdot N_R = 0$$

$$D_B = \frac{b_B}{N_R};\ D_B = \frac{2}{1000};\ D_B = 2 \cdot 10^{-2}$$

Für die weitere Rechnung wollen wir davon ausgehen, daß Räuber und Beute Insekten sind. Auf das im Gleichgewicht befindliche System soll ein Insektizid so einwirken, daß bei beiden Arten die Populationsstärke um 50% schrumpft. Die weitere Entwicklung der Populationen läßt sich wie folgt berechnen:

Populationsstärken nach der Insektizideinwirkung: $N_R = 50$; $N_B = 500$.

Änderung der Räuberpopulation:

$$\frac{dN_R}{dt} = N_R \cdot (B_R \cdot N_B - d_R)$$

$$= 50 \cdot \left(2 \cdot 10^{-4} \cdot 5 - 0{,}2\right)$$

$$= 50 \cdot \left(10^{-1} - 0{,}2\right)$$

$$\frac{dN_R}{dt} = -5$$

Die Räuberpopulation nimmt also um weitere 5 Individuen auf 45 ab.

Änderung der Beutepopulation:

$$\frac{dN_B}{dt} = N_B (b_B - D_B \cdot N_R)$$

$$= 500\left(2 - 2 \cdot 10^{-2} \cdot 50\right)$$

$$\frac{dN_B}{dt} = 500$$

Die Beutepopulation wächst also innerhalb des nächsten Zeitabschnittes um 500 Tiere auf 1000 an.

Die LOTKA-VOLTERRA-Gleichungen beziehen sich auf ein einfaches System aus zwei Arten, die ihre Populationsstärken gegenseitig regulieren. Nur in seltenen Fällen bleibt ein solches Zwei-Arten-System stabil in einem dynamischen Gleichgewicht. Vielmehr kann ein über längere Zeit hin stabiles Gleichgewicht nur da erwartet werden, wo eine große Anzahl verschiedener Arten durch ein enges Netz von Nahrungsbeziehungen miteinander verknüpft ist. Statt eines Feindes hat dann jede Art sehr viele Regulatoren. Die Wirkung, die vom Rückgang der Populationsstärke einer Art ausgehen kann, wird durch andere Arten ausgeglichen. Die LOTKA-VOLTERRA-Gleichungen zeigen also Prinzipien der Populationsregulation auf, sie sind jedoch nicht zur Beschreibung eines komplexen Gleichgewichts geeignet.

12.3 Einflüsse des Menschen auf die Regelung von Wildtierpopulationen

Artenreiche komplexe Systeme mit den vielfältigen Beziehungen ihrer Glieder sind stabil, sie können also von außen her kommende Störungen kompensieren. Im Laufe seiner Kulturgeschichte wirkte der Mensch auf diese Systeme in der Art ein, daß er ein regelndes Glied nach dem anderen ausschaltete, bis er schließlich selbst merkte, daß das ökologische Gleichgewicht gestört ist. Monokulturen traten in vielen Fällen an die Stelle natürlicher Lebensgemeinschaften. Artenarme Systeme zeigen verminderte Regulationsleistungen, und deshalb kommt es hier häufig zu Massenvermehrungen einzelner Arten, die vom Menschen dann als „Schädlinge" bekämpft werden. Im Falle unserer Wildbestände fehlen die natürlichen Regulatoren, und es zeigt sich, daß eine Regulation durch menschliche Eingriffe nicht einfach ist. Die praktizierte Kontrolle der Wildbestände entspricht ihrem Wesen nach eher einem technischen Regelkreis. Zunächst muß die Stärke der Wildpopulation, der *Istwert*, von Jägern festgestellt werden, was in der Praxis oft schwierig ist. Die Jäger spielen hier die Rolle von *Meßgliedern* im Regelkreis. Da eine bestimmte angestrebte Wilddichte, der *Sollwert*, erreicht werden soll, muß ein *Regelzentrum*, in der Praxis die Jagdbehörde, Istwert und Sollwert vergleichen und aus der Diffe-

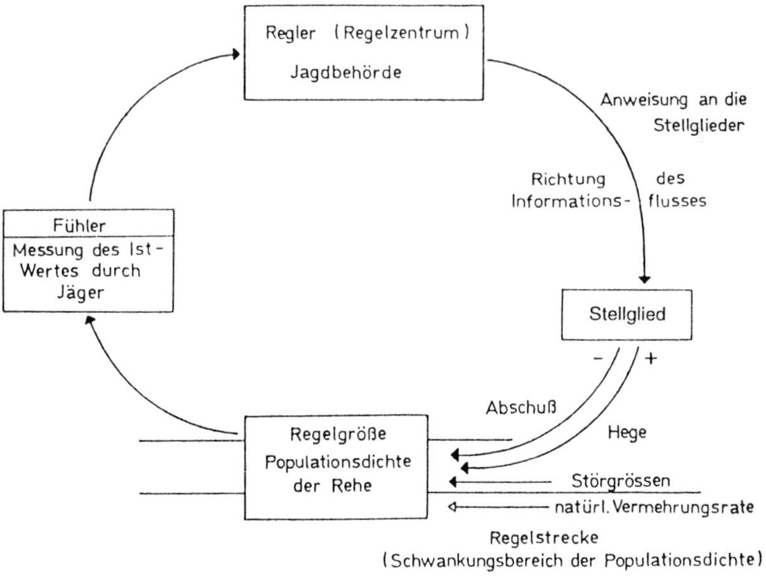

Abb. 38: Regelung des Wildbestandes durch Bejagung.

renz beider Werte Abschußpläne, deren Erfüllung den Jägern als *Stellgliedern* obliegt, entwickeln. Eine Übervermehrung mancher Wildbestände, auf die hin und wieder in den Medien hingewiesen wird, kann damit erklärt werden, daß in vielen Fällen die Jäger durch ihre Doppelfunktion im Regelkreis, nämlich als Meßglieder und Stellglieder, in Interessenkonflikte geraten.

In neuerer Zeit kann aber auch der integrierte Pflanzenschutz als ein Beispiel für die Erhaltung des Gleichgewichts durch einen Regelkreis gelten, in dem Menschen (und Maschinen) als Regelzentren und Meßglieder fungieren. In Zukunft wird dies an Bedeutung noch zunehmen: Wenn wir negative Folgen der chemischen Schädlingsbekämpfung ausschalten wollen, so müssen von vielen Organismen entsprechende Werte gesammelt, überprüft und hochgerechnet werden. Dies setzt voraus, daß wir immer bessere ökologische Kenntnisse erwerben und einsetzen.

13 Wald und Mensch

13.1 Nutzung der Wälder

Die sich in der Nacheiszeit in Mitteleuropa entwickelnden Wälder bildeten nach Ansicht vieler Prähistoriker zunächst einmal Hindernisse für die Entfaltung einer menschlichen Kultur. Unwegsame, völlig dichte Wälder erlaubten nur einen kargen Lebensunterhalt durch Jagen und Sammeln. Anstöße zur Änderung dieser Lebensform kamen von außen her. Nach Mitteleuropa wanderten wahrscheinlich Steppenbewohner von Osten her ein und siedelten sich in den Wäldern an. Diese Menschen hatten bereits vor 7000 Jahren Anfänge des Ackerbaus entwickelt. Sie bauten Einkorn, Linsen, Saubohnen und Zwergweizen an, und sie besaßen bereits Haustiere – Pferde,Rinder, Ziegen und Schafe. Damit sie ihre hochentwickelte, durch kontinuierliche Nahrungsversorgung gekennzeichnete Lebensweise beibehalten konnten, mußten sie im lebensfeindlichen Wald Inseln der Kultursteppe schaffen. Kleine Acker- und Wiesenflächen entstanden. Dazu war anstrengende Arbeit und auch die Mithilfe der Weidetiere nötig. Zur richtigen Einschätzung der ständigen Kultivierungsbemühungen des Menschen muß man bedenken, daß der Urwald das gewonnene Kulturland leicht zurückerobern konnte. Das bedeutete für die damaligen Menschen, daß sie im ständigen Kampf gegen den sich regenerierenden Wald standen.

Von Anfang an lieferte der Wald dem Menschen jedoch auch wertvolle und unentbehrliche Dinge. Holz war Energiequelle, Baustoff für Häuser und Werkstoff für Geräte. Genau so wichtig wie das Holz dürften Samen und Früchte der Bäume – vor allem Eicheln und Bucheckern – als Nahrung für Mensch und Haustier gewesen sein. Daneben nutzte man den Bodenbewuchs als Viehfutter, sammelte Honig und Bienenwachs und entnahm den Bäumen Harz.

Alle diese Beanspruchungen konnten den Wald nicht wesentlich zurückdrängen. Als die Römer nach Mitteleuropa vordrangen, bot sich ihnen, wie Cäsar, Tacitus und Plinius belegen, ein geschlossenes, unwegsames und dunkles Waldland dar, das im wesentlichen nur über Wasserläufe erschlossen werden konnte.

Erst mit dem Aufblühen des Frankenreiches nach der Zeit der Völkerwanderungen begannen sich die Landschaften Mitteleuropas langsam zu wandeln. Zielstrebig ging man an größere Rodungsprojekte heran. Diese wurden vor allem von Klöstern aus organisiert, denn es galt, in kolonisierten und missionierten Gebieten zu beweisen, daß mit dem Christentum eine überlegene Kultur und ergiebigere Wirtschaftsformen ins Land gekommen ist. Große unerschlossene Waldgebiete, die bis dahin noch niemand beansprucht hatte, vereinnahmte der König und gab sie als Lehen oder Schenkungen an die Stützen des Reiches – Adel und Kirche – weiter. Waldbesitz diente in der durch Naturalwirtschaft geprägten Gesellschaft als Mittel, um Abhängigkeiten zu schaffen. Damit ließen sich Herrschaftsstrukturen aufbauen, die das Land überhaupt erst regierbar machten.

Das langsame Zurückdrängen des Waldes gestaltete die Lebensgemeinschaften Mitteleuropas zunächst vielfältiger. Pflanzen und Tiere der Steppen und offenen Landschaften fanden geeignete Lebensbedingungen und breiteten sich in Mitteleuropa aus. Die Artenfülle wuchs durch Zuwanderung aus Ost- und Südeuropa.

Mit der menschlichen Bevölkerung wuchsen auch die Nutzungsansprüche an das Land, und bis zum 15. Jahrhundert war der Wald in Mitteleuropa so weit zurückgegangen, daß seine Ausdehnung etwa der heutigen entsprach. Dieser Restwald durfte nicht weiter zurückgedrängt werden. Er war als Wirtschaftsgrundlage unentbehrlich geworden. Von der Lebensgemeinschaft des wild wuchernden und im biologischen Gleichgewicht stehendem Urwaldes blieb angesichts der ständig steigenden Ansprüche des Menschen nur wenig übrig. Die Wälder wurden tiefgreifend verändert.

Die mittelalterlichen Bauern kannten zwei Nutzungsformen: Sie unterhielten einmal *Mast- und Weidewälder* mit den „Fruchtbäumen" Eiche und Rotbuche. In ihnen konnte Schweinemast, die wichtiger war als der Holzertrag, betrieben werden. Unter dem schütteren Laubdach der Eichen gediehen viele Bodenpflanzen, vor allem Gräser, die zusammen mit dem Baumnachwuchs abgeweidet wurden. Neben diesem Wald mit hohen Bäumen, dem *Hochwald*, existierte als zweite Nutzungsform der *Niederwald*. Er diente der Brennholzerzeugung, also der Energieversorgung. Holz war im Mittelalter weithin der einzige Brennstoff. In den Niederwäldern nutzte man die Fähigkeit einiger Laubholzarten wie Eiche, Hasel, Erle, Weide und Hainbuche, nach der Holzernte aus dem Baumstumpf erneut ausschlagen zu können. Auf diese Weise bildeten sich dichte Busch- und Stangenholzwälder aus. Ein größeres Waldstück wurde dann in einzelne Parzellen, die Schläge, eingeteilt, die reihum alle 10-30 Jahre abgeerntet wurden. Bei dieser Wirtschaftsform mußte man einige Jahre voraus planen. Vielerorts war die Nutzung der Niederwaldschläge durch die Obrigkeit bereits so geregelt, daß eine gleichmäßige Holzversorgung der Bevölkerung garantiert war. Nach dem völligen Abholzen eines Schlages konnte man den Boden zwischen den Baumstümpfen lockern und dann Hirse oder Buchweizen einsähen. Nach zwei bis drei Jahren machte der nachwachsende Buschwald den Anbau unmöglich. Meist überragten einige hohe Bäume, deren Stammholz man nutzen wollte, den Niederwald. Außer Holz mußte dieser Wald auch Laubheu als Viehfutter und Streu für die Ställe liefern.

Neben der Landbevölkerung verbrauchten die Städte und das aufblühende Gewerbe immer mehr Holz. Holz war der wichtigste Baustoff und häufige Brandkatastrophen erforderten ständigen Nachschub an Bauholz. Salinen, Erz- und Glashütten benötigten ungeheure Brennholzmengen. Für die Reduktion der Erze zum Metall wurde Holzkohle gebraucht – der Beruf des Köhlers wurde zunehmend wichtiger, zumal sich die Holzkohle infolge ihres geringen Gewichts leicht über größere Strecken transportieren ließ. Zur Herstellung von Glas benötigte man Pottasche (Kaliumcarbonat), die man aus der Asche verbrannten Buchenholzes gewann. Die bei großer Hitze geschmolzene Pottasche löst Quarz und bildet so den Glasfluß. Überall, wo Salinen, Eisen- oder Glashütten entstanden, ging es mit dem Waldbestand rasch bergab.

Die Gefahren des Rohstoff- und Energiemangels wurden sehr früh erkannt und man versuchte, durch Regelungen und Verordnungen Abhilfe zu schaffen. Das gelang bei dem rasch aufstrebenden Gewerbe in den Städten vieler Regionen nicht, und bereits um das Jahr 1500 herum mußten vielerorts Betriebe und Werkstätten wegen Energiemangel aufgeben. Alle Bemühungen, wie Sparsamkeit, gezielte Neuanpflanzungen und Regulierung des Holzverbrauchs scheiterten. Bis hin zum ausgehenden 18. Jahrhundert kam es zur Holznot. In dieser Zeit waren die Wälder verwahrlost und ausgeräumt. Man schätzt, daß sie nur noch ein Zehntel der Holzvorräte der heutigen Wälder besaßen. Entlastung brachte schließlich die Kohle. Als sie durch moderne Verkehrsmittel besser verteilt werden konnte und als die industrielle Herstellung von Soda in der Glasherstellung die Pottasche aus Holz überflüssig machte, konnte der Holznotstand überwunden werden.

Erfolgreiche Regenerationsversuche wurden zu Beginn des 19. Jahrhunderts unternommen. Es war sehr schwierig, aus den völlig ausgezehrten Wäldern Nutzwälder im heutigen Sinne zu entwickeln. Umfangreiche Arbeiten wie Neuanpflanzungen, Wegebau, Gräbenziehen usw. waren erforderlich. Diese Pionierarbeit ist aus heutiger Sicht deshalb besonders hoch einzuschätzen, weil sie damals keinen unmittelbaren Gewinn bringen konnte. Man verfuhr damals schon – wie auch heute noch – nach dem Grundsatz der *Nachhaltig-*

keit[1], man arbeitete also bewußt nicht für die eigene, sondern für spätere Generationen. Größten zukünftigen wirtschaftlichen Erfolg versprach man sich vom verstärkten Anbau von Nadelholz.

Die Entstehung unserer heute weit verbreiteten Fichtenmonokulturen geht auf eine kapitalistisch-privatwirtschaftliche Einstellung zurück, die um 1820 den Waldbau beeinflußte. Ziel einer damals ausgearbeiteten *Bodenreinertagslehre* war es, von einer mit Wald bestandenen Bodenfläche maximale Erträge zu erzielen. Der Holzvorrat des Waldes wurde als Kapital, der jährliche Zuwachs als Zins definiert. Dadurch konnte man über den Zuwachs die Investitionen und Erträge in anderen Wirtschaftszweigen mit dem Waldbau vergleichen. Konsequenzen aus dieser Wirtschaftsform waren:

- Bevorzugung der schnellwüchsigen, gut verkäuflichen Nadelhölzer,
- Verkürzung der Produktionszeiträume möglichst unter 100 Jahre,
- Verzicht auf große Holzvorräte in den Wäldern und auf starkes Stammholz,
- Monokulturen mit der Betriebsform des Kahlschlages.

Als Gegenposition zu dieser Einstellung entwickelte sich die *Waldreinertragslehre*. Auch sie erstrebt maximale Erträge aus dem Holzabsatz, definiert diese jedoch auf andere Weise. Ertrag ist nach diesem Konzept der Überschuß der Einnahmen über die Ausgaben des Betriebes. Hohe Erträge bringen besonders die starken Stämme; in dieses Konzept passen Wälder mit großen Holzvorräten und langen Produktionszeiten. Unter diesen Gesichtspunkten konnte eine wirtschaftliche Konkurrenzfähigkeit der Rotbuche und Eiche gegenüber den Nadelhölzern plausibel gemacht werden. Kostenmindernd wirkt sich in diesen Wäldern die Naturverjüngung aus, Standortunterschiede können besser berücksichtigt werden. Nach diesem Prinzip gestaltete Wälder kommen ohne Kahlschlagbetrieb aus, die Produktionskraft des Waldes bleibt also ohne Unterbrechung erhalten.

Über den wirtschaftlichen Wert der einzelnen Baumarten war man zu verschiedenen Zeiten unterschiedlicher Ansicht:

- 1848 WEDEKIND — Wichtigster Wertfaktor des Holzes ist seine Heizkraft. Der Ertrag eines Laubwaldes in dieser Hinsicht ist 1,35 mal höher als der eines Nadelwaldes.
- 1870 BURCKHARDT — Den höchsten Wertzuwachs gewinnt man durch den Anbau von Eichen; der Eichenanbau sollte gegenüber den weniger gut verwertbaren Holzarten ausgedehnt werden.
- 1911 BROILLARD — Die Eiche ist dem Nadelholz wirtschaftlich überlegen. Als Werkholz bringt sie z.B. im Wagenbau gegenüber dem Nadelholz doppelte Erlöse.

---

[1] Der Wald soll so gepflegt und erhalten werden, daß künftige Generationen den gleichen Nutzen von ihm haben können wie die gegenwärtige. Dieses Prinzip hat wegen der langen Wachstumszeit der Bäume besondere Bedeutung. Der Wald soll in seiner Entwicklung aus sich heraus existieren, also möglichst ohne künstliche Düngemittel oder chemischen Pflanzenschutz auskommen.

- 1979 P. BURSCHEL „Was ein hoher Laubholzanteil betriebswirtschaftlich bedeutet, geht aus folgendem Vergleich zweier Staatsforstbetriebe hervor. In Hessen betrug der Laubholzanteil 1977 46%. 54% waren Nadelholz. In Baden-Württemberg machte das Nadelholz im selben Jahr 69% aus, 31% sind Laubholz. Hessen erwirtschaftet schon seit 1965 keine Überschüsse mehr. Baden-Württemberg ist nur wenige Male in die roten Zahlen geraten. Der Ausgleich des hessischen Defizits kommt vom Steuerzahler. Folgerichtig sollte er den Preis eines höheren Laubholzanteils, wenn er ihn will, wohl auch im Privatwald tragen helfen".
- 1985 Immissionsschäden führen vielerorts zu Waldzusammenbrüchen, besonders Nadelbäume sind zunächst betroffen. Zeitweiser Verfall der Holzpreise durch Überangebot.

Es war also immer schon schwer, bei der Begründung eines Bestandes sichere Voraussagen über den Wert seines Ertrages zum Zeitpunkt der Holzernte zu machen.

Aufgabe 13.1:
Informieren Sie sich, wie die Wälder in Ihrer Umgebung früher bewirtschaftet wurden. Bis wann gab es Niederwälder? Kann man den heutigen Wäldern noch die ehemalige Bewirtschaftung als Niederwald ansehen?

Die Nutzung der Wälder hat sich nach der Neubegründung der Bestände grundlegend geändert. Wurden um 1800 noch 90% des geernteten Holzes verbrannt, so wandern heute weniger als 10% in die Öfen und Kamine. Holz wird auch heute noch in größeren Mengen als z.B. Stahl oder Kunststoff verbraucht, und es hat als Bau- und Werkstoff viele Vorteile vor anderen Materialien. Es wird umweltfreundlich erzeugt, und es behält im Gegensatz zu Kunststoffprodukten sein gutes Aussehen, auch wenn es altert. Es wächst beständig nach, und zu seiner Gewinnung ist nur wenig Energie nötig. Schließlich lassen sich Reste und Abfälle umweltfreundlich beseitigen. Trotz vieler neuer Werkstoffe, die heute zur Verfügung stehen, wächst der Holzbedarf ständig. In der Bundesrepublik kann er nur zur Hälfte aus eigenen Wäldern gedeckt werden.

In der heutigen Zeit sind die Wälder vielen Nutzungsansprüchen, die z.T. untereinander konkurrieren, unterworfen:

- Im Wald soll möglichst viel Nutzholz von möglichst hoher Qualität erzeugt werden. Dieser Forderung wird man am ehesten durch die Anlage von Fichtenforsten oder auf nährstoffärmeren Böden von Kiefernforsten gerecht.

- Der Wald soll naturnah sein. Er soll also als vielfältige Lebensgemeinschaft existieren, die durch viele Tier- und Pflanzenarten ökologisch stabil ist und von der damit ausgleichende Wirkungen auf das Umland ausgehen.
- Von stabilen Wäldern gehen positive Einflüsse auf den Wasserhaushalt der Landschaft und das Klima aus. Diese Einflüsse gilt es zu erhalten.
- Der Wald soll der unter Streß leidenden Stadtbevölkerung als Erholungsgebiet dienen. Dieser Funktion wird besonders ein naturnaher Wald gerecht.

Tab. 28: Erträge verschiedener Holzarten pro Hektar und Jahr.

Baumart	Nachwuchs in Festmetern	Preis pro Festmeter
Fichte	10-12	115 DM
Tanne	10-12	125 DM
Rotbuche	8-10	105 DM
Lärche	8-10	120 DM
Eiche	6-8	210 DM
Kiefer	6-8	80 DM

Die moderne Forstwirtschaft, die sich auf eine hochentwickelte Forstwissenschaft stützen kann, versucht Möglichkeiten zu finden, um einen Ausgleich zwischen den verschiedenen Nutzungsansprüchen zu schaffen.

13.2 Betriebsformen im heutigen Waldbau

13.2.1 Monokultur im Kahlschlagbetrieb

Vor allem Fichten und Kiefern werden oft in Monokulturen herangezogen. Alle Bäume der bestockten Fläche sind dann gleich alt, und sie können gemeinsam im Kahlschlag geerntet werden. Finanztechnisch gesehen ist der Kahlschlag die wirtschaftlichste Methode, denn:

- Alle Bäume haben das gleiche Alter, und große Holzmengen fallen auf einer geschlossenen Fläche an.
- Der Einsatz von Maschinen bringt beim Abräumen und der Abfuhr bedeutende Arbeitserleichterungen.
- Die völlig abgeräumte Fläche wird in einem Arbeitsgang möglichst bald mit Jungbäumen bepflanzt.

Der wirtschaftliche Gewinn der Monokultur muß jedoch mit einer ganzen Reihe von Nachteilen erkauft werden:

- Fichtenmonokulturen sind artenarm und nur von geringem ökologischen Wert.
- Am Waldboden bildet sich eine Auflage aus toten Nadeln, die auf armen Böden schlecht verrottet. Die in den Nadeln gebundenen Nährstoffe werden nicht verwertet. Nach dem Kahlschlag gehen sie schnell verloren. Der Boden wird ausgelaugt und verhärtet.
- Fichten- und Kiefernforste sind empfindlich gegenüber Sturm und Schnee – daraus resultiert Windwurf und Windbruch. In Verbindung mit der zunehmenden Versauerung der Böden und einhergehenden Wurzelverlusten sind dies besonders große Gefahren.
- Monokulturen sind gegenüber Schädlingen empfindlich, besonders gegenüber Pilzen und Insekten.
- Vorübergehende Vernichtung des Waldes auf einer großen Fläche – durch Kahlschlag. Der Boden wird zunächst von einer üppigen Krautflora besiedelt, die das Wachstum der neu gepflanzten Bäume jahrelang behindern kann. Dem Nachwuchs fehlt das günstige Waldbinnenklima, nämlich Windschutz und Lichtschutz, ebenso der hohe Kohlendioxidanteil der bodennahen Luftschicht. Durch die Unterbrechung des kontinuierlichen Waldwachstums werden natürliche Produktionskräfte des Waldes vergeudet.

13.2.2 Das Schirmhiebverfahren

Als Schirm bezeichnet man das Kronendach eines hohen Bestandes. Er muß erhalten bleiben, um dem aufkommenden Nachwuchs, vor allem im Buchenwald, Schutz vor starker Sonneneinstrahlung, Hitze und Frost zu geben. Steht ein Mastjahr mit vielen Samen im Buchenwald an und wird eine Verjüngung angestrebt, dann wird der Schirm der Laubkronen durch Fällung einzelner Bäume so gelockert, daß am Waldboden für die auskeimenden Jungbuchen hinsichtlich Lichtgenuß und Luftruhe ein günstiges Milieu entsteht. In dieser Umwelt sind die jungen Bäumchen der Konkurrenz aufkommender Kräuter gewachsen. Während die jungen Buchen heranwachsen, wird der schützende Schirm mehr und mehr entbehrlich. Er wird in Lichtungshieben immer mehr aufgelockert und einige Jahre später durch einen Räumungshieb ganz entfernt.

Bei diesem Verfahren bleibt der Wald stets erhalten, denn der Zuwachs an Holz wird nie unterbrochen. Es eignet sich besonders zur Verjüngung der Buchenwälder und wird in der Regel auf größeren Flächen gleichzeitig angewendet.

13.2.3 Der Plenterwald

Plenterwälder zeigen stets den gleichen Aufbau aus Bäumen aller Altersklassen. Geerntet werden Einzelstämme. Die Lücken im Kronendach begünstigen den Nachwuchs. Ernte und Verjüngung laufen also gleichzeitig ab, ohne das ökologische Gefüge des Waldes zu stören. Bei der Einzelentnahme der Stämme bleibt die Kronenschicht so dicht, daß im Plenterwald nur Schattholzarten, also hauptsächlich Fichte, Tanne und Rotbuche, gedeihen können. Unter den Baumriesen können kleinere Bäume jahrzehntelang unterdrückt werden, um dann bei Lichtgenuß wie Jungbäume loswachsen zu können. Jeder Hieb, der die Krone auflichtet, ermöglicht sofortigen Nachwuchs der darauf „wartenden" Bäume. Es kommt nie zum Ausfall der natürlichen Produktionskräfte. Nicht so ertragversprechende Stämme unter dem Nachwuchs können rechtzeitig entfernt werden, gleichzeitig wird auf diese Weise die Auswahl der Holzarten beeinflußt. Die Eingriffe in den Plenterwald dienen also gleichzeitig der Ernte, der Pflege des Bestandes und der Verjüngung. In seiner Zusammensetzung bietet ein solcher Wald stets das gleiche Bild, nur die Baumindividuen wechseln. Der Plenterwald ist ökologisch besonders wertvoll und wirkt sich vorteilhaft auf die Bodenqualität und den Wasserhaushalt der Landschaft aus.

Leider haben Holznöte, die durch die beiden Weltkriege in Deutschland bedingt waren, die Erhaltung von Plenterwäldern mit großen Holzvorräten sehr behindert. Zudem ist ihre Bewirtschaftung auf Schattholzarten angewiesen. Somit wird erklärlich, daß der Plenterwald in der Bundesrepublik nur einen Anteil von knapp 2% der Waldfläche einnimmt.

13.3 Wald und Erholung

Heute wird der Wald von einer großen und ständig wachsenden Zahl von Menschen als Erholungslandschaft angenommen. Der Wald hat einen hohen „Freizeitwert". Die Menschen suchen hier Ruhe, frische und gesunde Luft, psychische Regeneration und Ausgleich zum Streß des Alltags.

Staat und Forstwirtschaft haben die Bedeutung des Waldes für Gesundheit und Erholung erkannt und wollen ihr Rechnung tragen. In stadtnahen Wäldern versucht man Laub- und Mischwälder zu erhalten oder neu zu begründen und schont Bestände mit älteren, im Sinne der Holzwirtschaft sogar überalterten Bäumen.

Die Wälder werden für die Erholung erschlossen: markierte Wander- und Radwege, Lehrpfade, günstig gelegene Parkplätze, Wetterhütten, Rast-, Grill- und Spielplätze usw. werden angelegt.

Der Erholungsbetrieb kann sich jedoch auch negativ auf die Lebensgemeinschaft Wald auswirken und bedarf dann einer Regulation. Wanderer, Pilzesammler und Beerensucher stören das Wild und können seltene Pflanzen schädigen oder gar zum Verschwinden bringen. Hier können als Gegenmaßnahmen Information und Aufklärung helfen. Gute Erfahrungen hat man mit diesen Methoden bereits in den Nationalparks „Bayerischer Wald“ und „Königsee“ gemacht.

Da, wo der Erholungswald am dringendsten benötigt wird, in der Umgebung der großen Städte, nimmt er flächenmäßig ab. Der Bau von Verkehrsanlagen, der Wohnungsbau und die Industrialisierung verbrauchen bundesweit täglich etwa 150 Hektar Wald. In stadtfernen Gebieten dagegen nimmt der Wald zu, denn immer mehr Nebenerwerbslandwirte verwandeln ihre Äcker und Wiesen in Wälder.

13.4 Waldschäden

Die Wälder Mitteleuropas befinden sich seit Beginn der achtziger Jahre in einem besorgniserregenden Zustand, der sich rasch verschlechterte und auch bis heute noch nicht verbessert werden konnte. Darüber hinaus häufen sich die Meldungen aus anderen Teilen Europas und Amerikas über absterbende Nadelbäume. Bald nach den Nadelbäumen erkrankten auch Laubbäume, vor allem Rotbuchen und Eichen. Innerhalb weniger Jahre stieg der Anteil der geschädigten Bäume auf Werte zwischen 60% und 80%[2]. Besonders schwere Schäden werden bei Geländegegebenheiten, die die Bäume dem Wind aussetzen, gefunden. Aus dem Kronendach herausragende Bäume, solche, die an Hangkanten stehen oder an anderen exponierten Stellen wachsen, scheinen stärker gefährdet zu sein als solche, die an geschützten Stellen stehen. Als extrem gefährlich für die Bäume hat sich die Luftmassengrenze, die sich bei Inversionswetterlagen ausbildet, erwiesen. Diese Beobachtungen lassen darauf schließen, daß die den Schaden verursachenden Stoffe mit den Luftströmungen und dem Regen herangebracht und dann von den Kronen der Bäume ausgefiltert werden. Da die Gesamtfläche der Baumkrone mit ihren Blättern das Mehrfache der vom Baum überdeckten Bodenfläche ausmacht (Blattflächenindex), werden die Blätter aus der Luft mehr Schadstoffe ausfiltern als auf die Bodenfläche unter dem Baum gelangen können. Die Bodenpflanzen im Wald sind deshalb weniger geschädigt als die Bäume. Für viele

---

[2] Statistische Angaben über erkrankte Wälder und einzelne Baumarten erscheinen in rascher Folge mit sehr unterschiedlichen, meist bedrückenden Zahlenangaben. Ein genaueres Bild kann man nur durch Auswertung des neuesten Materials erhalten, das beispielsweise über das Presse- und Informationsamt der Bundesregierung, 53113 Bonn, angefordert werden kann.

unbefangene Wanderer erscheint der Wald, wie man oft hören kann, noch immer frisch und gesund. Schaut man auf Exkursionen oder Spaziergängen jedoch genauer hin, wird man nahezu überall die charakteristischen Merkmale der Baumschäden finden können.

13.4.1 Schadbilder der Fichte

Kranke Fichten erkennt man schon von weitem an ihrer schütteren Krone.

An Bäumen der Schadensstufe I bemerkt man, daß die Krone zunächst von innen her lichter wird. Vor allem die Nadeln, die älter als 2 oder 3 Jahre sind (gesunde Nadeln können 6-10 Jahre alt werden), werden gelblich und gehen verloren. Der Baum bekommt ein struppiges Aussehen.

Fichten der Schadensstufe II haben im Kronendach bereits so viele Nadeln verloren, daß man an vielen Stellen durch die Krone hindurchsehen kann. Die Seitenzweige hängen wie Lametta herab, ältere Nadeln sind braun gefärbt.

Bei den Bäumen der Schadensstufe III ist die Krone so weit aufgelichtet, daß man den Stamm in seiner ganzen Länge sehen kann. Einzelne Äste sind bereits abgestorben. Auf der Oberseite wachsen aus Reserveknospen noch hellgrüne Nottriebe heraus. Die Stämme harzen auch im benadelten Kronenbereich sehr stark. Mehr als die Hälfte der noch verbliebenen schütteren Krone besteht aus gelb oder braun gefärbten Nadeln.

Jüngere Bäume, an denen man die oben beschriebenen Schäden noch nicht registrieren kann, neigen zur stark verfrühten Zapfenbildung. Hat man die Gelegenheit, den Wurzelteller einer geworfenen Fichte genauer zu betrachten, dann fällt auf, daß der Anteil an Feinwurzeln stark vermindert ist. Das läßt darauf schließen, daß die Versorgung der geschädigten Bäume mit Wasser und Nährsalzen eingeschränkt ist.

13.4.2 Schadbilder bei der Kiefer

Die Schäden an Kiefern lassen sich in den Anfangsstadien nur von erfahrenen Kennern richtig ansprechen, denn auch gesunde Bäume können gelegentlich schüttere Kronen bekommen, wenn z.B. sehr viele männliche Blütenstände gebildet werden. Stets ist damit ein Abfallen vieler Kurztriebe verbunden. Die Nadeln erkrankter Kiefern verfärben sich. Während gesunde Kiefernnadeln blaugrün gefärbt sind, sehen erkrankte Nadeln grasgrün, später gelblich und schließlich braun aus.

Kiefern der Schadensstufe I zeigen eine beginnende Kronenverlichtung von innen her. Dies erkennt man am besten, wenn man vom Fuß des Stammes her nach oben blickt. Das Innere der Krone beginnt eine gelbliche Farbe anzunehmen. Gesunde Nadeln sind 4-6 cm lang, kranke sind wesentlich kürzer, im Extremfall nur noch 1 cm lang. Statt normalerweise 4 Jahre werden die Nadeln an leicht geschädigten Kiefern nur noch 2 Jahre alt.

Bäume der Schadensstufe II haben stark ausgelichtete Kronen, fast alle Nadeln sind verfärbt. Kiefern der Schadensstufe III fallen durch abgestorbene Teile ihrer Krone auf. Sämtliche Nadeln sind gelb oder braun verfärbt. Bei vielen der erkrankten Kiefern sind die Feinwurzelverluste so stark, daß bei Sturmschäden nicht der Stamm durchbricht (Windbruch), sondern daß sie wie Fichten mit ihren Wurzeln aus der Erde herausgerissen werden können (Windwurf).

13.4.3 Schadbilder bei der Rotbuche

Schadbilder an Rotbuchen registrierte man erst Jahre später als bei Fichten und Tannen. Das kann einmal damit zusammenhängen, daß diese Bäume in ihrem natürlichen Verbreitungsgebiet weniger Streß ausgesetzt sind als die im mitteleuropäischen Flachland nicht von Natur aus vorkommenden Fichten, die sommerliche Hitze und Trockenheit nur schwer ertragen können. Andererseits können Laubbäume aber auch mit dem jährlichen Laubfall einen Teil der aufgenommenen Schmutzfracht mit ihren Blättern im Herbst abstoßen.

Leicht geschädigte Buchen zeigen im äußeren Kronenbereich eine schüttere Belaubung, einzelne Blätter werden bereits im Frühjahr gelb oder fallen im grünen Zustand ab. Manche Blätter klappen ihre Ränder nach oben zusam-

Tab. 29: Waldschäden in der Bundesrepublik Deutschland. Quelle: Umweltbundesamt 1995.

	Anteil der Schadstufen (%)					
Bundesrepublik Deutschland	0 ohne Schad-merkmale	1 schwach geschädigt (Warnstufe)	2–4 deutlich geschädigt	2 mittelstark geschädigt	3 stark geschädigt	4 abgestorben
1991*	36	39	25	23,0	2,0	0,2
1992	32	41	27	24,5	1,8	0,4
1993	36	40	24	22,0	2,0	0,4
1994	36	39	25	22,7	1,6	0,4
1995	39	39	22	20,3	1,5	0,4

* 1991 = Beginn einer neuen Zeitreihe für das seit 1990 erweiterte Bundesgebiet
Quelle: Waldzustandsbericht der Bundesregierung 1995

men oder rollen sie ein. An mittelstark geschädigten Bäumen haben viele der Blätter braune Flecken, die Blattränder werden von der Spitze her braun, viele Blätter fallen noch grün ab. Im oberen Kronenbereich sterben die Äste von der Spitze her ab. Stark geschädigte Rotbuchen fallen schon von weitem durch abgestorbene Kronenteile und sehr schüttere Belaubung auf.

Aufgabe 13.2:
Prägen Sie sich auf Exkursionen, möglichst mit einem Fachmann vom Forstamt, die Schadbilder der verschiedenen Baumarten ein. Welche Baumarten (auch über die oben genannten hinaus) sind betroffen?
Besuchen Sie, falls Gelegenheit dazu gegeben ist, einen Waldlehrpfad.

13.4.4 Ursachen der Waldschäden

Der krankhafte Zustand unserer Wälder scheint nach den bisher vorliegenden Erkenntnissen von vielen Faktoren verursacht zu werden. Hauptursache der Walderkrankung sind mit Sicherheit die von der Luft herangetragenen Schadstoffe, wie die Oxide des Schwefels und des Stickstoffs, schwermetallhaltiger Staub, Chlorwasserstoff, Fluorwasserstoff, Kohlenwasserstoffreste und Ozon. Die Industrialisierung der Bundesrepublik und ihrer Nachbarländer war in den letzten Jahrzehnten durch einen rasch steigenden Energiebedarf gekennzeichnet. Damit stieg auch der Schadstoffausstoß der Kraftwerke, Industrieanlagen, Kraftfahrzeuge, ja sogar der privaten Haushalte, sehr schnell an. Die lokale Gefahr der Luftverschmutzung umging man zunächst mit höheren Schornsteinen. Das führte zu einer weiträumigen Verfrachtung der Luftschadstoffe.

Die in Kohle und Erdöl enthaltenen Schwefelanteile ergeben beim Verbrennen SO_2, das Schwefeldioxid. Unter Einwirkung der Sonnenstrahlung kann dieses Gas weiter mit Luftsauerstoff zu Schwefeltrioxid (SO_3) oxidiert werden. Die wäßrige Lösung des Schwefeltrioxids ergibt Schwefelsäure, die Bestandteil des „sauren Regens“ ist. Mit Wind und Regen gelangen die Schwefelverbindungen in die Blätter der Bäume und auf den Waldboden. Ihre Auswirkungen sind vielfältig:

- Sie lagern sich auf der Blattoberfläche ab und dringen durch die Spaltöffnungen in die Blätter ein. Das führt zur Störung der Photosythese.
- Sie lähmen die Spaltöffnungen von Blättern und Nadeln; an heißen Tagen können die Bäume die Wasserverdunstung nicht regulieren und erleiden durch Austrocknung Schäden.
- Sie beschleunigen das Altern der Blätter.
- Sie stören den Nährstoff- und Enzymhaushalt der Blätter.
- Der Boden wird sauer, es kommt zu Wurzelverlusten.

- Wichtige Nährsalzionen (K^+, Mg^{++}, Ca^{++}) werden aus dem Boden gewaschen und fehlen damit den Pflanzen.
- Aus Tonmineralien werden durch Säure giftige Al^{+++}-Ionen freigesetzt, die dadurch geschädigten Feinwurzeln sind in der Nährsalz- und Wasseraufnahme behindert.

Bei sehr hohen Temperaturen verbrennt Luftstickstoff und bildet dabei mit Luftsauerstoff Stickoxide (NO_x). Das geschieht z.B. beim Ton- oder Ziegelbrennen, vor allem aber in den Funken der Zündkerzen von Benzinmotoren. Die Stickoxide ergeben in Wasser Säuren (Salpetersäure und Salpetrige Säure). Die Stickoxide schädigen die Blätter der Bäume in ähnlicher Weise wie die Oxide des Schwefels. Beim Zusammenwirken beider Schadstoffgruppen verstärkt sich die schädliche Wirkung.

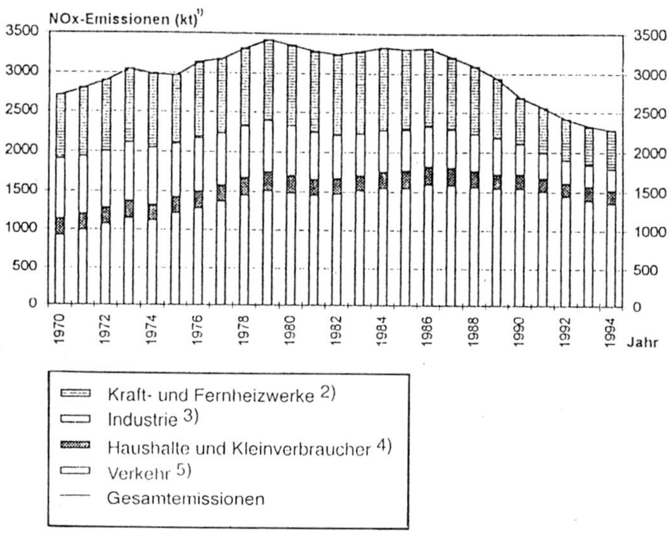

1) Ohne natürliche Emissionen
2) Bei Industriekraftwerken nur Stromerzeugung
3) Übriger Umwandlungsbereich, verarbeitendes Gewerbe und übriger Bergbau, Industrieprozesse, Erdgasverdichterstationen; bei Industriekraftwerken nur Wärmeerzeugung
4) Einschließlich Militärische Dienststellen
5) Straßen- und sonstiger Verkehr ohne Hochseebunkerungen

Abb. 39: Stickoxidemissionen in Deutschland von 1970 bis 1994 (als NO_2). Quelle: Jahresbericht des Umweltbundesamtes 1995.

Mit Photooxidantien bezeichnet man eine Sammelgruppe umweltschädigender Stoffe, die unter dem Einfluß der ultravioletten Strahlung aus Stickoxiden und Kohlenwasserstoffen entsteht. Dieser „Photosmog" verstärkt die Auswirkung der anderen Schadstoffe auf die Pflanzen beträchtlich.

Ein sehr gefährlicher Schadstoff der Luft ist der Fluorwasserstoff (HF). Er wird bei der Aluminiumherstellung, bei der Verbrennung mancher Kunststoffe und bei der Keramikfabrikation frei. Geringe Mengen von Fluorwasserstoff verstärken die Wirkung anderer Schadstoffe drastisch. Man spricht in diesem Falle von einer *synergistischen* Wirkung.

Sicher sind am Waldsterben auch Schwermetalle beteiligt. Quecksilber, Blei, Nickel, Cadmium, Zink und Chrom werden vor allem aus den Anlagen der Schwerindustrie mit dem Feinstaub herangeführt und von den Blättern der Bäume adsorbiert. Da der größte Teil des zum Waldboden gelangenden Regenwassers an den Baumstämmen abläuft, konzentrieren sich die Schwermetalle besonders im Wurzelbereich der Bäume. Im sauren Boden kann ein Teil der eingespülten Schwermetallteilchen in Lösung gehen und die Proteine der Zellmembranen und Enzyme angreifen. Das Feinwurzelsytem wird dadurch stark geschädigt.

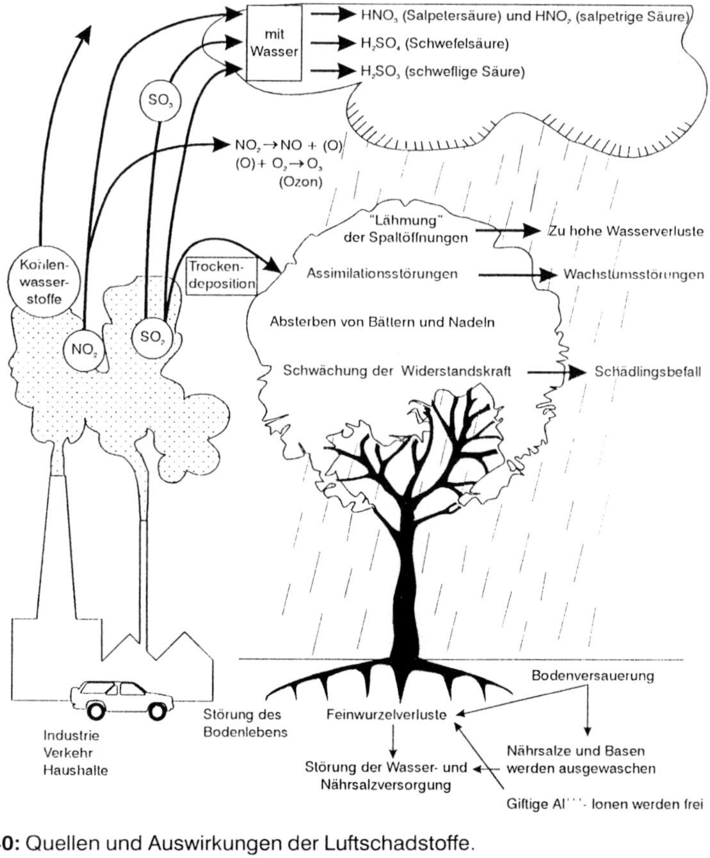

Abb. 40: Quellen und Auswirkungen der Luftschadstoffe.

Merkwürdig ist, daß man an vielen Bäumen trotz der Schäden an dem Assimilationsgewebe und den Feinwurzeln ein verstärktes Holzwachstum feststellt. Diese als „Zuwachsparadoxon" bezeichnete Erscheinung erklärt sich wahrscheinlich aus dem höheren Gehalt des Bodens an durch Pflanzen verwertbaren Stickstoffverbindungen und aus dem erhöhten CO_2-Gehalt der Luft. Dieses verstärkte Wachstum der Bäume darf jedoch nicht darüber hinwegtäuschen, daß sich der Allgemeinzustand der Wälder auf lange Sicht weiterhin verschlechtert und daß die Waldökosysteme immer weiter an Stabilität verlieren.

13.4.5 Maßnahmen gegen das Waldsterben

Alle Anzeichen sprechen dafür, daß die Waldschäden durch Schadstoffe, die mit der Luft und dem Regen herangeführt wurden, entstanden sind. Für die Zukunft bedeutet dies, daß die Luft sauberer werden muß. In der Praxis standen der Verwirklichung dieser Forderung viele Hindernisse entgegen. Eine hinreichende Reinigung der Abgase aus Industrieanlagen, Heizungen, Autos usw. war und ist weiterhin nur mit beträchtlichem technischen Aufwand möglich. Das verteuert die Energiepreise und belastet damit scheinbar die Wirtschaft. Somit waren wirksame Maßnahmen zur Luftreinhaltung, die ja zunächst entwickelt werden mußten, stets nur mit zeitlichen Verzögerungen politisch durchzusetzen. Inzwischen haben einige der Anstrengungen, die von einer breiten Öffentlichkeit gefordert wurden, zu greifbaren Erfolgen geführt:

- So ist die Luftbelastung durch die Oxide des Schwefels in der Bundesrepublik auf 1/4 ihres früheren Wertes zurückgegangen. Das wurde in den Kohlekraftwerken durch die Einführung eines Verfahren erreicht, bei dem Kalkstaub mit der Flammenschicht unter den Kesseln verwirbelt wurde. Die Schwefelbestandteile werden bei diesem Verfahren als unschädlicher fester Gips gebunden. Andere Verfahren arbeiten mit Filtersystemen. Des weiteren wurden Heizöl und Motorkraftstoffe entschwefelt.
- Filteranlagen entfernen inzwischen Stäube, so daß die Belastungen durch Schwermetalle verringert wurden. Bleihaltige Antiklopfmittel werden dem in der Bundesrepublik verkauften Benzin nicht mehr zugefügt.
- In Gaswaschanlagen werden wasserlösliche Schadstoffe aus den Abgasen der Industrie- und Müllverbrennungsanlagen entfernt.
- Aus den Autoabgasen werden mit Hilfe von Katalysatoren Stickoxide entfernt.

Alle diese Maßnahmen, die unter erheblichen Anstrengungen und Kosten entwickelt und eingeführt wurden, konnten in den letzten Jahren das Tempo, mit dem sich der Waldzustand verschlechterte, abbremsen. Der Waldzustand konnte jedoch bisher nicht wesentlich verbessert werden und gibt weiterhin zu Sorgen Anlaß. Wichtig ist daher, daß die Luftreinhaltepolitik konsequent fortgesetzt, ausgebaut und auch international durchgesetzt wird. In den letzten Jahren hat der Anteil der erkrankten Nadelbäume nicht mehr zugenommen, wohl aber der der Buchen. Als Gründe hierfür könnten die kühlen und niederschlagreichen Sommer der letzten Jahre angeführt werden.

Die Forstwirtschaft konnte bisher nur wenig zur Begrenzung der Waldschäden beitragen, denn die Ursachen liegen ja außerhalb ihres Einflußbereichs. Ihre Bemühungen wollen den Wald stabiler gegen Außeneinflüsse machen. Hierzu praktiziert man folgende Maßnahmen;

- Die Baumkronenschicht des Waldes soll geschlossen gehalten werden, um die Aufnahme hoher Schadstoffmengen durch Einzelbäume zu verhindern.
- Auslese und Weitervermehrung resistenter Bäume – diesen Bemühungen räumen viele Fachleute wenig Chancen ein.
- Kalkung des Waldbodens, um ihn gegen sauren Regen abzupuffern; diese Maßnahme ist wegen ihrer Wirkung auf die Bodenmikroben sehr umstritten.
- Neubegründung ökologisch stabiler Mischwälder anstatt der herkömmlichen Monokulturen;
- Verhinderung der von Insekten verursachten Sekundärschäden, hierzu werden Borkenkäferfallen aufgestellt. In vielen Forstrevieren versucht man die Regulatoren der Schadinsekten, vor allem Waldameisen, zu begünstigen.

Aufgabe 13.3:
Informieren Sie sich über das Für und Wider der Kalkung des Waldbodens. Versuchen Sie zu ergründen, ob und warum die Wälder in Ihrer Nähe gekalkt werden bzw. warum nicht.

Die heutige Not unserer Wälder ist mit der um das Jahr 1800 vergleichbar. Wie damals bedarf es enormer Anstrengungen, die mit einem Umdenken der Menschen und einer Veränderung der Energiewirtschaft einhergehen müssen. Das Waldsterben ist eines der großen Probleme unserer Zeit. Seine Lösung erfordert eine Ausbreitung des Umweltbewußtseins in der Bevölkerung, die bereit sein muß, gegebenenfalls auf Produkte aus umweltbelastenden Verfahren zu verzichten. Sie erfordert zugleich eine Zusammenarbeit der Umweltpolitiker über Ländergrenzen hinweg. Die Generation von 1800 konnte das Problem des Waldniedergangs unter großen Anstrengungen lösen. Sind wir heute in der Lage, eine ähnliche Leistung zu vollbringen?

Teil III: Unsere Welt, ein vernetztes System

Kapitel 13 hat gezeigt, daß die Geschichte des Waldes wesentliche Aspekte der menschlichen Sozialgeschichte widerspiegelt. Zugleich war in vielen Teilen der Welt die Zerstörung des Waldes Auftakt zur Zerstörung von Kulturen. Stehen wir auch jetzt vor einer ähnlichen Situation? Nicht nur in Mitteleuropa, weltweit werden die Wälder in riesigem Ausmaße zerstört, sei es im Amazonasbecken oder in Sibirien, sei es in Kanada oder Australien. Nicht nur in dieser Hinsicht steht die Menschheit vor gewaltigen Gefahren, wir alle wissen dies nur zu genau! Sicherlich haben wir Grund zur Sorge – aber auch Grund zur Zuversicht: Das Bewußtsein der Menschen hat sich in den letzten Jahrzehnten geändert, die Gefahr ist erkannt, und wir können hoffen, daß Wege aus der Gefahr gefunden und gegangen werden.

Viele sind heute der Meinung, daß wir in einer welthistorischen Situation stehen, in der eine kulturhistorische Epoche, die Neuzeit, ihrem Ende entgegengeht. Wie beim Übergang zur Neuzeit vor ca. 500 Jahren ändert sich die Weise zu wirtschaften und die Weise zu denken. Damals entwickelte sich das Denken der Naturwissenschaften, das Streben nach Herrschaftswissen über alle Bereiche der Welt, das nur nach der Richtigkeit des Erkannten fragte. Heute wird offenbar, daß Herrschaftswissen allein nicht mehr ausreicht: Wir müssen heute danach fragen, wie sich das Erkannte auf die Menschen auswirkt! Bildungswissen ist heute erforderlich, die Bereitschaft, die Folgen des eigenen Tuns ständig zu reflektieren.

Im Laufe der Jahrtausende währenden Auseinandersetzung mit der zunächst allgewaltigen Natur haben die Menschen die Oberhand gewonnen, die Natur ist gezähmt, sie ist vielfach den Menschen dienstbar gemacht. Zunächst war der Kulturraum, den die Menschen der Natur abgerungen hatten, noch winzig klein.

Im Laufe der Zeit nahm er zwar zu, dennoch waren die verbleibenden Naturräume auf unserer Erde so groß, daß die kulturellen, die zivilisatorischen Schäden örtlich begrenzt blieben. Die industrielle Revolution hat diese Naturräume auf unserer Erde bis auf Reste schrumpfen lassen. Die Biosphäre, die die Erde umgab, wurde schrittweise ersetzt durch die „Kultosphäre“ die von den Menschen bestimmt wird. Wohl wachsen Bäume, Sträucher, Gräser und Kräuter in Wäldern und Wiesen, die von den verschiedensten Tieren bewohnt werden – heute entscheiden aber nicht die abiotischen Faktoren, die Natur allein, welche Pflanzen vorherrschen, die menschliche Kultur vielmehr ist der Ordnungsfaktor, der letztlich entscheidet.

Der Wille des Menschen entscheidet, ob Wälder wachsen oder Städte gebaut werden, er bestimmt, ob Wiesen gemäht oder beweidet werden oder aber

Hilf Deiner Umwelt, dann hilft sie Dir!

Dann erzählt der Mann aus Korem, wie im Zeitraum einer Generation aus seinem grünen Wollo die übervölkerte, überweidete, ver-wüstete Hungerprovinz wurde. Und wie sie versuchen, die Katastrophe zu stoppen und rückgängig zu machen:

„Die Stelle, die wir eben passieren, heißt seit alters her „Finsterer Wald". Sehen Sie Wald? Nichts als kahle Hänge, an denen die Bauern nur noch Staub ernten. Sie sehen drei Ausnahmen dort oben am Hang. In jenem grünem Fleck Urwald stehen orthodoxe Kirchen. Dort durfte kein Holz geschlagen werden, dort wurde nicht überweidet und darum blieben diese Plätze von der Erosion verschont. Dort ragt der Kirchhof inzwischen bis zu eineinhalb Meter über die Umgebung hinaus – so weit hat die Erosion um die Kirchen herum den Boden bereits weggespült. Als Junge bin ich diesen Weg zum Internat nach Addis gefahren. Die Akazienbäume standen so dicht, daß wir uns hinten auf der Pritsche vor den Dornenzweigen höllisch in acht nehmen mußten. Stundenlang fuhren wir durch dichten Wald. Daß der Wald von Bergketten umstellt ist, habe ich erst Jahrzehnte später wahrgenommen. So grün war es noch hier, als die Italiener kamen. Dann ging es in immer schnellerem Wechsel: Roden, Holzkohle brennen, neue Felder anlegen, Äcker an immer steileren Hängen, weil die alten schneller austrockneten und ausgespült wurden. Der nächste Sturzregen wusch wieder Erde vom Hang, also ging man noch höher, bis es wirklich nicht mehr ging. Dann mußten die Bauern zurück in die Ebene, wo die Erde angeschwemmt worden war. Der Bauer folgt dem Boden, erst rauf dann runter. Aber ohne Bäume konnten der Boden und die Luft die Feuchtigkeit nicht mehr halten".

Was hier geschehen ist, hat sich in den vergangenen Jahrzehnten auf - zigtausend Quadratmetern wiederholt. Über der ausgebrannten Ebene von Kobo, wo vor 40 Jahren der Wald die Sicht nahm, zieht heißer Mittagswind Sandhosen in die Höhe.

„Hilf deiner Umwelt, dann hilft die Umwelt dir". Dieser Aufruf von Plakatwänden am Straßenrand bezeichnet genau, was die äthiopische Regierung zu tun versucht. Mit einer Konsequenz, die in Schwarzafrika ohne Parallele ist, setzt sie den Slogan in die Praxis um: In aberdutzenden von kleinen Baumschulen werden quer durch Äthiopien einige hundert Millionen Setzlinge gezogen, Bäume für Brennholz, für Bauholz, für Viehfutter, Eukalyptus, Zypressen. Wacholder, wilde Oliven. Für drei Kilo Korn und 120 Gramm Öl pro Arbeitstag (*„Food for Work"* aus dem *World-Food-Programme)* wurden von den Bauern der Peasant Association in unübersehbaren Bergterrassen bis hinauf zu den höchsten Gipfeln Setzlinge gepflanzt, unverdrossen, selbst wenn deren Überlebensrate wie im extrem heißen Jahr 1982/83 auf fünf Prozent absinkt.

Die Arbeiten werden ausschließlich von Hand erledigt, keine Maschine und kein Beton weit und breit."

(DIE ZEIT Nr. 26, 22. Juni 1984, S. 9.)

„verbuschen", also wieder in Wald übergehen, der von Natur aus herrschte! Es werden Raumordnungspläne, Flächennutzungspläne und Bebauungspläne aufgestellt. Für Flächen, die dem Naturhaushalt entrissen werden, wird vom Gesetzgeber „Ausgleich" gefordert. Alle diese Bemühungen geben vor zu versuchen, die Interessen der Menschen mit dem Schutz der Natur in Einklang zu bringen, Umweltschutz wurde zur Devise, die Anforderungen an jeden Bürger stellt. Umweltschutz wirft Probleme auf, die nur dann auf Dauer zufriedenstellend gelöst werden können, wenn bei der Lösung beide Seiten berücksichtigt werden: die berechtigten Interessen der Menschen, der notwendige Schutz der Natur.

Welche Interessen sind aber „berechtigt", welcher Schutz „notwendig"? Die Antworten auf diese Fragen werden verschieden ausfallen, je nach der ethischen Grundüberzeugung desjenigen, der sie zu geben hat. Probleme solcher Art, die auf zumindest zwei Lösungswege verweisen, nennt man dialektische Probleme, ihre Lösung hängt nicht nur von der „Richtigkeit" des Lösungsweges ab, sondern auch von der ethischen Haltung desjenigen, der ihn beschreitet! Dies läßt sich gut an einem Beispiel aufzeigen, das zur Zeit immer noch aktuell ist: dem Waldsterben infolge des sauren Regens (siehe S. 139).

Verursacht wird der saure Regen durch die Abgase, die, wenn zur Zeit auch in abnehmenden Maße, von der Industrie, aber weiterhin in großen Mengen von den Kraftfahrzeugen abgegeben werden. Begegnen kann man dem Problem auf zweierlei Weise: einmal indem man Wälder aus – auch außereuropäischen – Baumarten anlegt, die relativ resistent sind, zum anderen durch technische Einrichtungen (Filter, Katalysatoren), die die Schadstoffabgabe eindämmen. Das eine führt dazu, daß in Kauf genommen wird, daß einheimische Arten, wie etwa die Weißtanne, ausgerottet werden, daß die Landschaft ihren Charakter verändert, wenn fremde Baumarten Bestände bilden; die andere verursacht hohe Kosten, die die Wettbewerbsfähigkeit unserer Wirtschaft tangieren, da die Luftverschmutzung in vielen Ländern noch nicht so gravierend ist wie im dichtbesiedelten Mitteleuropa und daher dort keine vergleichbaren Maßnahmen getroffen werden. Wer bloßen Umweltschutz, den Schutz der menschlichen Umwelt im Auge hat, wird nur danach fragen, ob das Anpflanzen fremder Baumarten nicht neue Schwierigkeiten nach sich zieht, die den Menschen Problem aufladen. Wer jedoch für den Schutz der Natur, der Pflanzen und Tiere an sich eintritt, der wird betroffen sein, wenn Baumarten wie die Weißtanne bei uns vom Aussterben bedroht sind. Ersterer wird so viel Geld und technische Mittel investieren wie erforderlich sind, um die wirtschaftlichen und gesundheitlichen Interessen auf Dauer sichern zu können, letzterer wird mehr einsetzen müssen, wenn es darum geht, empfindlichere, anspruchsvollere Arten unserer einheimischen Fauna und Flora zu erhalten.

An den beiden folgenden Beispielen können Sie Analyse und Lösung von Naturschutzproblemen üben.

Beispiel 1:
Zur biologischen Bedeutung der Hecken in der Kulturlandschaft

Über die Bedeutung der Hecken in der Kulturlandschaft sind die Meinungen geteilt. Manche Bauern sind der Meinung, daß Hecken ausschließlich Schaden stiften, manche Städter sehen jedoch nur Vorzüge! In den Vorhaben zur Raumplanung waren Hecken jedoch von den Behörden vorgesehen, allerdings wurden sie mancherorts gar nicht erst gepflanzt. An manchen Stellen wurden bereits gesteckte Jungpflanzen nachts wieder entfernt.

Die folgende beiden Fälle vermitteln einen Eindruck über die Motive, die zu unterschiedlichen Auffassungen führen können:

Fall 1: Hecken und Blattlausbekämpfung auf den Feldern

Die Erträge an Zuckerrüben und anderen Kulturpflanzen auf den Feldern werden stark durch Blattläuse gemindert, die die Assimilate aus den Blättern saugen. Blattläuse vermehren sich sehr stark, es treten rasch nacheinander Generationen auf, die sich in Aussehen und der Art der Vermehrung unterscheiden können. So gibt es neben ungeflügelten Generationen auch geflügelte; diese geflügelten Blattläuse verlassen die Futterpflanze und können durch den Wind über weite Strecken verweht werden. Neben Generationen, die Eier legen, treten vor allem solche Generationen von Blattläusen auf, die sich durch Jungfernzeugung vermehren, d.h. diese Tiere bringen ohne die Befruchtung durch Männchen lebende Junge zur Welt – und zwar am laufenden Band.

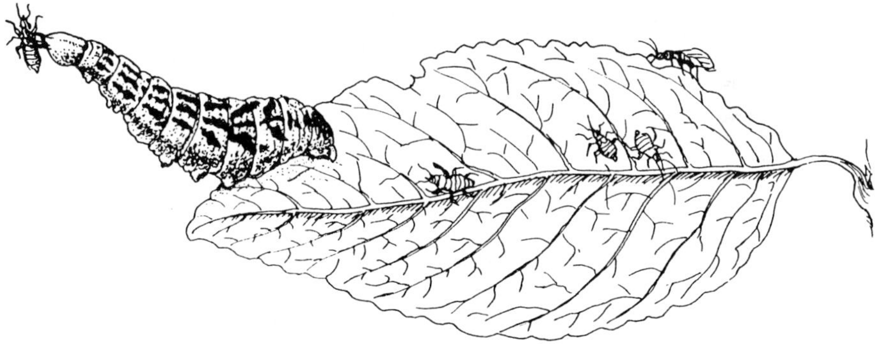

Abb. 41: Auch Schwebfliegenlarven leben von Blattläusen.

Von den Blattläusen leben nicht nur die Marienkäfer und ihre Larven, sondern auch die Larven der Schwebfliegen (siehe Abb. 41), von denen es in Deutschland ca. 420 verschiedene Arten gibt. Die meisten ausgewachsenen Tiere sind bunt gezeichnet, einige von ihnen sind schwarz-gelb geringelt (Wespen-Habitus), viele ernähren sich vom Nektar der Wiesenpflanzen. Viele der

Larven aber saugen Blattläuse aus, jede einzelne an die 400 Läuse! Geschützt werden die Blattläuse durch Ameisen, die die zuckerhaltigen Ausscheidungen der Blattläuse auflecken.

Die Schwebfliegen treten in günstigen Sommern in mehreren Generationen auf. Die Larven der ersten schlüpfen im März aus den Eiern. Da dann noch keine Kulturpflanzen auf den Feldern wachsen, finden sie hier keine Blattläuse vor, wohl aber an den Bäumen und Sträuchern der Hecken, an denen die Tiere überwintern.

Aufgabe III.1:

1. *Welche Art der Beziehung besteht zwischen den im Text genannten Lebewesen? Erstellen Sie ein Pfeildiagramm und erläutern Sie dieses.*
2. *Erläutern Sie an Beispielen aus dem Text das Prinzip des a) Regelkreises, b) Aufschaukelkreises, c) Konkurrenzkreises.*
3. *Wie wirken sich wahrscheinlich Hecken auf den Befall der Kulturpflanzen, z.B. der Zuckerrüben, durch Blattläuse aus?*

Fall 2: Hecken und Rostpilzerkrankungen

Rostpilze sind gefährliche Krankheitserreger bei verschiedenen Getreidepflanzen. Die feinen Fäden des Pilzes dringen in das Blattgewebe ein und saugen die Zellen aus. An diesen Stellen entstehen rostrote Flecken, die dem Pilz den Namen geben. Jeder Fleck entspricht einem Pilzgeflecht, das Millionen von Sporen erzeugt. Diese sind winzig klein und außerordentlich leicht, sie werden daher leicht vom Wind über sehr große Entfernungen transportiert. Die Sporen können sich nur dann weiterentwickeln, wenn sie auf das Laub eines bestimmten Strauches, der Berberitze, fallen, die Bestandteil von Hekken sein kann. In den Blättern dieses Strauches entsteht wiederum ein Pilzgeflecht, das eine zweite Sorte von Sporen erzeugt, die letztlich wieder auf die Getreidepflanze verweht werden muß. Berberitzen und Getreidepflanzen werden beide geschädigt. Der Ernteausfall beträgt 5% bis – besonders in südlichen Ländern – 25%!

Aufgabe III.2:

1. *Stellen Sie den Wirtswechsel schematisch dar.*
2. *Welche Art der Beziehung besteht zwischen:*
   a) dem Rostpilz und Getreide?
   b) Rostpilz und Berberitze,
   c) Berberitze und Getreide?
   Erläutern Sie in dem Zusammenhang die Begriffe positive und negative Rückkoppelung.

3. *Welche Möglichkeiten sehen Sie, den Rostpilz zu bekämpfen? Welche Probleme werden dabei auftauchen? Stellen Sie von Ihnen vorgeschlagene Methoden in einem Pfeildiagramm dar.*
4. *Woran könnte es Ihrer Meinung nach liegen, daß der Schaden durch Rostpilze in südlichen Ländern größer ist als in nördlichen?*

Aufgabe III.3:
Stellen Sie sich abschließend vor, sie sollten als Verantwortlicher eine Entscheidung zur Frage der Erhaltung bzw. Entfernung von Hecken fällen.
1. *Stellen Sie Argumente zusammen, die in diesem Zusammenhang bedacht werden müssen.*
2. *Diskutieren Sie das zugrundeliegende Problem!*

Beispiel 2:
Birkhuhn in einer Erholungslandschaft

Informationstext:

Das Birkhuhn *(Tetrao tetrix)* gehört zur Unterfamilie der Rauhfußhühner, deren Vertreter durch befiederte Füße gekennzeichnet sind. Das Birkhuhn besitzt an seinen Zehen kleine seitlich vorstehende Hornplättchen, die im Winter wie „Schneereifen" das Einsinken verhindern. Es hat ein sehr weites Verbreitungsgebiet, das in Europa nördlich bis zum Polarkreis reicht und sich nach Osten hin durch ganz Nordasien erstreckt. In Mitteleuropa kommen außerhalb der Alpen nur noch kleine inselartig vereinzelte Populationen vor.

An seine Umwelt stellt das Birkhuhn vielfältige Ansprüche, die sich aus seiner Lebensweise in verschiedenen Jahreszeiten ergeben. Die Henne brütet am Boden in gedecktem Gelände mit kniehoher Vegetation. Die Jungen sind wie bei allen Hühnervögeln Nestflüchter und nehmen vom ersten Tage an selbständig Nahrung auf. Die Mutter führt und wärmt sie. Durch das Verhalten der Mutter lernen die Küken, sich vor Feinden in Sicherheit zu bringen. Die Nahrung der Jungen besteht zunächst aus Insekten und anderen Kleintieren, die in krautreicher Vegetation gefunden werden. Mit zunehmenden Alter stellen die Tiere ihre Nahrung auf Pflanzen, vor allem Knospen und junge Triebe von Laubbäumen, Blätter, und in schlechteren Zeiten auch Koniferennadeln um. Im Herbst bilden die Beeren von Zwergsträuchern die Hauptnahrung, und dadurch können die Tiere Fettreserven für die kalte Jahreszeit anlegen. Im Winter finden die Tiere nur spärliche Nahrung und ruhen, um Energie zu sparen auch am Tage viele Stunden. Bei hohem Schnee scharren sie sich hierfür Höhlen aus. Eine Schreckflucht vor Raubtieren oder Menschen führt zu Energieverlusten, die nur schwer ausgeglichen werden können und zur Entkräftung der Tiere führen.

Die Balz findet im Frühjahr auf freiem übersichtlichen Gelände statt. Die schwarz gefärbten Hähne fallen dabei durch die „Rosen“, das sind leuchtend rot gefärbte Wülste über den Augen, und durch die leierförmig nach außen gekrümmten Schwanzfedern auf. Sie führen Balzsprünge aus und lassen ein weithin vernehmbares „Kollern“ hören. Bei dieser Balz müssen die Hähne vor ihrem aus der Luft angreifenden Hauptfeind, dem Habicht, der sie überraschend von einem als Ansitz dienenden Ast her angreift, sicher sein. Deshalb muß der Balzplatz frei zu überblicken sein und weiter als 100 Meter von Bäumen, die dem Habicht Deckung bieten könnten entfernt liegen.

Zu Gelegeverlusten kommt es durch Wildschweine, Dachse und Krähen. Altvögel werden von Fuchs, Marder und Habicht, die Küken auch vom Sperber verfolgt. Verhängnisvoll kann sich eine häufige Störung der Tiere im Winter durch Skitouristen auswirken.

Die Höhen der Rhön, ein Mittelgebirge im Grenzgebiet von Bayern, Hessen und Thüringen, wurden bereits vor Jahrhunderten entwaldet und bieten mit ausgedehnten Goldhaferwiesn, die von Gehölzstreifen und Mooren durchsetzt sind, einer seit langem bestehenden Birkhuhnpopulation einen geeigneten Lebensraum. In den letzten Jahrzehnten schrumpfte die Population auf etwa 10% ihres früheren Bestandes zusammen.

Als Ursachen für diesen Rückgang werden viele Gründe diskutiert: Beunruhigung durch Wanderer, Skiläufer, zu enges Parkplatz- und Rastplatznetz, Zunahme des Autoverkehrs auf den Höhenstraßen, Änderung der Vegetation durch Trockenlegung vieler Feuchtwiesen, Zunahme von Fuchs und Habicht, Unterschreiten der kritischen Mindestpopulationsstärke.

Um die Population zu erhalten, oder sogar wieder zum Anstieg zu bringen, wurde eine Reihe von Maßnahmen diskutiert und zum Teil in die Tat umgesetzt. So wurden einige Parkplätze stillgelegt, Winterunterstände wurden kartiert, und daraufhin wurden Wanderwege und Skirouten weiträumig an diesen Orten vorbeigeführt. Mit hohem Aufwand wurden die noch vorhandenen Moore für die Besucher so erschlossen, daß Schäden durch Wanderer nicht mehr zu befürchten sind. Hinzu kamen Pflegepläne, die die offenen Landschaft erhalten, und ortsfremde Vegetationselemente gegen einheimische austauschen sollen.

Das Birkhuhn wird in seinen natürlichen Verbreitungsgebieten als Indikatorart bezeichnet. Wenn es sich in einem Biotop behaupten kann, dann ist dieser so vielfältig, daß er auch für viele andere, z.T. empfindliche Arten geeignet ist. Hieraus erklärt sich das Interesse vieler Naturfreunde an der Erhaltung des Bestandes, der im Laufe der Jahrhunderte in diesem Gebiet eine an die besonderen Umweltverhältnisse angepaßte Lokalform entwickelt hat.

Es gibt auch andere Stellungnahmen zum Problem der Birkhuhnpopulation. Soll man andere Nutzungsformen des Gebietes, wie Ausdehnung des Wanderwegenetzes von dem ja ein hoher Erholungswert für die Bevölkerung ausgeht, oder die intensivere Bewirtschaftung der Wiesen zugunsten einer schwindenden Art beschränken? Birkhühner lassen sich in Volieren züchten und, wie das heute bei Fasanen üblich ist, aussetzen, außerdem könnte man den noch reichlich bestückten Populationen Nordosteuropas Tiere entnehmen und in Mitteleuropa einbürgern.

Aufgabe III.4:
1. *Was ist eine Lokalform, und welche äußeren und inneren Faktoren führten zu ihrer Entstehung?*
2. *Erläutern Sie den Begriff einer Indikatorart, welche Bedeutung hat eine Indikatorart für die Beurteilung eines Lebensraumes.*
3. *Welche Ursachen könnten Ihrer Meinung nach zu einem Rückgang des Birkhuhnbestandes in der Inselpopulation der Rhön geführt haben?*
4. *Erläutern Sie die Ursachen des Interessenkonfliktes der sich um die Problematik der Erhaltung des Birkhuhnbestandes gebildet hat. Berücksichtigen Sie dabei die Interessen der Touristen und der Verantwortlichen für die touristische Infrastruktur, die der Landwirte, Naturschützer und der Jäger.*
5. *Beurteilen Sie die Aussichten einer Aufstockung der Birkhuhnpopulation durch aus anderen Gebieten eingeführte oder in Gefangenschaft gezüchtete und ausgesetzte Tiere.*
6. *Erläutern Sie am Beispiel des Birkhuhnbiotops den Begriff „ökologische Nische“.*
7. *Von Jägern wird gelegentlich die Ansicht geäußert, der Birkhuhnbestand könne sich erholen, wenn man Fuchs und Habicht „kurz halten“, also in ihrer Populationsstärke durch Bejagung beschränkt würden. Nehmen Sie zu dieser These Stellung.*

Abbildung 42 gibt noch einmal einen Überblick über die Struktur des dialektischen Problems, das mit dem Problemfeld der Kultosphäre verbunden ist.

Die Herrschaft über die Natur wurde dadurch erreicht, daß wir abendländischen Menschen uns – besonders im Verlaufe der Neuzeit – ein Herrschaftswissen angeeignet haben, das uns in die Lage versetzte,

- die übergeordneten Regulationen der Menschheit – Räuber, Parasiten, Infektoren – mehr und mehr auszuschalten,
- die wichtigsten der uns untergeordneten Organismen – Pflanzen und Tiere – als Kulturpflanzen bzw. Haustiere in die absolute Abhängigkeit von uns Menschen zu bringen,
- unsere Konkurrenten und die der Nutzorganismen – „Unkräuter“ und „Schädlinge“ – weitgehend zurückzudrängen und teilweise fast auszurotten.

Biologisch gesehen haben wir im Verlaufe dieser Entwicklung jegliche negative Rückkoppelung aufgehoben bzw. in eine positive Rückkoppelung verwandelt. Die unausweichliche Folge dieses Vorgehens war die nahezu uneingeschränkte Vermehrung der Menschheit, die heute zu einer bedrohlichen Situation geführt hat. Die Ressourcen der Welt reichen nicht aus, um bei gleichartiger Weiterentwicklung *allen* Menschen unseren „westlichen“ Lebensstan-

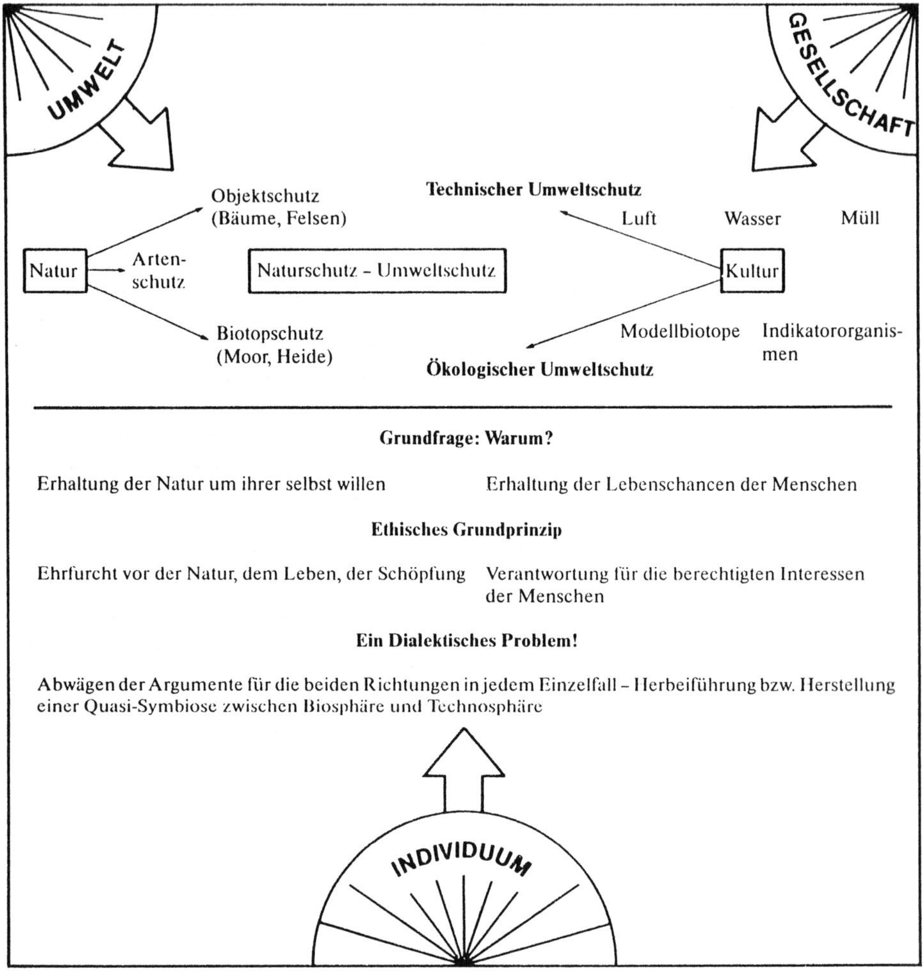

Abb. 42: Struktur eines dialektischen Problems.

dard zu ermöglichen. Wir Menschen des europäischen Kulturkreises haben alle Vorteile für uns in Anspruch genommen, alle Nachteile abgewehrt.

Wir müssen es daher lernen, gegen uns selbst kritisch zu sein, wenn es darum geht, unsere eigenen Interessen für berechtigt zu halten. Da die Mehrheit der Menschen unseren Lebensstandard nicht ohne Gewalt erreichen kann, müssen wir notwendigerweise bereit sein, zurückzustecken, wenn Gewalt vermieden werden soll.

Diese Bereitschaft zu geben, sollte nicht nur auf Menschen gerichtet sein, sondern auch die Natur einbeziehen! Was berechtigt uns eigentlich, andere Lebewesen ohne Not auszurotten, die wir nicht geschaffen haben, über die wir demnach auch keine andere Verfügungsgewalt haben als die des Stärkeren?

In dieser Hinsicht können wir manches von anderen Völkern lernen. Diese haben allerdings auch nicht in jedem Falle die richtige, zukunftsweisende Lösung anzubieten: Zahlreiche Kinder z.B. können nicht mehr als Sozialversicherung betrachtet werden – unter unseren Bedingungen bedeuten sie vielmehr das Gegenteil!

Angesichts der Einzigartigkeit unserer historischen Situation kann niemand fertige Lösungen anbieten! Die Notwendigkeit, in dieser Situation voneinander zu lernen, darf nicht übersehen werden. Diese Welt ist zu klein, die Gefahr zu groß, um miteinander in Feindschaft zu leben. Die Aufgabe, unseren Nachkommen eine Welt im Gleichgewicht zu übergeben, ist wichtiger als alles andere.

Teil IV: Antworten und Lösungen zu den Fragen und Aufgaben aus den Teilen I bis III

1. Antworten und Lösungen zu Teil I

Aufgabe I.1

1. Beim sorgfältigen Durchlesen des Textes können Sie die folgenden Stellen finden:

Indianer

Jeder Teil der Erde ist heilig.

Wir sind ein Teil der Erde,
sie ist ein Teil von uns:
Blumen sind Schwestern,
Tiere sind Brüder,
Erde ist Mutter.

Alle Dinge sind miteinander verbunden.

Zu ergänzen wäre in etwa:

Maschinen sind überflüssig, sie erzeugen nur Lärm!

Weiße

Land kann man kaufen und verkaufen.

Maschinen helfen dem weißen Mann bei der Arbeit.

Ihr Volk wird immer stärker, sie werden das Land überfluten.

Es gibt keine Stille in den Städten der Weißen; das Geklapper beleidigt unsere Ohren.

Land ist nicht „heilig", Blumen, Tiere, Erde sind Dinge, die man nutzen kann!

Jedes Ding ist für sich zu betrachten, es bedarf spezieller Kenntnisse, um die Dinge zu nutzen.

2. Die Indianer betrachteten sich als Teil der Erde, die Weißen sich als deren Herr. Für die Indianer haben die Menschen keine Sonderstellung, alle Dinge sind nach ihrer animistischen Religion in gleicher Weise beseelt!
Für die Weißen dagegen hat nur der Mensch eine unsterbliche Seele, er hat den Auftrag, sich „im Schweiße seines Angesichts die Erde untertan zu machen". Für viele von ihnen bedeutete dies ein Recht auf Ausbeutung, obwohl es im ursprünglichen Verständnis der Bibel auch die Verantwortung für die Schöpfung einbezieht! (Siehe dazu den Sonnengesang von Franz von Assisi).
Informieren Sie sich in einem Lexikon über den „Animismus"!
3. Indianer und Weiße sind Angehörige verschiedener Kulturen mit unterschiedlichen Wirtschaftsformen:
Indianer = Wildbeuter, Weiße = Ackerbauern, arbeitsteiliges Handwerk mit Spezialisierung auf verschiedene Berufe, Städtebau, Geldwirtschaft, industrielle Revolution. Unter einer Kultur versteht man nach H. Kelly ein historisch abgeleitetes System von Leitvorstellungen für das Leben, das zumeist von allen Mitgliedern der Gruppe geteilt wird.

Diese unterschiedlichen Leitvorstellungen betreffen in gleicher Weise die Wirtschaft, wie die Religion, sie bedingen auch die Art und Weise des Umganges mit der Natur.

I.2

1. Gemäß dieser Vorstellung „beuten" die Sammler und Jäger die Natur „aus", weil sie nichts unternehmen, um sich durch Arbeit „selbst" zu ernähren. Dabei wird nicht bedacht, daß diese „Wildbeuter" auch den Mangel und die Not, die Krankheit, kurz die aus der Natur kommenden Gefahren akzeptieren, die die Menschen in ihrer Zahl begrenzen!
2. Die Indianer würden darauf hinweisen, daß sie in Harmonie mit ihrer Mutter, den Brüdern und Schwestern leben, daß sie ihre Brüder in rituellen Gesängen um Verzeihung bitten, wenn sie diese um der Nahrung willen töten müssen.

I.3

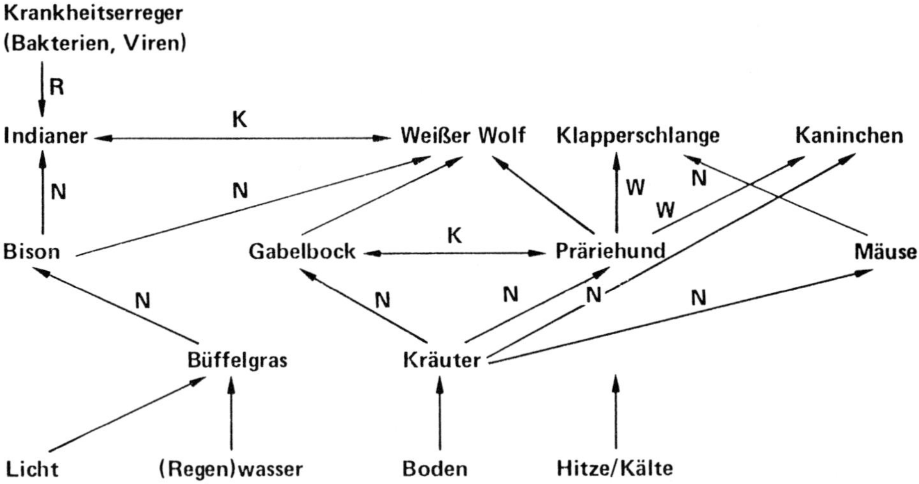

Abb. 43: Pfeildiagramm der Beziehungen in der Lebensgemeinschaft der Prärie. (N = Nahrung, K = Konkurrent, R = Regulator, W = Wohnraum.)

2. und 3. Die grünen Pflanzen stellen die Nahrung, die Nährstoffe her, die von den Tieren benötigt werden; Pflanzen sind Produzenten, Tiere sind Konsumenten.
4. Klima und Boden bestimmen das Pflanzenwachstum, die Zusammensetzung der Pflanzenwelt: je weniger Regen, desto weniger Bäume und Büsche gedeihen an einem Standort.
   Die Prärie liegt für die Winde aus dem Westen hinter dem Felsengebirge, für die Winde aus dem Osten hinter weiten Flächen des Festlands! Die Regenwolken bleiben im Gebirge hängen bzw. sie regnen sich im Sommer vorher schon aus (Festlandsklima).

I.4

Urwald, Savanne, Steppe – sind durch die Menge an Regen bedingt, die ihrerseits von der geographischen Lage des Areals abhängt. Informieren Sie sich in einem Geographiebuch.

2 Antworten und Lösungen zu Teil II

1.1

1. *Urwald:* Vom Menschen nicht beeinflußter Wald, der heute nur noch sehr begrenzt vorhanden ist
   Wald: (althochd. walt; eigentlich nichtbebautes Land): Natürliche Lebensgemeinschaft und Ökosystem von dicht stehenden Bäumen mit speziellen Pflanzen und einer speziellen Tierwelt.
   Forst: (althochd.: dem König vorbehaltener Wald): Wirtschaftswald, der der Produktion von Rohstoffen, insbesondere von Holz, aber auch von Harz, Waldfrüchten, Pilzen, Baumsaft dient. *(Nach Brockhaus.)*
2. Urwälder im eigentlichen Sinne sind verschwunden.
   Wälder mit Museumscharakter sind in Gipfellagen der Mittelgebirge als sog. „Grenzertragswälder" erhalten geblieben, oft zeigen sie noch die natürliche Zusammensetzung aus den ursprünglichen Baumarten. Großtierarten, die als Regulatoren der größeren Wirbeltiere dienten, fehlen in diesen Wäldern.
3. In Wäldern finden wir oft eine vom Menschen nur indirekt beeinflußte Bodenflora, die meist vielfältig ist und eine komplexe Kleintierwelt anzieht. Eine derartige von vielen Tier- und Pflanzenarten gebildete Lebensgemeinschaft wird von vielen Menschen als naturnah empfunden – im Gegensatz zu artenarmen Feldern, städtischen Grünanlagen usw.

1.2

1. Fichtenwald, Tannen-Rotbuchenwald, Rotbuchen-Eichenwald, Eichen-Hainbuchenwald, Kalkbuchenwald, Hangbuchenwald, Schluchtwald, Buchen-Traubeneichenwald, Eichen-Birkenwald.
   Bestandbildend sind Buche, Eiche, Fichte, Kiefer. Begleitholzarten sind z.B. Esche, Ulme, Linde, Ahorn, Birke.
2. Das Auftreten von Waldtypen und Arten ist standortabhängig. Standortfaktoren sind z.B. Höhenlage, Hangexposition und Bodenart.

1.3

W. Kausch und H. Heil (Naturwissenschaften 52, 351, 1965) geben folgende Beobachtungen an:

Hangexposition	*Artenzahl insgesamt*	*an beiden Hängen gemeinsam*	*auf den jeweiligen Hang beschränkt*
Süd	96	22	74
Nord	53	22	31

Diese erheblichen Unterschiede sind durch mikroklimatische Ursachen bedingt:

1. Sonneneinstrahlung an einem Julitag	Südhang	Nordhang
Durchschnittswert	4,94 Joule/cm^{2}min	3,39 Joule/cm^{2}min
Maximalwert	7,78 Joule/cm^{2}min	6,44 Joule/cm^{2}min
2. Beleuchtungsstärke an einem Augusttag mittags	86 000 Lux	34 000 Lux

Die Lufttemperatur des Südhanges war um 5°C, die Bodentemperatur sogar um 25°C höher; dagegen war die Luftfeuchtigkeit hier um 20% geringer als am Nordhang (s. auch K. Bauer, MNU, Bd. 3, 1950/51, S. 360).

Wer dieses gut geeignete Modell für mikroklimatische Untersuchungen näher bearbeiten möchte, sei bezüglich der Methode auf das „Pflanzenökologische Praktikum", UTB 8062, 1992, von Steubing, Fangmeier verwiesen, das eine große Zahl von Experimenten zur Untersuchung von Ökofaktoren beschreibt.

2.1

Aufnahme von Nährsalzen und Nährsalzgehalt der verschiedenen Pflanzenteile bei Kiefer und Buche (Zahlenangaben in kg/ha):

		Kiefer	*Rotbuche*
Aufnahme von Nährsalzen aus dem Boden	K	7	23
	Ca	29	96
	P	5	3
in Stamm, Ästen und Zweigen gespeicherte Nährsalze	K	2	5
	N	10	10
	Ca	10	14
	P	1	3
im Blattmaterial gespeicherte Nährsalze	K	5	10
	N	35	40
	Ca	19	82
	P	4	10

Weiterführende Fragen:

a) Welche der beiden Baumarten hat einen höheren Nährsalzbedarf pro Zeiteinheit?

b) Welche Rückschlüsse auf die Bodenansprüche und auf den Nährsalzumsatz pro Zeiteinheit lassen sich aus den Werten der Tabelle ziehen?

Zusatzaufgabe: Wachstum von Bergahorn *(Acer pseudo-platanus)* und Esche *(Fraxinus excelsior)* in Abhängikeit vom pH-Wert des Bodens.

Zweijährige Pflanzen beider Arten wurden von O. Sebald (Mitt. d. Württ. Forstl. Versuchsanstalt, Bd. 13, Heft 1, Stuttgart) im Sand-Kultur-Versuch 82 Tage in Nährlösungen mit verschiedenen pH-Werten gehalten. Dabei erzielte er folgende Resultate:

pH-Wert	Ahorn Zuwachs absolut	 Zuwachs relativ	Esche Zuwachs absolut	 Zuwachs relativ
8	6,2 cm	40 %	11,7 cm	45 %
7	15,6 cm	100 %	29,9 cm	100 %
6	12,4 cm	80 %	24,2 cm	93 %
5	12,3 cm	79 %	21,0 cm	81 %
4	10,6 cm	68 %	—	—

Stellen Sie die Wachstumsgeschwindigkeiten der beiden Baumarten in Abhängigkeit vom pH-Wert des Bodens grafisch dar.

Der pH-Wert ist der Säuregrad einer Lösung; er ist definiert als der negative dekadische Logarithmus der Wasserstoffionenkonzentration.

Rechenbeispiel: 10^{-3} mol Wasserstoffionen sind in einem Liter Wasser (als H_3O^+) gelöst. Die Wasserstoffionenkonzentration wäre dann 10^{-3} mol/l. Der dekadische Logarithmus des Konzentrationswertes ist -3; der entsprechende negative Logarithmus, also der pH-Wert, ist dann 3.

2.2

Zahlenbeispiel: Linde anfangs 53,9 g, am Ende 46,5 g; Kobaltpapier blau
Weide anfangs 52,8 g, am Ende 32,2 g; Kobaltpapier rot
(Die Linde verschließt ihre Spaltöffnungen rasch, die Weide kaum; erstere hat also ein relativ gutes Regulationsvermögen der Verdunstung, letztere ein schlechtes.)

2.3

Bei Anwendung der in Tabelle 2 angegebenen Zusammenhänge ergibt sich: 1. Rotbuchenwald, 2. Kiefern-Birkenwald, 3. Fichtenwald.

2.4

1. In Mitteleuropa hat die Waldkiefer starke Konkurrenz. Sie kann nur da erfolgreich bestehen, wo die abiotischen Faktoren die konkurrierenden Arten entscheidend behindern.
2. **Physiologisches Optimum:** Die Umweltbedingungen gestatten der betreffenden Art ein optimales Wachstum. **Ökologisches Optimum:** Die betreffende Art findet noch ausreichende Lebensbedingungen und kann sich gleichzeitig gegen die Konkurrenz durchsetzten (Optimum unter Wettbewerbsbedingungen).
3. Sandböden, in mehr kontinentalem Klima.

2.5

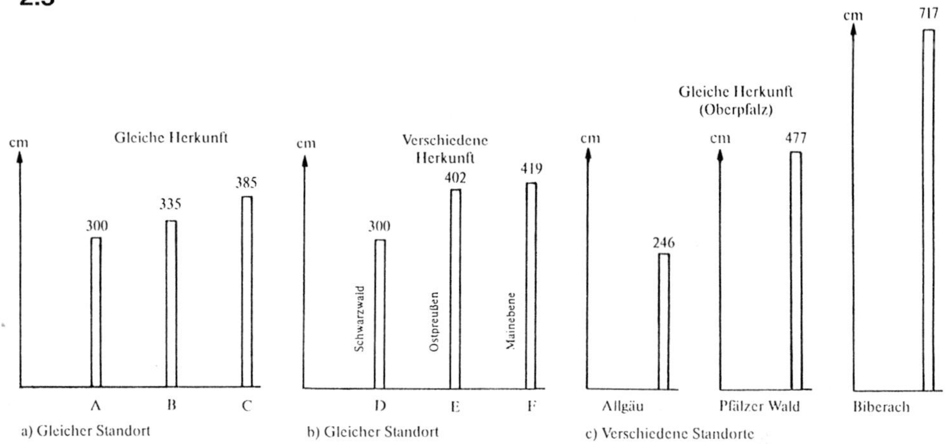

Abb. 44: Einfluß von Erbanlagen und Umwelt auf die Wuchsleistungen von Kiefern (s. auch Tab. 4, S. 26).

3.4

1. $f = \frac{12{,}9 \text{ g m}^3}{23{,}1 \text{ g m}^3} 100\% = 56$

2. Bei 5°C: 6,8 g/ m^3; bei 0°C: 4,9 g/m^3
   Differenz: 1,9 g/m^3

3. Bei 10°C

Zusatzaufgabe: Ermitteln Sie den Einfluß von Hecken auf die Windgeschwindigkeit. (Messung der Windgeschwindigkeit in 50 cm Höhe mit einem Handanemometer.)
Beispiel: Messung vor und hinter einer dichten Fliederhecke von 4m Höhe 1,8 m Breite, 6m Länge (Meßhöhe 50 cm; aus Steubing 1965, S. 253):

Meßstelle	Windgeschwindigkeit (m/sek.)
3 m vor der Hecke	3,6
0 m hinter der Hecke	0,7
2 m hinter der Hecke	1,2
5 m hinter der Hecke	1,9
10 m hinter der Hecke	2,5
20 m hinter der Hecke	2,8
30 m hinter der Hecke	3,1
40 m hinter der Hecke	3,6

Anmerkung: Schätzung der Windgeschwindigkeit mit Hilfe der sog. *Beaufort-Skala*.

Beaufort		*Charakteristika*	*m/sec.*
0	Windstille		0 - 0,5
1	leichter Zug	Rauch steigt fast gerade empor	0,6 - 1,7
2	leichte Brise	hebt leichten Wimpel, Blätter zeitweise bewegt	1,8 - 3,3
3	schwache Brise	Blätter und dünne Zweige bewegt, streckt einen Wimpel	3,4 - 5,2
4	mäßige Brise	unbelaubte, schwächere Äste bewegt	5,3 - 7,4
5	frische Brise	größere Äste bewegt, wirft auf stehenden Gewässern Wellen	7,5 - 9,8
6	starker Wind	wird an Häusern und festen Gegenständen hörbar, bewegt schwächere Bäume, Schaumköpfe auf Wellen der stehenden Gewässer	9,9 - 12,4
7	steifer Wind	Bäume mittlerer Stärke werden bewegt, Gewässer mit vielen Schaumköpfen auf Wellen	12,5 - 15,2
8	stürmischer Wind	bewegt stärkere Bäume, bricht Zweige ab, ein gegen den Wind schreitender Mensch wird aufgehalten	15,3 - 18,2
9	Sturm	größere Äste werden abgebrochen, Dächer beschädigt	18,3 - 21,5
10	schwerer Sturm	Bäume werden umgebrochen	21,6 - 25,1
11	orkanartiger Sturm	zerstörende Wirkungen schwerer Art	25,2 - 29
12	Orkan	verwüstende Wirkungen	29 - ....

4.1

In einem naturnahen Wald kann man in einem günstigen Falle die folgenden Stockwerke unterscheiden:

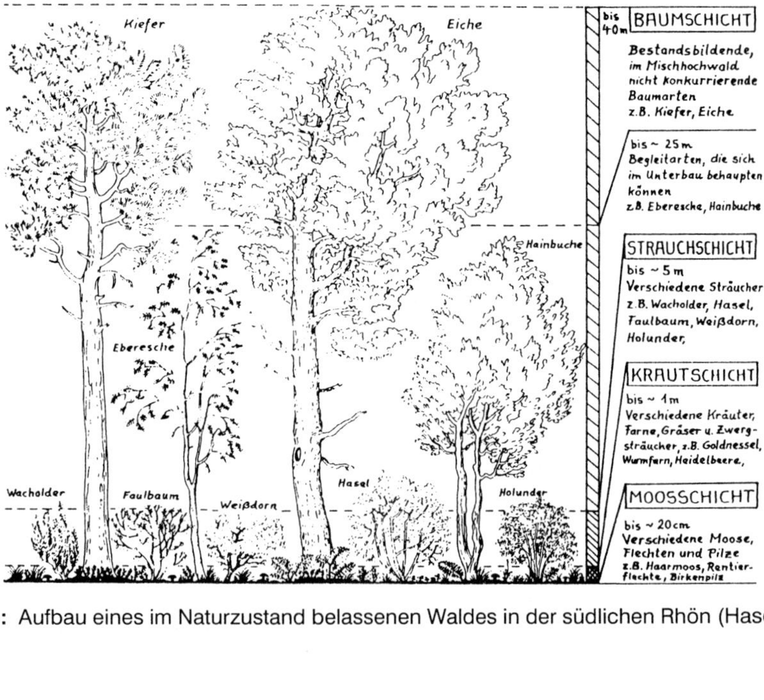

Abb. 45: Aufbau eines im Naturzustand belassenen Waldes in der südlichen Rhön (Haselhuhnbiotop).

Bilden allerdings die sogenannten Schatthölzer, Buche oder Fichte, den Bestand, dann fällt zu wenig Licht auf den Boden, die unteren Schichten kommen nur spärlich oder gar nicht vor. Sie sehen, daß der Stockwerkbau auf die abiotischen Faktoren zurückwirkt! Überlegen Sie, welche Faktoren wirksam sind, in welcher Weise wird der einzelne Faktor verändert?

Übernehmen Sie folgende Tabelle auf ein Blatt Papier, füllen Sie sie aus und überprüfen Sie Ihre Hypothesen mit Hilfe des Textes von Kapitel 4.

Geben Sie für jeden Faktor an, in welcher Weise er sich von links nach rechts verändert.

Abiotischer Faktor	Baumschicht I	Baumschicht II	Strauchschicht	Krautschicht	Moosschicht
Licht					
Wärme					
Luftfeuchte					
CO_2					
Bodenfeuchte					
Bodenqualität					

4.2

Im Text werden die folgenden ökologischen Gruppen genannt:

1. Baumschicht:	Windblütler – Pollenübertragung, oft auch Samenübertragung durch Wind
2. Baumschicht:	Insektenblütler – Pollen- und Samenverbreitung durch Tiere
Strauchschicht:	Lianen – Halbparasiten – Epiphyten – Insektenblütler – Samenverbreitung durch Tiere
Krautschicht:	Frühblüher – Schattenpflanzen – Saprophyten – Parasiten – Pflanzen mit Ameisensamen – Klettfrüchte – Schleuderfrüchte
Moosschicht:	Wurzelsymbionten – wasserspeichernde Pflanzen.

Welche praktischen Arbeiten Ihnen eingefallen sind, sollten Sie mit Ihrer Gruppe bzw. der Fachkraft diskutieren. Wir raten zu den folgenden praktischen Übungen:

1. Anlage einer Blättersammlung von Angehörigen verschiedener Stockwerke.
2. Untersuchung der Blüten von Angehörigen der verschiedenen Stockwerke; (Blüten zeichnen; Bestäubung?).
3. Bestimmung der Flugleistung von Samen und Früchten: Lassen Sie aus einem Fenster, dessen Höhe über dem Erdboden gemessen wurde, verschiedene Samen

und Früchte fallen, und bestimmen Sie Flugzeit und Entfernung von der Lotlinie. Notieren Sie jeweils auch die Windgeschwindigkeit. Wiederholen Sie den Versuch, nachdem Sie die Flugeinrichtungen entfernt haben. Stellen Sie die Ergebnisse abschließend graphisch und tabellarisch dar und berücksichtigen Sie dabei verschiedene Windgeschwindigkeiten. (Um statistisch auswertbare Zahlen zu erhalten, muß der Versuch mit mehreren Samen einer Baumart durchgeführt werden!)

4. Veränderung der Zusammensetzung der Pflanzendecke im Verlaufe eines Jahres auf einer Probefläche:
   Kennzeichnen Sie in einem nahe gelegenen Laubwald eine Probefläche mit Hilfe markierter Steine. Ermitteln Sie während der Vegetationsperiode laufend Individuenzahl und Wuchsform aller auf der Fläche angetroffenen Arten und tragen Sie die Ergebnisse jeweils in eine Skizze ein. Was ändert sich? Welche Erklärungen gibt es für diese Veränderungen?
   Vergleichbare Untersuchungen können Sie auch auf einer Wiese durchführen. Abb. 46 zeigt ein Beispiel.

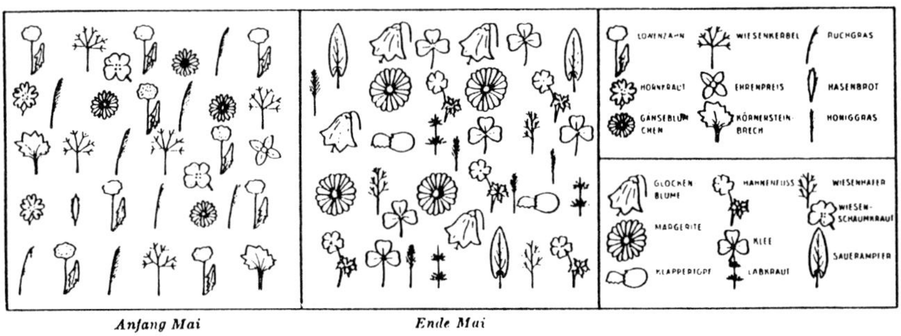

Abb. 46: Verteilung blühender Pflanzen auf einem Wiesenstück zu verschiedenen Zeiten.

5. Parasitismus beim Klappertopf *(Rhinanthus alectorolophos)*:
   Gleich nach der Ernte im Herbst werden 6 Samen des Klappertopfs in eine Reihe kleiner Blumentöpfchen mit sterilisierter Erde gelegt und mit einer 2-3 cm hohen Erdschicht bedeckt. Die Hälfte der Töpfe wird anschließend mit einigen Karyopsen eines Grases (z.B. *Phleum pratense,* Wiesen-Lieschgras oder *Festuca ovina,* Schafschwingel) beschickt.
   Nach Keimung im März/April werden die Pflanzen vereinzelt, so daß je Topf nur ein Keimling übrig bleibt. $1^1/_2$ Monate später stellen die isolierten Pflanzen ihr Wachstum ein, die mit Gras vergesellschafteten dagegen nicht. Die nähere Untersuchung zeigt, daß sie die Wurzeln der Gräser angezapft haben, und dies wahrscheinlich, um ihnen Wuchsstoffe zu entziehen.
6. Sammeln Sie Samen von Veilchen, Taubnesseln und Schöllkraut. Betrachten Sie die Samen mit einer starken Lupe und zeichnen Sie sie mit ihren Oberflächenanhängen.
   Bringen Sie einige Samen mit Hilfe einer Präpariernadel (nicht mit den Fingern) in unmittelbare Nähe einer Ameisenstraße und beobachten Sie die Wirkung.
   Gibt es Ameisenpflanzen in der Nähe der Bauten der Roten Waldameise?

7. Ergründen Sie durch genaue Beobachtung den Bau der Blüten von Orchideen und vom Aronstab. Zeichnen Sie die Blüten. Versuchen Sie herauszubekommen, durch welche Tiere diese Blüten bestäubt werden; vielleicht gelingt es, die Bestäuber zu fotografieren.
   Messen Sie die Temperatur in der Reusenblüte des Aronstabes und vergleichen Sie das Meßergebnis mit der Außentemperatur.
8. Analyse eines Waldbestandes:
   Den Aufbau eines Waldes hinsichtlich seiner Stockwerke kann man durch ein Schichtendiagramm (Abb. 47) veranschaulichen. Dabei wird der Bedeckungsgrad der betreffenden Schicht in Prozent geschätzt. Hat man die einzelnen Schichten zunächst bezüglich Pflanzenarten, Bestandsdichte und Individuenzahlen untersucht, dann notiert man ausgehend von der Mitte der ca. 100 m^2 großen Untersuchungsfläche aus zunächst die häufigen, dann die selteneren Arten.

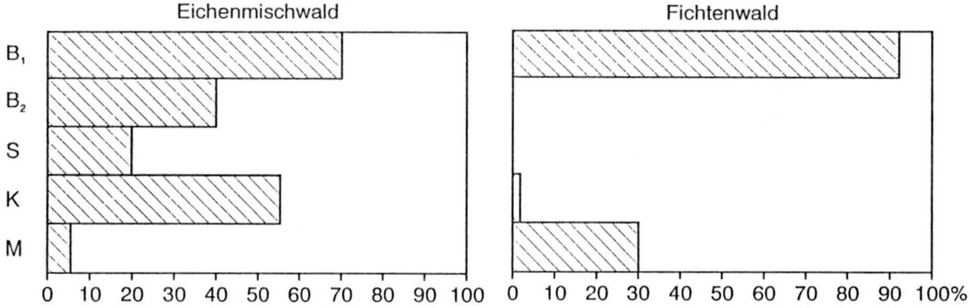

Abb. 47: Bodenbedeckung (in %) durch die Pflanzen der oberen (B_1), und der unteren Baumschicht (B_2), der Kraut- (K) und der Moosschicht (M).

9. Wasseraufnahme von Moosen:
   Trockene Pflanzen des Haarmützenmooses *(Polytrichum commune)* werden in Paraffinöl eingelegt und mikroskopisch untersucht: Blätter eingerollt; in Wasser eingelegte Pflanzen entfalten die Blätter.
   Kleine Ausschnitte verschiedener Moosrasen werden von Erdresten befreit und zwei bis drei Tage im Zimmer ausgebreitet getrocknet. Je 5 g werden abgewogen und über Nacht in Wasser gelegt; am nächsten Tage wiegt man sie. Je nach Art wird das 4 -12fache der Masse an Wasser aufgesogen.

5.1

1. Sonne als Energiequelle
2. Grüne Pflanze als *Produzent*, Chlorophyll absorbiert Lichtenergie; Lichtenergie wird in chemische Energie umgewandelt, diese zunächst in Traubenzucker gespeichert; Sauerstoff wird abgegeben: Prozeß der Photosynthese!
   Aus Zwischenprodukten des Kohlenhyratstoffwechsels werden Aminosäuren hergestellt, aus ihnen wird Eiweiß aufgebaut; Stickstoff stammt aus Mineralsalzen, z.B. Nitraten.
3. Raupen als *Konsumenten 1. Ordnung*;
   nehmen Pflanzenmasse auf, verdauen diese, d.h. zerlegen sie in Grundbestandteile, Eiweiße z.B. in Aminosäuren, diese werden vom Blut zu den Körperzellen gebracht,

aus den Aminosäuren wird Raupeneiweiß aufgebaut, Traubenzucker wird in den Zellen veratmet, d.h. mit Hilfe von Enzymen in den Mitochondrien zu CO_2 oxidiert; überschüssiger Zucker wird als Stärke gespeichert.

4. Vögel als *Konsumenten 2. Ordnung* nehmen Tiersubstanz auf, verdauen diese, siehe oben!
5. Toter Vogel wird von Käfern, den Totengräbern beerdigt; Käfer legen ihre Eier am Kadaver ab; ausschlüpfende Larven ernähren sich von der Vogelsubstanz, verdauen diese, siehe oben!
6. Bakterien als *Reduzenten* zerlegen im Boden die restliche Masse (vom Vogel, aber darüber hinaus auch von Pflanzen!) in anorganische Substanz, in CO_2 und Mineralsalze, die von den grünen Pflanzen wieder aufgenommen werden: Kreislauf der Stoffe!

5.3

Das Blatt ist in seinem Bau der Assimilationsfunktion angepaßt: Es enthält Assimilationsgewebe in Form des Palisadenparenchyms, das aus dicht gepackten, an Chloroplasten reichen Zellen besteht, und ein Durchlüftungsgewebe, das Schwammparenchym, in dessen Hohlräumen, den Interzellularen, die Luft, die durch die Spaltöffnungen aufgenommen wird, das Blattgewebe durchstreifen kann.

5.4

L. Schuster („Kosmos" 46. Jg. 1950, S. 411) beobachtete einen Herbst lang das Sammelverhalten von Eichelhähern. Er kam dabei zu folgenden Ergebnissen:

Die Sammelarbeit währte vom 20.9. bis zum 25.10. In dieser Zeit wurden 65 Häher beobachtet, die zusammen etwa 180mal in der Stunde in den etwa 37 ha großen Eichenbestand ein- und wieder ausflogen. Jeder Vogel trug etwa 5 bis 10 Eicheln im Schlund. Da die Vögel im Durchschnitt elf Stunden am Tag „arbeiteten", ergab sich eine Tagesleistung von mindestens 9.900 Eicheln, die abtransportiert wurden. Rechnet man nur 30 Tage für die Sammelperiode, so wurden aus dem 37 ha großem Eichenwald mindestens 300 000 Eicheln, wahrscheinlich aber 500 000-600 000 Eicheln weggetragen, das sind etwa 5000 bis 10 000 Eicheln je Vogel!

August Bier („Die Seele", Lehmann-Verlag, München 1939) beschreibt das Verhalten beim „Pflanzen": Die Eicheln werden nicht in Haufen versteckt, sondern regelrecht einzeln in genauen Abständen, besonders unter dem Schirm alter Kiefern gepflanzt, in deren Halbschatten junge Eichen am besten gedeihen.

5.5

Die zu beobachtenden Massenänderungen ergeben sich aus den folgenden grafischen Darstellungen:

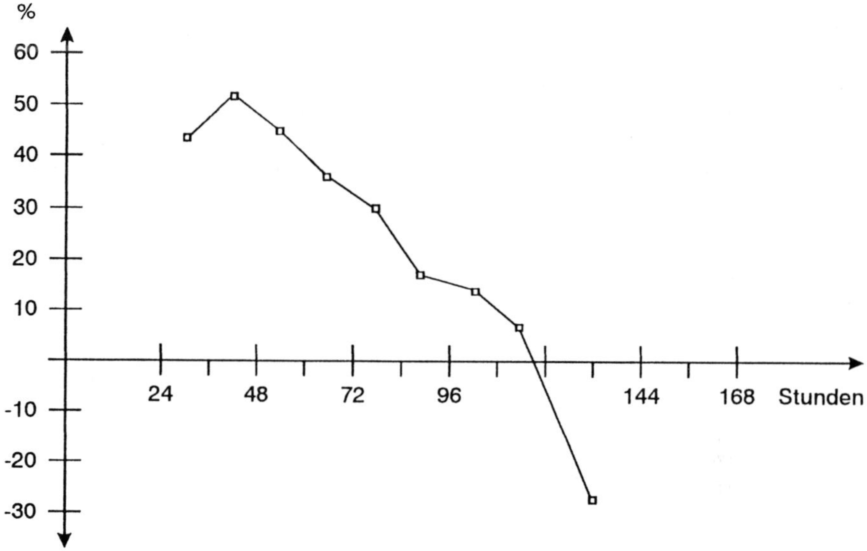

Abb. 48a: Massenzunahme der Gabelschwanzraupen in % des verbrauchten Futters.

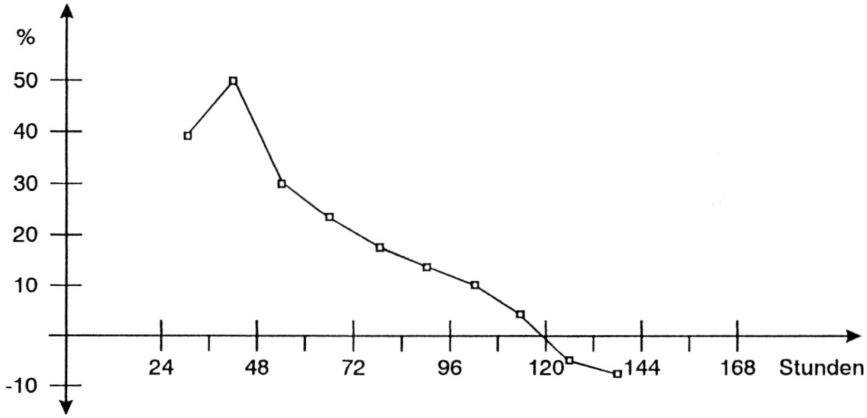

Abb.48b: Massenzu- und -abnahme in % der jeweiligen Ausgangsmasse.

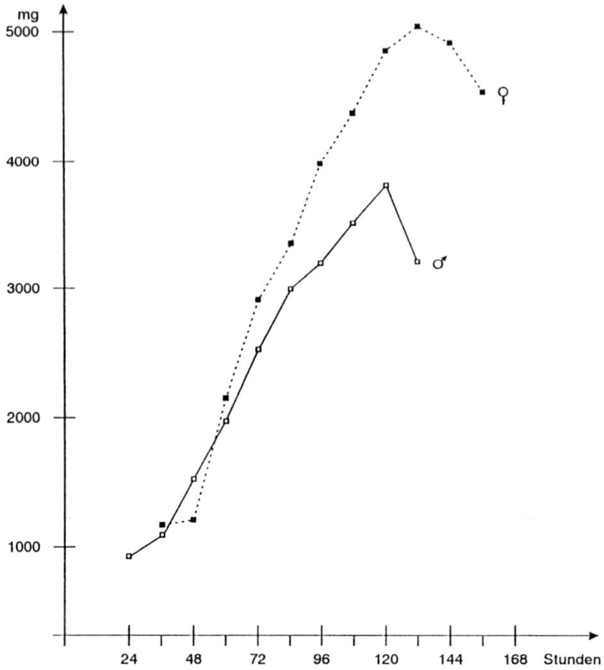

Abb. 48c: Absolute Massenzunahme männlicher bzw. weiblicher Raupen.

Die Raupen wachsen anfangs erheblich (Zunahme um 50% der Ausgangsmasse!), in den letzten Tagen weniger (Zunahme um 10-20% der Ausgangsmasse).

Tab. 30: Futtertabelle für Gabelschwanzraupen des letzten Stadiums.

Zeitraum Std. nach der letzten Häutung	Futterverbrauch Durchschnitt	maximal	Empfohlene Futtermenge	Massenverlust der Kontrollblätter
24/36	690 mg	740 mg	1 000 mg	70 mg
36/48	950 mg	1 090 mg	1 500 mg	60 - 90 mg
48/60	1 210 mg	1 320 mg	1 500 mg	
60/72	1 450 mg	1 950 mg	2 000 mg	
72/84	1 670 mg	1 950 mg	2 000 mg	70 - 110 mg
84/96	1 990 mg	2 210 mg	2 500 mg	
96/108	2 190 mg	2 530 mg	3 000 mg	70 - 110 mg
108/120	2 140 mg	2 460 mg	3 000 mg	70 - 130 mg
120/132	1 840 mg	2 400 mg	3 000 mg	
132/144	1 250 mg	1 970 mg	2 500 mg	
144/156	1 050 mg	1 690 mg	2 000 mg	

5.7

1. Die Breite einer Ebene gibt die Größe der Gesamtbiomasse eines bestimmten Konsumententyps an. Die Gesamtbiomassen der Konsumenten werden mit höherer Ordnung in den Nahrungsketten zu der Pyramidenspitze hin immer geringer: (Auch die Gesamtbiomasse der großen Pflanzenfresser ist geringer als die der kleineren Wirbeltiere.)
2. Sie sind hinsichtlich ihrer Ansprüche an bewohnbare Areale und Nahrung Konkurrenten des Menschen.
3. Der Mensch übernimmt Regulationsfunktionen, er soll also die Regulationsleistungen der verschwundenen Konsumenten höherer Ordnung ersetzen.

6.1

Sachstruktur des Ökosystems der Nonne:

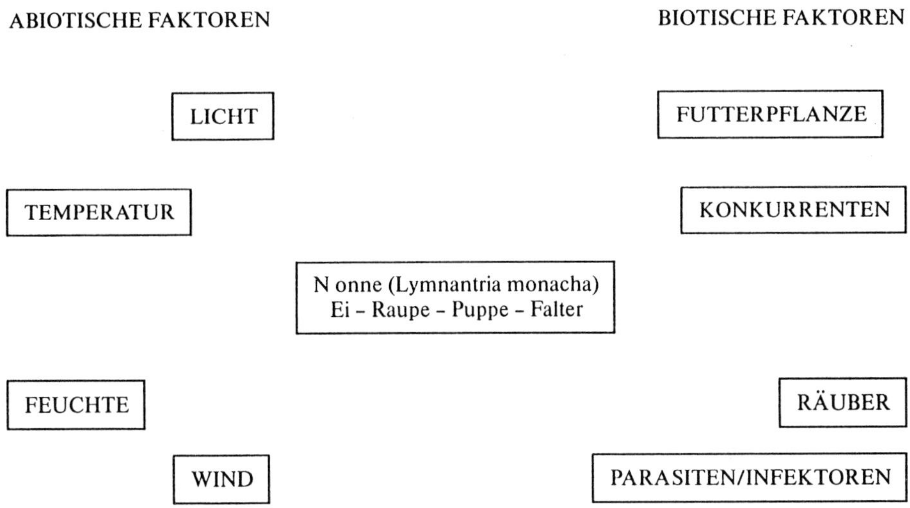

Vereinfachtes Schema, in dem nicht einzelne Arten, sondern ökologische Gruppen eingetragen sind. Ordnen Sie die im Text genannten Tier- und Pflanzenarten den einzelnen Gruppierungen zu.

6.2

Gezeigt wird der Aktivitätsgrad in Abhängigkeit von der Temperatur: Die untere Vitalitätsgrenze liegt bei -10°C, die obere bei +46°C; werden die Grenzen dieser vitalen Zonen unter- oder überschritten, so tritt der Tod ein. Zwischen -1°C und -8°C verharren die Eiraupen in Kältestarre, zwischen 43°C und 46°C in Wärmestarre. Es gibt demnach eine untere bzw. obere Aktivitätsgrenze, dazwischen liegt die aktive Zone. Diese kann man in 5 Stufen einteilen, in denen die Aktivität mit der Temperatur zunächst langsam ansteigt, in Zone 4 bei etwa 37°C das Aktivitätsmaximum erreicht und sodann rasch abfällt. Das Optimum für *geordnete* Bewegung liegt in Zone 3, d.h. zwischen 8°C und 33°C.

6.3

In den Gruppen I-V sind verschiedene Laub- bzw. Nadelbaumarten im Hinblick auf ihre Eignung als Futter für die Nonne zusammengefaßt: die Arten der Gruppe I sind völlig ungeeignet, die der Gruppe II ungeeignet, die der Gruppe III bedingt geeignet, die der Gruppe IV geeignet, die der Gruppe V gut geeignet. Das geht aus der Sterblichkeit der Raupen (Tab. 20), dem Gewicht und der Eizahl der Weibchen (Tab. 19) hervor. Allerdings ist der Zustand der Futterpflanze für die Eignung von entscheidender Bedeutung: je besser der Zustand, desto weniger geeignet sind die Pflanzen (gedüngte Kiefern kann man der Eignungsstufe III zuordnen, ungedüngte der Stufe IV).

6.4 (Zusatzaufgabe):

Die Weibchen vieler Spinnerarten, so auch die des Gabelschwanzes, legen ihre Eier auch dann ab, wenn sie nicht befruchtet wurden. Die im Laufe des Tages ausgereiften Eier werden während der Nacht abgelegt.

Stellen Sie fest, wie viele Eier ein Weibchen ablegt.

Setzen Sie dazu am ersten Abend je ein Weibchen in ein weithalsiges, verschließbares Glas, das mit Filterpapier ausgekleidet ist. Zählen und entfernen Sie jeden Tag die Eier. Da die Tiere keine Nahrung aufnehmen (Mundwerkzeuge verkümmert!), hängt ihre Lebensdauer von der Temperatur ab (6 – 10 Tage). Bei verschiedenen Untersuchungen schwankte die Zahl der Eier zwischen 129 und 513.

Die Abhängigkeit der Eiproduktion von der Futterart ist beim Gabelschwanz noch nicht untersucht, vielleicht wäre das eine Aufgabe für Sie.

Hinweis: Einen experimentellen Kurs zum Lebenslauf des Gabelschwanzes hat DYLLA in „Schmetterlinge im praktischen Biologie-Unterricht“ (Praxis-Schriftenreihe Abt. Biologie Bd. 15, Köln) beschrieben.

7.1

Wege der Selbstbehauptung der Arten sind u.a.

- Spezialisierung auf bestimmte ökologische Gegebenheiten in bezug auf die abiotischen und biotischen Faktoren, auf bestimmte Nischen, um Konkurrenten auszuweichen.
- Anpassung an die Futterpflanze, deren Inhaltsstoffe (Gifte), deren Vegetationsperiode.
- Schutzanpassungen gegen „Feinde“ wie z.B. Tarnung bei Beutearten, aber auch bei Beutegreifern; Entwicklung von Warnfarben bei ungenießbaren oder wehrhaften potentiellen Beutetieren.
- Resistenz oder Immunität gegen Parasiten bzw. Infektoren.
- Erhöhung der Fortpflanzungspotenz der Arten bei starker Dezimierung durch „Feinde“.
- Verminderung der Fortpflanzungspotenz im Falle einer Übervermehrung.

7.2

Die Graphik sollte folgende Begriffe enthalten: Parthenogenese, Wirtswechsel, Regulatoren, Formwechsel, Langtag, Kurztag, Überbevölkerung der Wirtspflanzen, Physiologische Disposition, Wanderung, Umstimmung.

7.3

Sachstruktur zum Thema visuelle Anpassungen:

7.4

Die Ergebnisse zeigen, daß Tiere ohne entsprechende Vorerfahrung und solche mit entgegengesetzter Vorerfahrung doch den ererbten Lebensraum der Unterart wählen. Erbliche Steuerungsmechanismen der zuvor gekennzeichneten Art sind also auch bei diesen Tieren noch gewichtiger als die individuell erworbene Erfahrung. Werden Tiere längere Zeit unter Laborbedingungen gehalten, so verändern sie sich im Verhalten – aber es treten dann auch gestaltliche Abänderungen auf, Mutationen, die ihrerseits erblich sind.

Das Vermögen der Tiere, den geeigneten Lebensraum aufgrund von angeborenen Verhaltensweisen zu erkennen, trägt insofern zur Selbstbehauptung der Arten in der Natur bei, als dadurch der Selektionsdruck durch abiotische Faktoren vermindert wird.

8.2

Der Lebergel *Strigea strigis* parasitiert als geschlechtsreifes Tier im Waldkauz. Zuvor muß er drei Zwischenwirte durchlaufen:

1. Die Eier gelangen zufällig mit dem Kot des Waldkauzes in ein Gewässer.
2. Nach einer Entwicklungsdauer von 8 -14 Tagen (bei einer Wassertemperatur von 18-26 °C) entschlüpfen ihnen „Wimperlarven" (Miracidien), die die Schnecke *Planorbis planorbis* aktiv aufsuchen.

3. Sie dringen in die Schnecke ein und bilden sich in diesem Zwischenwirt in „Sacklarven“ (Sporozyten) um; diese Entwicklung dauert 4-5 Wochen, eine Wassertemperatur von 18-26°C vorausgesetzt.
4. In diesen entstehen auf ungeschlechtlichem Wege zahlreiche „Schwanzlarven“ (Cercarien), die in die Kaulquappen des Grasfrosches eindringen. In diesem zweiten Zwischenwirt reifen sie im Laufe von 2-3 Wochen zu einem Stadium (Mesocercarie) heran, das in einen dritten Zwischenwirt – Igel, Ratte oder Ringelnatter – dadurch gelangen muß, daß ihre Träger, die Kaulquappen bzw. die aus ihnen hervorgegangenen Frösche, von einem der genannten Tiere gefressen werden.
5. Erst im dritten Zwischenwirt reifen die Larven zu einer Form (Matacercarie) heran, die sich im Hauptwirt, dem Waldkauz, zu einem Geschlechtstier entwickeln kann. (Nach K. ODENING, Zool.Ib., Abt. Syst. Ökol. u. Geogr. der Tiere, Bd. 94,1967, Heft 1).

8.3

Zusatzaufgabe: Analysieren Sie Abbildung 49. Welche Beziehungen können Sie erkennen und erläutern?

9.1

1. Kiefer, Birke, Fichte, Lärche
2. Ulmen, Linden, Eichen

9.2

1. Die Lebensgemeinschaft darf das Stadium, in dem die Bäume ihren Stammzuwachs stark verringern, nicht erreichen. Am günstigsten ist das Stadium mit der höchsten Nettoproduktion (s. Abb. 30).
2. Nährsalze, Wasser, CO_2, Licht usw. sollen nur von der gewinnbringenden Art genutzt werden. Daher werden auf Feldern, Plantagen und in vielen Wäldern Monokulturen angestrebt; seit einigen Jahrzehnten wird in der Forstwirtschaft der Nutzen des Waldes viel breiter gesehen. Deshalb werden regional artenreiche Laub- und Mischwälder angestrebt.
3. Die geringe, dafür aber schnell anwachsende Biomasse bringt auf Dauer gesehen mehr abschöpfbare Biomasse.

9.3

In Niederwäldern beziehen die Schößlinge aus dem im Boden verbliebenen umfangreichen Wurzelsytem des Baumstumpfes besonders effektiv Nährsalze und Wasser, das bedingt ein schnelles Wachstum des jungen Holzes und gestattet eine hohe Biomassenentnahme. Zusätzlich waren früher Zwischenkulturen, z.B. mit Buchweizen oder Hirse, möglich.

9.4

Stellen, die Feuchtigkeit speichern und gleichzeitig Luftzutritt erhalten, verwesen am schnellsten. Am Pfahl sind das die obere Schnittfläche, in deren mürben Kern Wasser eindringen kann, und die Stelle, die unmittelbar aus dem Boden hervorragt.

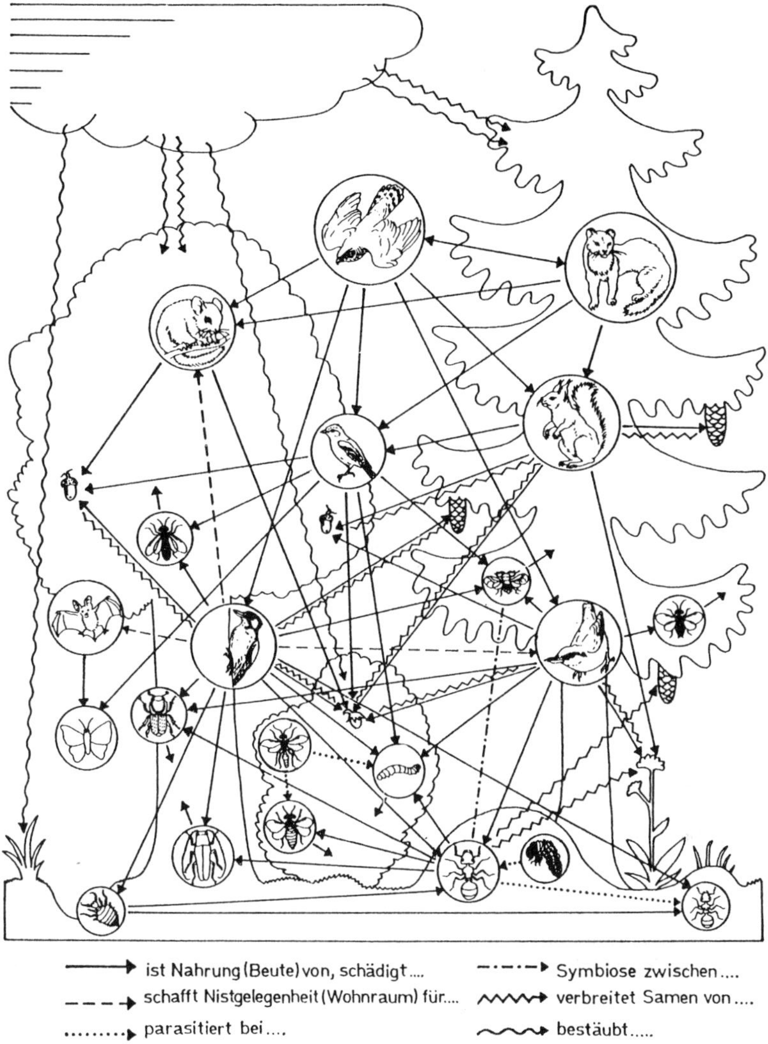

Abb. 49: Beziehungsgefüge in der Lebensgemeinschaft Wald.

12.1

a) $$\frac{dN}{dt} = 0{,}5 \cdot 1100\left(\frac{1000-1100}{1000}\right)$$

$$\frac{dN}{dt} = 55$$

Die Population vermindert sich um 55 Individuen.

b) $$\frac{dN}{dt} = 0{,}5 \cdot 950\left(\frac{1000-950}{1000}\right)$$

$$\frac{dN}{dt} = 9{,}5$$

Die Population wächst um 9 (9,5) Individuen.

12.2

Zusatzaufgabe: Ein Modell für eine Feind-Beute-Beziehung kann man herstellen, indem man in einem 15 Liter-Aquarium 2-3 Süßwasserpolypen und 20-30 Wasserflöhe der Gattung *Simocephalis* zusammensetzt. Bei ausreichender Ernährung der Wasserflöhe erreichen die Individuenzahlen beider Arten bald konstante Werte.

12.3

Zusatzaufgabe: Ein stochastisches Modell für die Räuber-Beute-Beziehung kann man sich ohne Schwierigkeiten selber herstellen. Das mit diesem Modell durchzuführende Spiel gibt den natürlichen Sachverhalt, die phasenverschobenen Schwingungen der beiden „Populationen“, hinreichend genau wieder.

Das Spielgerät besteht aus einem Spielbrett (Preßspanplatte 10 mm; 40 cm x 54 cm, mit aufgesetzten 4-Kantleisten als Rand), in welches nach Art des HALTONschen Brettes hervorragenden Nägel und drei Reihen Löcher in symmetrischer Ordnung angebracht werden. In die Bohrungen werden passende Glasröhrchen (12 mm Durchmesser, unten geschlossen) gesetzt. Zum Verschließen der oberen Öffnungen dienen Korkstopfen. (Es ist darauf zu achten, daß der obere Rand der Glasröhrchen einige mm *unterhalb* der Spielbrettoberfläche liegt, damit die verwendeten Kugeln hineinlaufen können und nicht hängen bleiben!). Ferner werden Kugeln (Holzperlen, 6 mm Durchmesser, Anzahl ca. 200) benötigt, sowie drei Stative mit großen Klemmen, ein Trichter, eine Plastikwanne (siehe Abb. 50) und ein Becherglas.

Die Kugeln stellen Beutetiere dar (z.B.: Plankton, Kleinfische, Insekten, Mäuse....), die Glasröhrchen Räuber, die die Beutetiere in sich aufnehmen (z.B. Raubfische, Greifvögel, Raubtiere...).

Das Spielbrett wird in einer bestimmten Neigung eingespannt, und eine bestimmte (vorher festgelegte) Anzahl von Räuber-Löchern durch Wegnahme der Korken geöffnet. Bei der Anordnung der „offenen Räuber“ ist darauf zu achten, diesen die bestmögliche Ausgangslage zu geben. Das bedeutet: Anordnung symmetrisch um die Mittellage des Spielfeldes, weil die Kugeln (Beutetiere) von der Mittellinie aus in das Spielfeld hineinlaufen (Abb. 50).

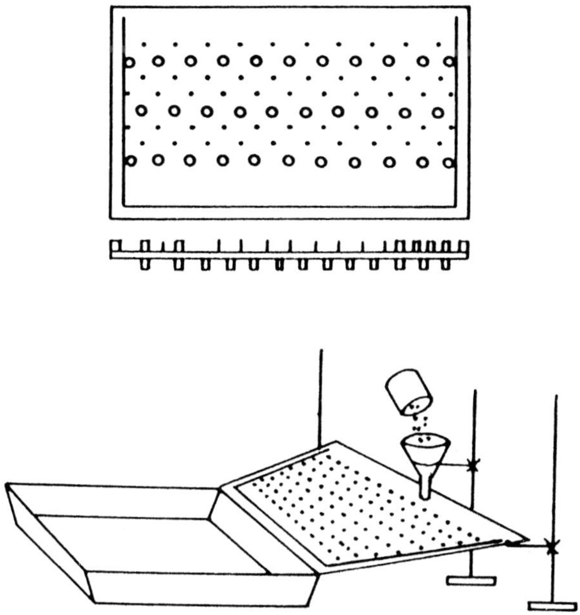

Abb. 50: Aufbau des Spielgeräts. Oben: Aufsicht; Mitte Seitenansicht; Unten: Totalbild in Schrägansicht.

Durch den Trichter werden nun möglichst nacheinander bestimmte (vorher festgelegte) Anzahlen von Beutekugeln auf das Spielfeld gegeben.

Es wird protokolliert, wieviele Räuber wieviele Beutetiere gefangen haben und wieviele Beutetiere frei bleiben.

Das Spielbrett wird durch Umdrehen entleert.

Nach einer festgelegten – für ein Spiel gleichbleibenden – Regel erfolgt die Vermehrung von Beute und Räuber; sodann erfolgt der 2. Durchgang usw. (Siehe Dylla, Ruben, Schäfer, Prax. d. Naturw. Biol, 27. Jg., 1978, S. 169ff.)

Protokollvorschlag (s. Tab. 31):
Anfangssituation: Räuber: n Röhren geöffnet; Beute: m Kugeln.
Vermehrungsregel: Räuber ohne Beutetier: stirbt (mit Kork verschließen!); Räuber mit einem Beutetier: bleibt; Räuber mit mehr als einem Beutetier: mal 2; nicht gefressenes Beutetier: mal 3.
Auswertung: Zur Auswertung wird auf Millimeterpapier o. ä. nach den Werten aus den Spalten 1, 2 und 3 des Protokolls ein Schaubild gezeichnet.

Tab. 31: Protokollvorschlag für das stochastische Modell der Räuber-Beute- Beziehung.

Spieldurchgang	Anzahl der Räuber zu Beginn des Spiels	Anzahl der Beute zu Beginn des Spiels	Anzahl der gefüllten Löcher	Anzahl der Räuber, die 1 Beute gefangen haben (n_1)	Anzahl der Räuber, die >1 Beute gefangen haben (n_2)	freie Beutetiere m
1	17	30	9	3	6	10
2	15	30				

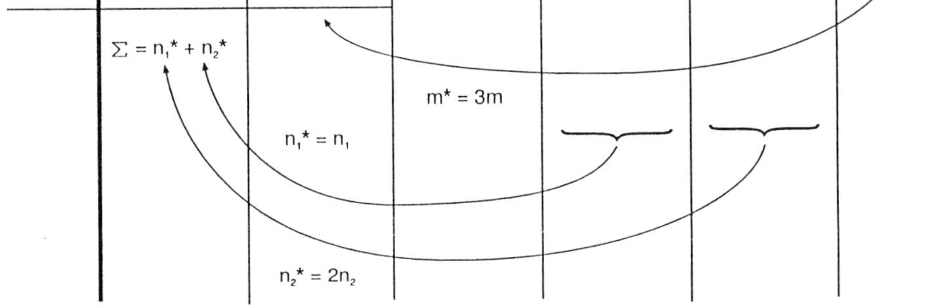

13.1

Vielfach kann man in ehemaligen Niederwäldern heute noch erkennen, daß zwei oder mehrere Stämme aus einem „Stock" hervorgewachsen sind.

3 Antworten und Lösungen zu Teil III

III.1

1. Im Pfeildiagramm sind drei Ebenen zu berücksichtigen:
   1. Ebene: Produzenten = unterste Ebene = Heckenpflanzen, Zuckerrüben;
   2. Ebene: Konsumenten 1. Ordnung = mittlere Ebene = Blattläuse
   3. Ebene: Konsumenten 2. Ordnung = obere Ebene = Schwebfliegenlarven, Marienkäfer, Ameisen.

   Es bestehen sowohl Regelkreis- als auch Aufschaukel- und Konkurrenzbeziehungen.

2. Regelkreisbeziehungen bestehen zwischen

A	– Blattläusen	und B	– Pflanzen
	– Marienkäfern		– Blattläusen
	– Schwebfliegen		– Blattläusen.

   1. Je mehr A, desto weniger B.
   2. Je weniger B, desto weniger A.
   3. Je weniger A, desto mehr B.
   4. Je mehr B, desto mehr A.

A zu B = negative Rückkoppelung; B zu A = Positive Rückkoppelung.
Aufschaukelbeziehung besteht zwischen Ameisen (A) und Blattläusen (B):
A zu B und B zu A = positive Rückkoppelung.
Konkurrenzbeziehung besteht zwischen Schwebfliegenlarven (A) und Marienkäfern(B): A zu B und B zu A = negative Rückkoppelung.

3. Zwischen Hecken- und Kulturpflanzen besteht an sich eine Konkurrenzbeziehung, da beide die gleiche Bodenfläche in Anspruch nehmen. Da aber bereits die 1. Generation von Schwebfliegenlarven in der Nähe der Kulturpflanzen heranwachsen kann, werden genügend Regulatoren zur Verfügung stehen, wenn die Kulturpflanzen von Blattläusen befallen werden.

III. 2

1. Rostpilz ⟶ A-Sporen ⟶ Berberitze
   ↑ ↓
   Getreide ⟵ B – Sporen ⟵ Rostpilz
2. Zwischen Rostpilz und Getreide und zwischen Rostpilz und Berberitze bestehen Regelkreisbeziehungen; zwischen den beiden Wirtspflanzen besteht eine Konkurrenzbeziehung, da nur negative Rückkoppelung vorkommt!
3. Folgende Möglichkeiten sollten in Betracht gezogen werden:
   1. Der Einsatz von Giften, sogenannten Fungiziden; Gefahren des Einsatzes: Anreicherung in Nahrungsketten, letztlich in unserem Körper, muß bedacht und überprüft werden.
   2. Die Züchtung und der Einsatz von rostresistenten Stämmen des Getreides; finanzielle Belastung diskutieren; z.B. wenn Resistenz vom Parasiten durch entsprechende Mutation überwunden wird.
   3. Die Ausrottung der Berberitze, um den Wirtswechsel zu unterbrechen; Frage nach der Berechtigung der Menschen, eine Pflanzenart auszurotten! Die Ausrottung wird noch problematischer, wenn sich zeigt, daß sich dann Pilzstämme entwikkeln können, die nicht mehr auf die Berberitze als Wirt angewiesen sind.
4. Das Temperaturoptimum des Rostpilzes wird eher in den Herkunftsländern der Getreidepflanzen im Süden erreicht; dort wird auch der Pilz beheimatet sein.

III. 3

Die Erhaltung beziehungsweise Neuanlage von Hecken ist jedenfalls ein dialektisches Problem, bei dessen Lösung die folgenden Aspekte berücksichtigt werden müssen:

1. wirtschaftliche Aspekte
   - Erhaltung bäuerlicher Betriebe, Kostenfaktor, Problem der Überzeugung
2. Aspekte des Umweltschutzes
   - Erhaltung einer für den Menschen gesunden Umwelt, Vermeidung des Gifteinsatzes, Erhaltung einer gegliederten Landschaft aus ästhetischen Gründen
3. Aspekte des Naturschutzes
   - Erhaltung von Lebewesen um ihrer selbst willen, einer gegliederten Landschaft, um vielfältige Nischen zu bieten, Verbindungswege für Populationen.

Diese Aspekte müssen bei der Argumentation berücksichtigt und auf den konkreten Fall angewandt werde; dabei sind z.B. die Qualität des Bodens, die Naturnähe der betreffenden Landschaft, die Einstellung der Bevölkerung zu berücksichtigen.

Die Entscheidung kann daher in jedem Einzelfalle anders ausfallen; sie ist stets eine persönliche Entscheidung, die aber dann gegenüber Interessenvertretern (z.B. Bauernverbände, chemische Industrie) und den Naturschutzverbänden vertreten werden muß.

III. 4

1. Lokalformen sind Populationen, die – voneinander isoliert – unterschiedlich mutiert sind und dadurch verschiedene Gen-Pools ausgebildet haben. Durch über viele Generationen verlaufende Ausleseprozesse sind Lokalformen in der Regel optimal an ihre Umwelt angepaßt.
2. Indikatorarten zeigen Qualitäten eines Lebensraumes an. Im Falle des Birkwildes muß der Lebensraum z.B. geeignete Balzplätze, Zwergsträucher mit Knospennahrung für den Winter und störungsfreie Überwinterungsplätze besitzen sowie krautreiche Gebiete für die Aufzucht der Jungen.
3. Störungen durch Fremdenverkehr, vor allem nicht ideal geführte Skiloipen;
   Die Tiere können Energieverluste nach Schreckfluchten nicht kompensieren. Unterschreitung der „kritischen“ Minimaldichte.
4. Nutzungskonflikte zwischen Interessengruppen: Landwirte wollen die Wiesen nutzen, Mäharbeiten und Heuernte führen zu Störungen. Fremdenverkehrsverbände, Wander- und Skivereine streben ein gut ausgebautes Netz von Wanderwegen an. Straßen und Parkplätze sollen die ortsfernen Gebiete erschließen. Naturschützer wollen empfindliche Gebiete ganz vom Besucherverkehr frei halten, Jäger wollen Regulatorfunktionen für bestimmte Wildarten weiterhin erfüllen.
   Es müssen Kompromisse gefunden werden, die bei Schonung der Birkhuhnbestände und Schutz ihrer Lebensräume die Erholungsfunktion für Besucher weiterhin erhalten. Das kann z.B. durch Verlegung von Wanderwegen, Hinweistafeln für Besucher und Renaturierung kultivierter Gebiete geschehen.
5. Birkhühner lassen sich in Gefangenschaft züchten. Die in die Freiheit entlassenen Tiere sind vermindert lebenstüchtig und fallen leicht ihren Regulatoren (Fuchs, Habicht) zum Opfer. Offenbar muß das Verhalten zur Feindvermeidung in frühen Lebensphasen von der führenden Henne über Lernvorgänge übernommen werden.
   Tiere aus anderen Gebieten entsprechen nicht der an diesen Lebensraum angepaßten Lokalform und haben verminderte Chancen zur Einbürgerung.
   Die Tatsache, daß die Indikatorart in einem Gebiet im Schwinden ist, zeigt, daß der Lebensraum nicht mehr allen Ansprüchen genügt, seine Veränderungen müssen aufgedeckt, analysiert und kompensiert werden.
6. Die ökologische Nische einer Art ist die für sie typische Konstellation der abiotischen und biotischen Umweltfaktoren, an die sie angepaßt ist. Wie aus dem Text hervorgeht, muß die Nische des Birkhuhns für verschiedene Lebensphasen bestimmte Ressourcen zur Verfügung halten.
7. Mit den Regulatoren verschwinden auch gebietstypische Auslesefaktoren, Die Population würde an Vitalität verlieren, weil auch weniger angepaßte Individuen gute Fortpflanzungschancen hätten.

Literaturverzeichnis

I. Literatur zum Gesamtgebiet der Ökologie

Lehrbücher:

AICHELE, D., SCHWEGLER, H.W.: Die Blütenpflanzen Mitteleuropas, 5 Bände – Franckh-Kosmos, Stuttgart 1994.

ALTENKIRCH, W.: Ökologie. Studienbücher Biologie – Diesterweg Frankfurt 1977.

CZIHAK, G., LANGER, H., ZIEGLER, H.: Biologie. Ein Lehrbuch für Studenten der Biologie – Springer Berlin 1992.

ODUM, E. P.: Grundlagen der Ökologie, 2 Bde. – Thieme, Stuttgart 1980.

ODUM, E.P. & REICHHOLF, J. : Ökologie. Grundbegriffe, Verknüpfungen, Perspektiven – BLV München 1980.

REMMERT, H.: Ökologie – Springer, Berlin 1992.

Anleitungen zu Experimenten:

JANETSCHECK, H. (Hrsg.): Ökologische Feldmethoden – Ulmer, Stuttgart 1982.

SCHOPFER, P.: Experimente zur Pflanzenphysiologie – Springer, Berlin-Heidelberg, New York 1986.

STEUBING, L.: Pflanzenphysiologisches Praktikum – Parey, Berlin - Hamburg 1992.

Lehr- und Arbeitsbücher für den Kursunterricht:

ENGELHARDT, W.: Umweltschutz – BSV München 1986.

FELS, G.: Ökologie (Kursheft und Kommentar), Klett, Stuttgart 1972.

HAFNER, L. & PHILLIPP, E.: Ökologie – Schrödel, Hannover 1978.

KNODEL, H. & KULL, U.: Ökologie und Umweltschutz, Studienreihe Biologie Bd. 4 – J.B. Metzler, Stuttgart 1981.

REICHELT, G. & SCHWOERBEL, W.: CVK Biologiekolleg – Cornelsen, Velhagen & Klasing, Bielefeld 1978.

SCHUSTER, M.: Ökologie und Umweltschutz – BSV, München 1991.

II. Weiterführende Literatur zu Einzelkapiteln

Teil I:

HASSRIK, R. B.: Das Buch der Sioux – Eugen Dietrichs Verlag, Köln 1982.

SCHWARZER HIRSCH: Ich rufe mein Volk – Lamuv Taschenbuch 13, Bornheim 1982.

SUN BEAR: Büffelherzen – Werkstatt Edition, Laufenberg 1983.

Teil II:
Kapitel 1 - 4:

BLANKMEISTER & KIENITZ (Hrsg.): Der Wald und die Forstwirtschaft – Volk und Wissen, Berlin 1963.

ELLENBERG, H.: Vegetation Mitteleuropas mit den Alpen in ökologischer Sicht – Ulmer, Stuttgart 1996.

GODET, J. D.: Bäume Mitteleuropas in den vier Jahreszeiten – Cornelsen, Velhagen & Klasing Berlin 1980.

HARTMANN, F. K.: Mitteleuropäische Wälder – Gustav Fischer Verlag, Stuttgart 1974.

HOFMEISTER, H.: Lebensraum Wald – Verlag Paul Parey Hamburg-Berlin 1990.

HOFMEISTER, H. & Nottbohm, G.: Ökologie der Wälder – G. Fischer Stuttgart 1995.

OTTO, H. J.: Waldökologie, Ulmer, Stuttgart 1994.

ROHMEDER & SCHÖNBACH: Genetik und Züchtung der Waldbäume – Verlag Paul Parey Hamburg 1959.

WILMANNS, O.: Ökologische Pflanzensoziologie – Quelle & Meyer, UTB 269, 1993.

Kapitel 5:

TISCHLER, W.: Einführung in die Ökologie – Gustav Fischer Verlag, Stuttgart 1993.

TROMMER & WENK : Leben im Ökosystem – Westermann Verlag, Braunschweig 1978.

Kapitel 6 - 8:

BRAUNS, A.: Taschenbuch der Waldinsekten – Gustav Fischer Verlag, Stuttgart 1991.

FRISCH, OTTO V.: Tausend Tricks der Tarnung – Österreichischer Bundesverlag, Wien 1973.

MILNE, L.: Das Gleichgewicht in der Natur – Paul Parey, Hamburg-Berlin 1965.

NACHTIGALL, W.: Unbekannte Umwelt – Hoffmann & Campe, Hamburg 1979.

KREBS & DAVIES: Öko-Ethologie – Verlag Paul Parey, Berlin-Hamburg 1981.

WICKLER, W.: Mimikry – Kindler Verlag, München 1968.

Kapitel 9 - 11

KAS, V.: Mikroorganismen des Bodens – Ziemsen, Wittenberg 1966

KÜHNELT, W.: Bodenbiologie unter besonderer Berücksichtigung der Tierwelt – Herold, Wien 1950

TROLLDENIER, G.: Bodenbiologie – Francksche Verlagsbuchhandlung Stuttgart 1971

Kapitel 12:

SCHÄFER, G.: Kybernetik und Biolgie – Metzler, Stuttgart 1972.

VARLEY, G. C., GRADWELL, G.R., HASSEL, M.P.: Populationsökologie der Insekten – Thieme Verlag, Stuttgart 1980.

Wie funktioniert das? Umwelt des Menschen – Meyers Lexikon Verlag, 1975.

WILSON, E. O. & BOSSERT, W. H.: Einführung in die Populationsbiologie – Springer Berlin 1973, Heidelberger Taschenbücher Bd. 133.

Kapitel 13 und Teil III

Funkkolleg Mensch und Umwelt – Beltz Verlag, Weinheim - Basel 1981.
Kreeb, K. H.: Ökologie und menschliche Umwelt – Gustav Fischer Verlag, Stuttgart, 1979.
Müller, P.: Biogeographie – Ulmer, Stuttgart 1982.
Odzuck, W.: Umweltbelastungen – Ulmer Stuttgart 1982.
Olschowy, G. (Hrsg.): Natur- und Umweltschutz in der Bundesrepublik Deutschland – Verlag Paul Parey, Hamburg - Berlin 1978.
Schütt, P.: Der Wald stirbt an Streß – Bertelsmann, München 1984.
Schütt, P.: So stirbt der Wald – BLV, München 1983.
Stern, H.: (Hrsg.) Rettet den Wald – Kindler, München 1979.
Tschumi, T. A.: Umweltbiologie – Verlag Moritz Diesterweg, Salle, Sauerländer, Frankfurt/M 1981.
Verantwortung wahrnehmen für die Schöpfung; Gemeinsame Erklärung des Rates der Evangelischen Kirche in Deutschland und der Bischofskonferenz – Verlagshaus Mohn, Gütersloh 1985.

Stichwortverzeichnis